本书获国家自然科学基金一般项目（72372122）、教育部人文社会科学研究青年基金项目（22YJC630081）资助出版

Research on the influencing factors and economic effects of China's credit rating

中国信用评级的
影响因素及其经济效应研究

林晚发 ◎ 著

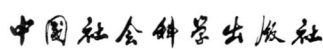
中国社会科学出版社

图书在版编目（CIP）数据

中国信用评级的影响因素及其经济效应研究 / 林晚发著． -- 北京：中国社会科学出版社，2024.8.
ISBN 978-7-5227-4127-7

Ⅰ．F832.4

中国国家版本馆 CIP 数据核字第 2024PJ6761 号

出 版 人	赵剑英
责任编辑	戴玉龙
责任校对	周晓东
责任印制	郝美娜

出　　版	中国社会科学出版社
社　　址	北京鼓楼西大街甲 158 号
邮　　编	100720
网　　址	http://www.csspw.cn
发 行 部	010-84083685
门 市 部	010-84029450
经　　销	新华书店及其他书店
印　　刷	北京明恒达印务有限公司
装　　订	廊坊市广阳区广增装订厂
版　　次	2024 年 8 月第 1 版
印　　次	2024 年 8 月第 1 次印刷
开　　本	710×1000　1/16
印　　张	20.25
字　　数	332 千字
定　　价	128.00 元

凡购买中国社会科学出版社图书，如有质量问题请与本社营销中心联系调换
电话：010-84083683
版权所有　侵权必究

目　录

第一章　信用评级影响因素：来自企业定量信息的分析 …………… 1

　　第一节　成本黏性与信用评级 ………………………………………… 1
　　第二节　异常审计费用与债券信用评级 ……………………………… 15

第二章　信用评级影响因素：来自企业定性信息的分析 …………… 37

　　第一节　企业定性信息与债券信用评级：基于股权
　　　　　　性质的分析 ……………………………………………………… 37
　　第二节　募集说明书文本信息与债券发行 …………………………… 54

第三章　信用评级功能：来自信用评级水平值的分析 ……………… 82

　　第一节　企业信用评级与审计收费 …………………………………… 82
　　第二节　债券市场的评级信息能改善股票市场信息环境吗？
　　　　　　——来自分析师预测的证据 ………………………………… 97

第四章　信用评级功能：来自信用评级调整的分析 ………………… 119

　　第一节　信用评级调整有信息含量吗？
　　　　　　——基于中国资本市场的证据 ……………………………… 119
　　第二节　信用评级调整与企业杠杆：基于融资约束的视角 ……… 135

第五章　信用评级虚高：来自评级付费模式的分析 ………………… 159

　　第一节　"投资者付费"模式对"发行人付费"模式评级的影响：
　　　　　　基于中债资信评级的实验证据 ……………………………… 159
　　第二节　金融中介机构竞争的市场反应：来自信用
　　　　　　评级机构的证据 ………………………………………………… 175

第六章　信用评级虚高：来自监管要求的分析 ·················· 218
　　第一节　债券评级包装与"担保正溢价"之谜 ·············· 218
　　第二节　管理层讨论与分析的语调操纵及其债券市场反应 ······ 262
参考文献 ·· 292

第一章 信用评级影响因素：来自企业定量信息的分析

第一节 成本黏性与信用评级

一 引言

信用评级机构在资本市场起到了两个角色：一是它们向市场参与者提供等级信息，起到了一个估值角色；二是促进了金融市场监管（Beaver 等，2006）。考虑到金融市场的复杂性与联系性，信用评级公司也作为信息中介在市场财务报告信息披露环境中扮演了一个重要的、有价值的角色（Beyer 等，2010）。所以，信用评级机构提供了关于实体信用以及它们财务与债务现状的意见。然而，在中国债券市场中，对于信用评级的独立性与功能性的研究结论还存在一定的分歧。一方面，信用评级机构的评级具有一定的约束作用（王雄元和张春强，2013）；另一方面，信用评级机构的评级并没有体现出明显的价值（张强和张宝，2009），还受到了投资者的广泛质疑[①]。周宏等（2013）认为信用评级机构的收入主要来自于企业，这将会导致一些代理问题，即企业与评级机构会出现合谋，使得其监督功能缺失。在合谋的基础上，张强和张宝（2009）就次贷危机下，对信用评级机构监管进行了重新思考定位，得出政府对信用评级监管的不足。

---

① 2016 年 4 月，中国债券集中违约使得投资者对评级机构的作用产生了严重质疑。这是因为信用评级的客观性与及时性存在严重问题。比如，2015 年 4 月 21 日，保定天威债券违约时，评级机构并没有对债券信用评级进行及时调整，然而该债券在发行时评级却为 AA+。另外，15 铁物资 SCP004 在违约前三天，大公国际才将该债券发行主体的信用评级从 AA+下调至 AA-。这些都凸显了信用评级调整存在严重的滞后性。

基于此背景，分析中国信用评级机构的独立性与客观性（检验信用评级的质量）将显得十分重要。然而对于这种"事后检验"需要更多的债券违约样本，所以这种"事后检验"的方法在目前的债券市场较难实现①。因此，我们采用事前检验的方法来证实信用评级的质量。大多数文献从企业内部特征分析影响信用评级的因素。比如，公司治理（Ashbaugh-Skaife 等，2006）；企业年龄（Damodaran，2001）；研发投入（Czarnitzki 和 Kraft，2004）；盈利水平（Adams 等，2003）；企业规模（Bottazzi 和 Secchi，2006）；企业杠杆水平方面（Poon 等，2013）。最新文献也从其他角度分析了信用评级的影响因素，比如，盈余管理（刘娥平和施燕平，2014）、企业社会责任（陈益云和林晚发，2017）、付费模式（林晚发等，2017）。然而，上述研究主要从公司财务角度对信用评级的影响因素进行了分析，忽视了成本会计对于信用评级的影响。因此，本书将从管理层的成本决策行为角度分析信用评级的影响因素。

　　了解企业成本行为对公司内部人和外部人十分重要。一方面，在市场竞争激烈时，销售规模难以控制，管理层有很强的动力加强管理来提高企业盈利能力；另一方面，由于经营成本能够反映管理层的资源使用效率，投资者、债权人和分析师等公司外部人在关心公司大额资本的同时，也关心公司的经营成本。成本管理对于企业绩效有着重要影响，但是成本管理是否影响风险的研究却不多。理论上，成本不会随产品销售数量呈现出线性关系，具体表现为当销售量减少时，成本减少比例小于销售量增加时成本增加的比例，这种现象被认为是成本黏性（Anderson 等，2003）。成本黏性一般被认为是一种风险投资，特别是当销售水平下降时，管理人员面临着调整还是保留多余资源的两难境地。如果企业在销售下降时降低成本的程度小于在销售增长时增加成本的程度，则销售下降期的收入将降低，销售增长期的收入将提高，这无疑增加了收入的可变性（Weiss，2010），同等条件下也增加了违约概率。另外，较高的盈利波动性降低了盈利持续性，从而降低了盈利质量，其对信贷风险的负面影响甚至可能会加剧。

　　因此，本书利用2008—2016年交易所债券数据分析了企业成本黏性

---

　　① 根据作者对债券违约统计分析，截至2017年底，债券市场违约样本总计达110多个，这些违约样本主要集中在银行间市场的短中期票据上。所以，对于上市公司债券的违约样本较少，从而限制了我们事后检验。

对发行主体信用评级的影响。研究结果表明：第一，企业成本黏性越大，主体信用评级越低，说明了成本黏性的风险观。第二，成本黏性降低信用评级的作用在融资约束高的企业中更加显著。第三，在资本密集度低的行业以及政府债务高的省份，成本黏性降低信用评级的效应更显著。第四，成本黏性的风险也会被投资者所关注，即成本黏性增大了债券信用利差。第五，通过采用一系列控制内生性方法回归后发现本书的研究结论仍然成立。

本书的研究贡献主要是：第一，本书从债券市场中介机构与债权人角度丰富了成本黏性相关文献。以往文献主要分析了成本黏性的存在性（Chen 和 Lu，2012；Bu 等，2015）以及决定因素（Banker 等，2014；梁上坤，2015；王雄元和高开娟，2017）。然而研究成本黏性经济后果的文献较少，且主要集中在未来绩效（Anderson 等，2007）、分析师预测准确性（Weiss，2010）、失业率（Rouxelin 等，2018）以及高管薪酬敏感度（谢获宝和惠丽丽，2017）。第二，本书也进一步丰富了信用评级影响因素的文献研究。以往研究主要从企业基本面、社会责任、付费模式（林晚发等，2017）等角度进行分析，然而本书从管理层行为角度进行分析，进一步证实了信用评级存在一定的信息含量。信用评级能够识别成本黏性的风险以及把这种风险传递到市场中，指导投资者进行投资。第三，本书通过分组检验得出在中国资本市场中，成本黏性是一种风险投资项目，伴随着较高的违约风险，丰富了成本黏性的理论研究。

二　文献综述

存在三个理论解释了成本黏性的产生，即调整成本、管理层乐观预期与委托代理三个视角。在调整成本下，由于资源调整中的短期摩擦，管理层不愿降低成本，从而造成成本黏性。特别是销售水平的下降被认为是暂时的，调整资源的高昂费用可能会使得管理层有动机保留更多的资源（Anderson 等，2003）。在管理层乐观预期下，管理者过度自信会增加成本黏性。过度自信的管理者往往高估未来的需求，因此当活动水平下降时，他们更有可能保留多余的资源（Banker 等，2014）。在委托代理理论下，一方面，管理层为了自身声誉，保留更多的资源，以此达到帝国构建的目的，这将提高成本黏性（Chen 和 Lu，2012）。

现有文献分析了成本黏性对于企业未来收益的影响。Banker 和 Chen

(2006)研究发现在收益预测模型中引入非对称成本行为将显著提高模型的预测精度。Anderson 等(2007)通过观察销售变化方向发现,管理费用比率增加可以作为未来收益增加的信号。因此,后续一系列文献分析了成本黏性对于收益波动性与分析师预测精确度的影响。Weiss(2010)认为成本黏性增加了收益波动性,由于盈余预测的难度加大,分析师对黏性公司的盈利预测不精确。Ciftci 等(2016)也发现分析师无法完全识别成本黏性行为。最后,Rouxelin 等(2018)使用总成本黏性预测未来四个季度的失业率,发现成本黏性越高,失业率将下降。

已有文献发现盈利能力影响了企业信用风险。比如,Adams 等(2003)认为高盈利能力伴随着较低的破产风险与较高的信用评级。相似地,资产波动性也能影响企业信用风险。Correia 等(2015)以会计资产波动度量会计信息风险,发现会计信息风险对信用风险有着显著影响。Kraft(2015)研究发现资产可靠性越高,债券违约风险越低(Yu,2005)。所以根据以往文献,成本黏性与未来收益(Anderson 等,2007)和盈余波动(Weiss,2010)呈正相关关系。盈利增加可以降低信用风险,然而较高的盈利波动增加了信用风险(Correia 等,2015)。

三 理论分析与研究假设

按照相关文献结论,成本黏性越高,收益波动越大,会计信息风险越大,未来收益也可能越高(Anderson 等,2007;Weiss,2010),也就是说,成本黏性大的企业资产波动率更大,信息不对称越大以及有着更高的资产价值。因此本书将在 Merton(1974)结构模型下,从资产波动率、会计信息风险与资产价值三个视角进行理论分析,并提出本书的研究假设。

对于资产波动率,一方面,在当前销售水平下降以及未来销售水平不确定的情况下,管理层保留更多的资源被认为是一种高风险的投资行为。这是因为当销售量下降时,管理层面对削减资源或保持未使用资源的决策。如果管理层决定继续保留资源,那么他们将接受短期盈利水平的下降,增加盈利的波动性(Weiss,2010)。盈利的波动性将会增大债券的信用风险(Correia 等,2015),继而降低信用评级(Hann 等,2007)。另一方面,盈利的波动性会提高资产的波动性(Duffie 和 Lando,2001),资产的波动性将增加债券的违约风险(Hann 等,2007)。其原因是,盈利波动较大的公司更可能越过违约边界,继而导致违约风险增大。因此，当信用评级机构认识到成本黏性增大盈余波动继而导致更高的违约风险这一逻辑后，那么将给予成本黏性高的企业较低的信用评级。

对于会计信息风险，成本黏性大的企业信息风险越大，继而降低了企业盈利质量。成本黏性增大了盈利波动性（Weiss，2010），较高的盈利波动会降低盈余持续性（Dichev 和 Tangv，2009）。然而，盈余持续性是盈利质量的一个度量方式（Francis 等，2005）。基于上述逻辑，成本黏性会降低盈利质量，较低的盈利质量导致债券违约风险增大（Yu，2005）。比如，Duffie 和 Lando（2001）通过构建一个不完全的会计信息模型分析发现公司价值的模糊度将会增加债券违约风险；另外，Yu（2005）实证检验的会计透明度较高的公司债券违约风险较低。因此，当信用评级机构认识到成本黏性增大了会计信息风险继而导致更高的违约风险这一逻辑后，那么将给予成本黏性高的企业较低的信用评级。

关于资产价值，当企业认为未来销售量可能存在逆转时，保留多余的资源是一种提高企业价值的战略，所以管理层会进行积极的成本管理。因此成本黏性高的企业将有较高的收益和资产价值。基于 Merton（1974）结构模型，资产价值越高，触及违约风险的概率更低，所以债券违约风险更低。当信用评级机构认识到成本黏性导致未来盈利能力提高这一逻辑后，那么将给予成本黏性高的企业较高的信用评级。

通过上述分析，成本黏性增大信用风险，继而导致信用评级降低；而在收益观下，成本黏性高的企业未来的收益将增大，继而使得信用评级增大。在上述风险观与收益观下，成本黏性与信用评级之间的关系不一致。因此，本书提出一个竞争性假说：

H1：在风险观下，成本黏性增大了资产波动率与会计信息风险，继而导致企业信用评级较低。

H2：在收益观下，成本黏性增大了企业未来的收益，继而导致企业信用评级增大。

四 研究设计

（一）研究样本与数据来源

本书研究样本是 2008—2016 年交易所上市的公司债。债券发行主体评级与债券特征数据来自于 Wind 数据库，企业基本面特征数据来自于 CSMAR 数据库。数据筛选过程如下：第一，由于一个公司可以发多只债券,所以本书只保留一个发行主体。第二,剔除样本中数据存在缺失的样本,比如信用评级缺失或者财务数据缺失。第三,剔除金融业以及国外上市的样本。对于财务指标,本书对此进行1%与99%的缩尾处理。第四,本书的研究样本数为1169个。

(二)模型设计

为了分析成本黏性与信用评级之间的关系,本书借鉴Weiss(2010)的研究,设计回归模型(1.1)检验假设1。模型(1.1)如下:

$$Credit_{i,t} = \alpha + \beta_1 Sticky_{i,t} + Control_{i,t} + Industry + Year + Opinion + \varepsilon_{i,t} \quad (1.1)$$

模型(1.1)中的被解释变量为发行主体信用评级。按照信用评级的等级由低向高赋值,BBB为1,以此类推,AAA为10。模型(1.1)中的解释变量为公司的成本黏性。参考梁上坤(2016)的设计,定义成本黏性公式如下:

$$Sticky = \log(\Delta Cost/\Delta Sale)_{up} - \log(\Delta Cost/\Delta Sale)_{down} \quad (1.2)$$

公式(1.2)主要基于季度数据进行分析,下标 up 表示营业收入上升的季度,且距离年末最近。相似地,$down$ 表示营业收入下降的季度,且距离年末最近。$\Delta Sale$ 表示营业收入的季度差分,$\Delta Cost$ 表示营业成本的季度差分,这里的营业成本不包括普通员工的人力资本。按照分析,$Sticky$ 值越大,成本黏性越大。

(三)相关变量定义

模型(1.1)的控制变量主要包括:公司规模(Size),期末资产总额的自然对数;盈利水平(Roe),净利润与年末权益之比;财务杠杆(Lev),年末负债总额与年末资产总额之比;成长性(Growth),营业收入差分与上年营业收入之比;流动资产比例(Cur_as);年末流动资产与总资产之比;利息保证倍数(Ebit),息税前利润与利息之比;四大审计事务所(Big4),虚拟变量,当审计事务所为四大时,则为1。本书还包括了年度、行业与审计意见的虚拟变量。

表1.1给出了本书的变量名称、相关定义以及符号。

表1.1　　　　　　　　　　　　变量定义

变量名称	变量定义	变量符号
主体信用评级	定义BBB为1,以此类推,AAA为10	Credit

续表

变量名称	变量定义	变量符号
成本黏性	按照 Weiss（2010）的方法计算得到	Sticky
债券信用利差	债券年均到期收益率与相同剩余期限国债收益率之差	CS
净资产收益率	净利率与权益比	Roe
企业资本结构	企业负债与期末总资产的比率	Lev
企业性质	当企业为国有企业时，则为1，反之为0	SoE
企业规模	期末资产的对数	Size
流动资产比例	流动资产与总资产之比	Cur_as
成长性	销售增长率	Growth
利息保证倍数	息税前利润与利息之比	Ebit
审计四大	虚拟变量，审计事务所为四大，则为1	Big4
行业变量	虚拟变量	Ind
年度变量	虚拟变量	Year
审计意见	虚拟变量	Opinion

五 实证检验与结果分析

（一）变量描述性统计分析

表1.2中给出了变量的描述性统计分析结果。从结果中我们可以得到，信用评级变量Credit的均值为7.390，说明发债的主体评级大多集中在AA-级到AA级。成本黏性变量Sticky的均值为-0.221，这与梁上坤（2016）的结果不同，其可能原因是债券市场的上市公司都比较重视自身的违约风险，从而导致成本黏性较低。在控制变量中，企业规模（Size）的均值为23.50，发债企业杠杆率（Lev）的均值为58.4%，流动资产比例（Cur_as）为49.6%，盈利能力（Roe）的均值为8.310，销售增长率（Growth）的均值为13.3%，利息保障倍数（Ebit）的均值为9.260，国有企业（SoE）占比61.6%，被四大事务所审计的公司占比16%。

表1.2　　　　　　变量描述性统计分析

变量	样本量	均值	中位数	标准差	极大值	极小值
Credit	1169	7.390	7	1.520	10	1
Sticky	1169	-0.221	-0.146	0.862	2.590	-3.580

续表

变量	样本量	均值	中位数	标准差	极大值	极小值
Size	1169	23.50	23.40	1.320	28.50	21.20
Lev	1169	0.584	0.591	0.148	0.863	0.200
Cur_as	1169	0.496	0.483	0.242	0.980	0.059
Roe	1169	8.310	8.060	8.020	34.20	−20.60
Growth	1169	13.30	8.470	29	146	−38.80
Ebit	1169	9.260	3.660	23.60	235	−2.840
SoE	1169	0.616	1	0.487	1	0
Big4	1169	0.160	0	0.367	1	0

(二) 基本回归分析

表 1.3 报告了成本黏性与主体信用评级之间关系的回归结果。第 (1) 列与第 (2) 列分别是以信用评级变量 (Credit) 的对数与信用评级变量 (Credit) 为因变量的 OLS 回归结果,而第 (3) 列是以信用评级变量 (Credit) 为因变量的 Ologit 回归结果。从这些回归结果我们发现,Sticky 变量系数至少都在 10% 水平上显著为负,这说明企业成本黏性越大,主体评级越低,这个结果说明信用评级机构更关注企业违约风险。当企业成本黏性较大时,资产波动率与会计信息风险越大,继而导致企业未来的违约风险增大,所以信用评级机构会给予企业较低的信用评级。上述结论支持了假设 H1,即成本黏性的风险观。

表 1.3　　　　　　　　成本黏性与主体信用评级

变量	(1) OLS Ln (1+Credit)	(2) OLS Credit	(3) Ologit Credit
Sticky	−0.009** (−1.98)	−0.058* (−1.67)	−0.009* (−1.82)
Size	0.096*** (9.66)	0.880*** (13.09)	0.111*** (11.57)
Lev	−0.294*** (−3.92)	−2.461*** (−5.30)	−0.309*** (−4.56)

续表

变量	(1) OLS Ln（1+Credit）	(2) OLS Credit	(3) Ologit Credit
Cur_as	0.035 (1.19)	0.325 (1.33)	0.041 (1.17)
Roe	0.001 (0.77)	0.006 (1.03)	0.001 (1.02)
Growth	-0.000** (-2.39)	-0.003*** (-2.91)	-0.000*** (-2.68)
Ebit	0.000 (0.78)	0.001 (1.10)	0.000 (1.08)
SoE	0.050*** (4.20)	0.437*** (4.70)	0.064*** (4.81)
Big4	0.005 (0.32)	0.132 (0.91)	0.010 (0.56)
Constant	-0.110 (-0.53)	-13.912*** (-9.96)	
行业	控制	控制	控制
年度	控制	控制	控制
意见	控制	控制	控制
Observations	1169	1169	1169
Adj_R^2	0.589	0.676	0.409

注：***、**、*分别表示系数在1%、5%与10%的水平上显著，括号内为系数的t值，且经过个体聚类调整。

（三）机制分析

成本黏性降低信用评级的原因是成本黏性增大了企业的资产波动与会计信息风险，即成本黏性增大了企业风险。那么对于融资约束较高的企业，成本黏性将进一步增大企业违约风险，因此成本黏性降低信用评级的作用在融资约束高的企业中更显著。所以，本书将按照企业融资约束水平把企业分为融资约束高与低两组。借鉴陈海强等（2015）的研究，按照杠杆率、企业规模以及企业成立年限变量进行分组。具体地，当杠杆率、企业规模与成立年限大于样本3/4分位点，则被定义为高杠杆、高规模与高年限组。根据以往研究，高杠杆、低规模与低年限的企业融资约束较大。所以本书预计在高杠杆、低规模、低年限企业中，成本黏性降低信用评级的作用更显著。

表1.4报告了相关回归结果。从结果我们发现Sticky变量系数只在高杠杆、低规模、低年限的企业中显著为负，而在其他组中不显著。这说明在融资约束高的企业中，高成本黏性体现出更多的风险，以致评级机构给予它们较低的信用评级。

表1.4　机制分析

变量	被解释变量：Ln（1+Credit）					
	低杠杆	高杠杆	低规模	高规模	低年限	高年限
Sticky	−0.006 (−1.48)	−0.015* (−2.02)	−0.011** (−2.14)	−0.005 (−1.04)	−0.010** (−2.03)	−0.001 (−0.23)
Size	0.087*** (33.42)	0.123*** (10.42)	0.126*** (6.44)	0.065*** (4.96)	0.099*** (7.04)	0.090*** (13.48)
Lev	−0.135*** (−5.23)	−0.758*** (−7.49)	−0.349*** (−3.71)	−0.226*** (−3.21)	−0.327*** (−3.05)	−0.260*** (−5.03)
Cur_as	0.057*** (4.31)	0.003 (0.05)	0.047 (1.52)	0.050 (0.71)	0.086** (2.17)	−0.015 (−0.42)
Roe	0.001 (1.60)	−0.000 (−0.44)	0.001 (0.59)	0.001 (0.95)	−0.001 (−0.58)	0.002** (2.41)
Growth	−0.000*** (−4.41)	0.000 (0.90)	−0.000*** (−2.68)	0.000 (0.14)	−0.000 (−1.45)	−0.000*** (−3.27)
Ebit	0.000 (0.54)	0.000** (2.46)	−0.000 (−0.18)	0.000* (1.90)	0.000 (1.22)	−0.000 (−0.29)
SoE	0.046*** (9.88)	0.075** (3.00)	0.039*** (3.07)	0.093*** (4.72)	0.060*** (3.70)	0.030* (1.93)
Big4	0.013** (2.63)	−0.052* (−2.16)	0.019 (0.87)	0.001 (0.04)	−0.008 (−0.35)	0.022 (1.55)
Constant	0.058 (1.16)	−0.545* (−2.03)	−0.712* (−1.76)	0.724** (2.32)	−0.084 (−0.31)	0.070 (0.49)
行业	控制	控制	控制	控制	控制	控制
年度	控制	控制	控制	控制	控制	控制
意见	控制	控制	控制	控制	控制	控制

续表

变量	被解释变量：Ln（1+Credit）					
	低杠杆	高杠杆	低规模	高规模	低年限	高年限
Observations	838	331	860	309	753	416
Adj_R^2	0.569	0.671	0.435	0.610	0.599	0.604

注：***、**、*分别表示系数在1%、5%与10%的水平上显著，括号内为系数的t值，且经过个体聚类调整。

为了进一步研究成本黏性的风险效应，本书进一步从地方政府债务与行业特征方面进行分析。由于地方政府存在一定的隐性担保，所以债券在2016年前存在"刚性兑付"的现象。首先，随着地方政府债务不断加大，地方政府隐性担保能力在降低，使得企业的融资约束与风险将增大，因此成本黏性的风险效应将进一步扩大。其次，对于资本密集度较高的制造业等行业，这些行业成本黏性天然较高，因此成本黏性的风险边际效应将下降。

基于上述分析，本书预计在政府负债高的地区以及资本密集度低的行业，成本黏性越大的企业信用评级更低。表1.5给出了相应的回归结果，从结果我们可以看出Sticky变量系数只在政府负债高与资本密集度低的行业中显著为负，而在其他组中不显著。所以上述研究结论进一步支持了成本黏性的风险观。

表1.5　　环境行业特征、成本黏性与信用评级

变量	被解释变量：Ln（1+Credit）			
	政府负债低	政府负债高	资本密集度低行业	资本密集度高行业
Sticky	−0.003 (−0.40)	−0.010* (−1.75)	−0.014*** (−2.30)	0.000 (0.09)
Size	0.122*** (8.91)	0.088*** (17.04)	0.096*** (15.03)	0.098*** (6.19)
Lev	−0.492*** (−4.34)	−0.225*** (−5.69)	−0.230*** (−4.58)	−0.329*** (−2.68)
Cur_as	0.017 (0.49)	0.041* (1.65)	−0.072** (−2.02)	0.114*** (3.28)

续表

变量	被解释变量：Ln（1+Credit）			
	政府负债低	政府负债高	资本密集度低行业	资本密集度高行业
Roe	−0.001 (−0.98)	0.001 (1.61)	−0.001 (−1.17)	0.002 (1.34)
Growth	−0.000 (−0.69)	−0.000** (−2.29)	−0.000* (−1.76)	−0.001** (−2.11)
Ebit	−0.000 (−0.04)	0.000 (1.42)	0.000 (1.52)	0.000 (0.60)
SoE	0.065*** (5.20)	0.043*** (4.90)	0.050*** (2.98)	0.052*** (3.32)
Big4	−0.008 (−0.43)	0.016 (1.43)	0.012 (0.59)	−0.030 (−1.08)
Constant	−0.500* (−1.84)	0.011 (0.06)	−0.015 (−0.12)	−0.238 (−0.72)
行业	控制	控制	控制	控制
年度	控制	控制	控制	控制
意见	控制	控制	控制	控制
Observations	349	820	514	655
Adj_R^2	0.566	0.616	0.679	0.522

注：***、**、*分别表示系数在1%、5%与10%的水平上显著，括号内为系数的t值，且经过个体聚类调整。

（四）稳健性检验

为了控制相应的内生性，以及进一步证实本书结论的稳健性。本书首先采用滞后一期回归模型来控制潜在的相互因果关系。其次，为了避免遗漏变量对于本书结论的干扰，本书采用个体固定效应模型进行相应的回归分析，相应结果见表1.6的第（1）列与第（2）列，我们发现Sticky变量系数仍然在10%的水平上显著，这说明本书的研究结论是稳健的。

为了进一步控制内生性，本书也采用工具变量进行回归。第（3）列报告了以地区年度均值为工具变量的回归结果，发现Sticky变量系数在5%的水平上显著。另外，本书借鉴周楷唐等（2017）的研究，采用省市领导人变更作为企业成本黏性的工具变量，其原因是省市领导人变更说明地区投融资政策的不确定，继而影响企业的成本黏性，但这个变更并不影响企业的信用评级。相应的回归结果见第（4）列，我们发现 Sticky 变量系数在 5% 的水平上显著。

表 1.6　　　　　　　　　　　　内生性控制结果

变量	（1）滞后一期 F. Ln（1+Credit）	（2）个体固定效应 Ln（1+Credit）	（3）地区年度均值 Ln（1+Credit）	（4）工具变量 Ln（1+Credit）
Sticky	-0.007* (-1.69)	-0.006* (-1.71)	-0.011** (-2.14)	-0.016** (-1.98)
控制变量	控制	控制	控制	控制
行业	控制		控制	控制
年度	控制	控制	控制	控制
意见	控制	控制	控制	控制
Constant	0.026 (0.12)	-0.758*** (-2.97)	-0.045 (-0.40)	0.132 (1.11)
Observations	945	1169	1169	512
Adj_R^2	0.595	0.473	0.590	0.313
Number of code		373		

注：***、**、* 分别表示系数在 1%、5% 与 10% 的水平上显著，括号内为系数的 t 值，且经过个体聚类调整。

（五）进一步检验

由于成本黏性增大了企业资产波动与会计信息风险，所以信用评级给予成本黏性高的企业较低的信用评级，那么投资者是否能够识别成本黏性的风险呢？基于此，本书以 CS 为被解释变量、Sticky 为解释变量进行回归分析，相应的回归结果见表 1.7。第（1）列是加入 Sticky 变量的回归结果，第（2）列是同时加入 Sticky 与 Credit 变量的回归结果。我们发现 Sticky 变量系数从显著为正变为不显著，这说明市场投资者能够识别成本黏性的风险，但是成本黏性的风险信息已经完成包括在信用评级里，因此，信用评级在市场中还是存在一定的信息含量。

表 1.7　成本黏性的市场反应

变量	被解释变量：CS	
	(1)	(2)
Sticky	0.138*	0.072
	(1.88)	(1.33)
Credit		-0.613**
		(-2.18)
QX	0.006	0.006
	(0.29)	(0.29)
SYQX	-0.121	-0.042
	(-1.43)	(-0.44)
Size	-0.483*	0.024
	(-7.66)	(4.21)
Lev	3.122	1.506*
	(5.78)	(3.67)
Cur_as	-0.031	-0.023
	(-2.51)	(-2.35)
Roe	0.003	0.002
	(0.77)	(0.43)
Growth	-0.002	-0.002
	(-1.37)	(-1.03)
Ebit	-0.890**	-0.666**
	(-2.16)	(-2.05)
SoE	0.042	0.050
	(0.30)	(0.33)
Constant	14.741**	7.426**
	(16.98)	(8.62)
行业	控制	控制
年度	控制	控制
意见	控制	控制
Observations	341	341
Adj_R^2	0.386	0.489

注：***、**、*分别表示系数在1%、5%与10%的水平上显著，括号内为系数的t值。被解释变量CS是债券信用利差，控制变量中的SYQX为债券的剩余期限，QX为债券的发行期限，其他控制变量与模型（1）一致。

六 研究结论与政策建议

随着中国债券市场的违约事件频发,越来越多的投资者开始质疑信用评级的独立性与功能。由于缺少违约样本,对信用评级质量的"事后检验"相当困难。因此,本书从管理层成本管理角度分析成本黏性与发行主体信用评级之间的关系,以此间接检验信用评级的信息含量。基于此,本书利用2008—2016年交易所债券数据分析了成本黏性对于信用评级的影响。研究结果表明:第一,企业成本黏性越大,主体信用评级越低,即说明了成本黏性的风险观。第二,成本黏性降低信用评级的作用在融资约束高的企业中更加显著。第三,在资本密集度低的行业以及政府债务高的省份,成本黏性降低信用评级的作用才显著。第四,成本黏性的风险也会被投资者所关注,即成本黏性增大了债券信用利差,但是这种信息效应能够被信用评级机构完全捕捉。第五,通过采用一系列控制内生性方法回归后发现本书的研究结论仍然成立。

上述结论有着重要的现实意义:首先,面对投资者对信用评级机构的质疑,本书的研究结论部分证实了信用评级存在一定的信息含量。信用评级机构能够识别管理层成本管理(成本黏性)的风险,从而把这个风险体现在信用评级中,并指导投资者进行相应的投资行为。所以,不能完全否定信用评级功能,这要求政府部门在现有的制度下,进一步加强对信用评级机构的监管,以减少企业与评级机构之间的合谋行为,提高信用评级的客观性。其次,现有文献表明管理层的成本管理行为是一种自利行为,从而造成企业盈余波动,损害了投资者利益。这要求企业外部与内部公司治理加强对管理层进行监督,从根本上保护投资者利益。

第二节 异常审计费用与债券信用评级

一 引言

信用评级机构作为市场中的一个信息中介,凭借其专业的数据收集和处理能力,为投资者提供关于借款者信誉和违约风险的前瞻性观点(寇宗来等,2015),从而改善金融市场运行效率与提高资源配置效率,所以信用评级机构在市场财务报告信息披露环境中扮演了一个重要的、有价值的角色（Ashbaugh-Skaife 等，2006）。然而，安然的崩溃和其他一些优良企业违约事件的发生突出了信用风险管理的重要性以及信用评级制度存在的问题。另外，在讨论 2008 年美国金融危机的原因时，信用评级也是诱发金融危机的一个重要因素（Lewis，2010），这是因为信用评级机构在面对市场风险时，没有做出及时的信用评级调整，甚至还给予较高的信用评级。所以，信用评级信息的真实性与及时性影响了信用评级功能的实现。在中国债券市场中，相关文献对信用评级信息含量进行了研究。比如，林晚发等（2017）从付费模式角度得出发行人付费模式评级的独立性与信息含量较低，周宏等（2013）认为信用评级机构的收入主要来自于企业，这将会导致一些代理问题，即企业与评级机构会发生合谋，使其监督功能缺失。但是也有学者发现债券评级能为资本市场提供增量信息（沈红波和廖冠民，2014；敖小波等，2017）。

　　基于目前对于信用评级信息含量结论的分歧，本书从会计师事务所角度分析信用评级的信息含量。从会计师事务所角度进行分析的原因主要是：第一，Fama 的市场效率假说（EMH）认为信息是影响市场效率的一个重要参数（Fama，2009）。在 EMH 的理论中，市场效率在很大程度上取决于我们所说的信息环境。审计师作为市场的信息中介，通过对公司的财务报告进行合规审计向市场注入新的信息，增多了市场公有信息，从而改善了市场信息环境。在此信息环境下，评级分析师利用这些新的信息对企业违约风险进行准确度量，提高评级精确度与及时性。第二，作为市场的两个信息中介，会计师事务所与评级机构的工作具有相似性和互补性（Crouchy 等，2001；Beyer 等，2010）。它们在工作中会互相参考对方的工作成果（Bruno 等，2016）。另外，审计师在审计工作中除了关注会计信息外，还会利用评级分析师发布的主体评级及其变动情况（敖小波等，2017），从而识别审计风险，确定审计的重点领域和问题。这是因为评级信息体现了发行人的信用风险，而信用风险过高的企业陷入财务困境可能性更高，从而提高了审计相关风险。第三，异常审计费用会损害审计质量，审计的信息鉴证和保险功能减弱（高瑜彬等，2017），提高了债券投资者面临的违约风险，降低了债券评级（陈超和李镕伊，2013），所以在此风险观下，评级分析师认为异常审计费用越高，企业相应风险越高，从而给予较低的评级。通过上述分析，本书将从异常审计费用角度分析信用评级的信息含量。

基于此，本书利用2008—2016年中国上市公司发债数据，实证检验异常审计费用对于债券信用评级的影响。实证研究发现：第一，在控制企业和事务所特征后，异常审计费用越高，债券评级数据越低，该结论在内生性检验后仍然成立，这个结论表明异常审计费用体现了企业的风险程度。第二，上述结果受企业的股权性质的影响，即当企业为非国有企业时，异常审计费用对债券评级的降低效应更显著；另外，经济周期也会影响异常审计费用与债券评级的相关性，在经济紧缩期，债券违约的可能性更高时，异常审计费用对债券评级的调低效应越显著。第三，本书也对异常审计费用影响债券信用评级的机制进行了检验，即异常审计费用增大了企业的违约风险，这个信息被评级机构所利用，进而降低了债券信用评级。

本书的主要研究贡献包括以下三个方面：第一，本书从债券市场中介机构的角度丰富了信息效率市场假说的研究。在市场效率假说下，信用评级机构与审计师，作为市场中的两个信息中介，可以彼此参考对方的信息，提高自己的预测业绩，从而使市场更加有效。第二，本书丰富了信用评级的研究。在中国债券市场中，信用评级有信息含量与无信息含量还存在一定的争论（周宏等，2013；寇宗来等，2015）。本书的研究结果表明，信用评级机构参考了异常审计费用反映的风险信息进行评级，从而体现了一定的信息含量。第三，通过分组检验发现，中国债券信用评级的信息含量受到股权性质以及经济环境的影响，这从另外一个角度论证了中国信用评级具有信息含量结论的准确性。

二 文献综述

评级机构对企业的违约风险的分析，按照风险的大小给出相应的评级，因此信用评级是一种信息信号。具体地，评级机构根据发行人的经济环境、公司行业特征、竞争形势、管理能力以及财务状况等多方面指标，通过科学的评级体系量化发行人的信用风险（林晚发等，2017）。许多文献从企业内部特征视角验证了信用评级对企业违约风险的反映。Copeland 和 Ingram（1982）利用变动的公司评级数据发现财务指标能够反映企业的信用风险，因而可以预测评级变动。而在中国，虽然寇宗来等（2015）认为由于我国债券市场缺乏对信用风险的科学界定，所以投资者和证券公司给出的信用评级缺乏相应的风险依据；陈超和郭志明（2008）发现1998—2006年评级机构的评级并不能反映企业财务风险与绩效的好坏。但是，随着近些年我国债券市场的不断成熟和发展，监管规定的不断完善，投资者趋于理性化，信用评级也能体现相应的信息。吴健和朱松（2012）发现2005年以后的信用评级在一定程度上反映出企业基本面风险的差异，企业盈利能力、负债水平、规模因素等风险指标都显著影响了评级结果。另外，非财务因素方面，敖小波等（2017）发现企业的内部控制质量通过提高企业的经营目标和报告目标降低企业的违约风险进而提高了信用评级，这表明评级机构更认可公司治理水平更高的企业。Ashbaugh-Skaife等（2006）发现由于管理层与投资者之间的信息不对称产生的代理问题，可能使得财富从投资者流向管理层，增加企业的违约风险，导致较低的信用评级。

另外，也有学者对采用"发行人付费"收入模式的评级机构的独立性问题进行了探究，研究发现这一模式下的评级机构与发行人的合谋行为会导致评级机构给出过高的评级。Jiang等（2010）发现穆迪转成发行人付费模式后，评级明显高于仍采用投资者付费模式的标普，而等标普也转成发行人付费模式后，两者的评级结果差异便消失了。周宏等（2013）的研究表明相比于"投资者付费"模式下的信用评级，"发行人付费"模式下的信用评级更乐观。林晚发等（2017）研究发现当发行人被中债资信评级后，原来的发行人付费模式的评级机构将降低对发行人的后续主体评级，这一结果在评级机构与发行人存在合谋的样本中更为显著。

对于异常审计费用的成因，目前学术界主要存在着"经济依赖观""风险观"两种解释理论。"经济依赖观"认为审计师由于采取"发行人付费"收入模式，会对被审计单位产生经济依赖，从而损害了审计师的独立性（蔡春等，2015；高瑜彬等，2017）。有关文献表明异常审计费用较高的公司，审计师对管理层盈余操纵的容忍度越高（Kinney和Libby，2002），盈余可持续性下降，降低了会计信息质量（段特奇等，2013），发生财务重述、财务舞弊的可能性也更大（Hribar等，2014）。另一种"风险观"认为异常审计费用是对审计师审计高风险企业所付出更多的劳动成本的补偿（Blankley等，2012；Doogar等，2015）。Kinney等（2004）的研究表明，陷入财务困境的公司舞弊动机更强，因此当公司的经营风险或财务风险更高时，发生重大错报的可能性越高，审计师因而需要投入更多的时间成本和人力成本，从而提高了审计费用，导致了异常审计费用。Palmrose（1987）发现公司的财务风险和经营风险过高时，事务所被起诉的可能性更大，审计师因而收取较高的费用以弥补未来的经济损失。张继勋等（2005）选取上市公司对外担保额和应收账款比率作为风险指标，发现我国审计收费在一定程度上考虑了风险因素。

综上所述，目前国内外关于信用评级和异常审计费用对于风险的研究文献十分丰富，但都是从单一的评级机构或者审计师的角度出发。作为市场中的两个信息中介，它们之间的信息可能相互利用，从而提高市场信息效率。因此，本书将检验这两个信息中介之间的关系，这将有利于丰富信息中介与市场效率假说。

三 理论分析与假设提出

国内外文献从多个角度分析了信用评级的影响因素，比如盈利水平（Adams 等，2003）、企业规模（Bottazzi，2010）、成本黏性（林晚发和李殊琦，2018）、审计质量（陈超和李镕伊，2013）与付费模式（林晚发等，2017）等。现有研究较少从审计定价角度进行分析。审计费用是审计投入的时间、成本的函数，它以审计成本为基础，受客户规模、业务复杂程度、风险等因素的影响（Dan，1980）。正常审计费用存在合理区间，偏离合理区间的即异常审计费用，它是审计费用中可观察到的决定因素所不能解释的那部分（Francis 和 Wang，2005）。

在异常审计费用的风险观下，异常审计费用可能与信用评级存在联系。第一，在内部控制风险方面，信用评级机构会将企业的内部控制缺陷纳入信用评级的考虑因素（敖小波等，2017），而内部控制风险也是审计风险的一个构成部分（Lei 和 Wu，2011）。第二，代理风险。相较未来的不确定性，职业经理人更多考虑的是当前的职业声誉，他们不愿意投入更多的精力来追求长期价值，财务报告操控动机也会增强，进而提高审计师面临的审计风险，从而要求较高的风险溢价（Chen，2008）。企业内部代理问题的增大，会增大企业的违约风险，导致较低的信用评级（Ashbaugh-Skaife 等，2006）。第三，经营风险。超额审计费用在一定程度上也体现了企业的经营风险，业务复杂度和经营状况的恶化会增加审计风险，而未来经营状况的不确定性也会影响债券评级师对企业偿债能力的判断，进而影响债券评级（林晚发等，2013）。

基于对异常审计费用的成因分析，"风险观"下异常审计费用越高表明企业未来违约风险较高，在这一理论下，评级分析师也会察觉到企业的特有风险，进而降低评级（Hribar等，2014）。在这一假说下，异常审计费用是中介机构关注到的风险指示变量，越高的异常审计费用会带来更低的债券评级。因此，本书提出第一个研究假设：

H1：在"风险观"下，异常审计费用越高，债券评级越低。

相反，"经济依赖观"预期同样采用"发行人付费"收入模式的审计师和评级机构都面临着利益冲突，这一现象已得到许多学者的研究证实（林晚发等，2017）。在现实中，能够左右审计师独立性的发行企业往往也能获得评级机构的优待。当面对一个大型客户时，审计师和评级机构面临的短期利益大大高于声誉资本，安然事件中审计费用和评级费用大大高于市场平均水平就是一个典型的案例。在这一假说下，异常审计费用是审计师独立性受损的指示变量，也就是说，企业由于某方面的缺陷，有动力与审计师进行合谋，以获得较好的审计意见。相似地，这种企业也有动力与评级机构进行合谋，以获得较高的评级，因此越高的审计费用会带来更高的债券评级。基于上述分析，本书提出H1b的竞争性假设：

H2：在"经济依赖观"下，异常审计费用越高，债券评级越高。

此外，我国资本市场一个典型特征是国有企业占据了上市公司的大多数。一方面，政府为国有企业提供了隐形担保，为了避免失业和维护社会安定，国有企业在陷入经营困境时更容易得到政府的救助。而政府的救助会降低会计师事务所审计失败遭受诉讼的可能，因而降低了审计风险的补偿，降低了审计费用（张天舒和黄俊，2013）。另一方面，在债券市场中，评级机构在评定企业的违约风险时，由于国有企业的融资约束更低，可以获得更长的贷款期限、更低的贷款成本，即使违约，背后的政府也会对其利益输送进而兜底（林晚发等，2017）。因此，当评级机构意识到这一点，即使国有企业存在着违约风险，债券分析师也会给国有企业债券更高的评级（韩鹏飞和胡奕明，2015），评级对于企业特征与企业风险反映得更少。因此，我们预期评级机构对异常审计费用风险信息的考虑会受到企业股权性质的影响，即在非国有企业中，异常审计费用对债券评级的影响程度更高。据此本书提出第三个假设：

H3：相对于国有企业，非国有企业异常审计费用与债券信用评级之间的关系更显著。

另外，因为企业陷入财务困境的可能性（这种情况下企业的财务报告虚假陈述和评级虚高更容易暴露给外部市场）在不同经济周期是不同的（Bruno 等，2016）。一方面，从企业本身的风险来看，经济周期变化使得企业经营环境不确定性增大（王跃堂等，2012），从而放大企业的风险。另一方面，从外部监管环境来说，相较于在经济上行期的"金融狂欢"与债券市场的刚性兑付，在经济下行期投资者的情绪更为低落，审计师和债券分析师面临被监管机构查处的风险更大，相比短期利益，审计师和债券分析师更在意自身的声誉，因此审计工作和债券评级会更注重对企业固有风险和内部控制风险的评估（Bolton 等，2012；Bruno 等，2016），因此异常审计费用与债券评级之间的风险机制更显著。基于此，本书提出第四个假设：

H4：在经济下行期，企业异常审计费用与债券信用评级之间的关系更显著。

四　研究设计与样本选择

（一）样本选取与数据来源

考虑到债券评级数据的可获得性，本书选取了 2008—2016 年 A 股上市公司的财务数据和发债数据作为研究样本，并剔除了金融行业公司、ST 公司、存在缺失值、可转债、城投债和行业分类后个数少于 10 家的公司。其中，所有的财务数据都来自于 CSMAR 数据库，公司债券数据来自于 Wind 金融数据。最终，本书的研究样本数为 1698 个，其中的财务数据等连续变量均进行了 1%与 99%的缩尾处理。

（二）模型设定与变量定义

为了获得企业的异常审计费用，本书在借鉴 Krishnan 和 Wang（2015）研究的基础上，构建模型（1.3）进行回归分析，以模型（1.3）的残差度量异常审计费用。

$$LAUDIT_{it} = \alpha_0 + \alpha_1 LNTA_{it} + \alpha_2 EQ_{it-1} + \alpha_3 BM_{it} + \alpha_4 LEV_{it} + \alpha_5 ROA_{it} + \\ \alpha_6 INVREC_{it} + \alpha_7 LOSS_{it} + \alpha_8 XDOPS_{it} + \alpha_9 FOROPS_{it} + \\ \alpha_{10} SGROWTH_{it} + \alpha_{11} INITIAL_{it} + \alpha_{12} AUDLAG_{it} + \alpha_{13} SGSEGS_{it} + \\ \alpha_{14} AGE_{it} + \alpha_{15} GC_{it} + \alpha_{16} BIG4_{it} + \varepsilon_{it} \quad (1.3)$$

模型（1.3）的被解释变量为审计费用 LAUDIT（审计费用的自然对数），解释变量如表 1.8 定义所示。其中 LNTA、INVREC、FOROPS、AUDLAG、SQSEGS 是审计成本的指示变量，BM、LEV、ROA、LOSS、XDOPS、SGROWTH 反映被审计单位的经营风险水平，BIG4 是影响审计利润的事务所特征变量。加入控制变量盈余质量 EQ 是为了排除一种替代解释，即审计师付出更多劳动提高企业会计信息质量从而影响潜在的审计成本，导致了异常审计费用的存在。模型（1.3）分行业、年度回归后得到残差即异常审计费用，记为 ABFEE。

另外，为了检验 H1，我们获得企业异常审计费用的基础上，构建模型（1.3）分析异常审计费用与债券信用评级的关系。

$$RATING_{it+1} = \alpha_0 + \alpha_1 ABFEE_{it} + \alpha_2 LNTA_{it} + \alpha_3 LEV_{it} + \alpha_4 CURASS_{it} + \alpha_5 ROA_{it} + \alpha_6 SGROWTH_{it} + \alpha_7 MATURITY_{it} + \alpha_8 NONSOE_{it} + Industry\_FE + Year\_FE + \varepsilon_{it+1} \quad (1.4)$$

模型（1.4）中的被解释变量为债券信用评级，定义当债券的信用评级为 BBB−、BBB、BBB+、A−、A、A+、AA−、AA、AA+、AAA−、AAA 时，相应的评级 RATING 值分别为 1、2、3、4、5、6、7、8、9、10 和 11。

本书也参考周宏等（2014）的研究，构建以债券信用利差为被解释变量的回归模型（1.5）。其中 SPREAD 表示公司债券的到期收益率与该只债券期限相同的国债的到期收益率之差，为了体现信用利差对异常审计费用的信息涵盖，模型采用信用利差的滞后一期数据进行分析。

$$SPREAD_{it+1} = \alpha_0 + \alpha_1 ABFEE_{it} + \alpha_2 COUPON_{it} + \alpha_3 LFFL_{it} + \alpha_4 LNUM_{it} + \alpha_5 AGE_{it} + \alpha_6 BM_{it} + \alpha_7 ROA_{it} + \alpha_8 LEV_{it} + \alpha_9 NONSOE_{it} + \alpha_{10} LOSS_{it} + \alpha_{11} RATING_{it} + \alpha_{12} ISSUERRATE_{it} + Industry\_FE + Year\_FE + \varepsilon_{it+1} \quad (1.5)$$

LFFL 表示当年距债券到期的剩余年限、LNUM 表示债券发行总额（以亿元计）的对数、AGE 表示债券已发行的年限、ISSUERRATE 表示债券发行主体的主体评级，其他变量与模型（1.5）一致。

借鉴林晚发等（2017）的研究，选择相应的控制变量。相关变量的定义与符号如表 1.8 所示。

表 1.8　　　　　　　　　　变量定义

变量名称	变量定义	变量符号
审计费用	国内审计费用的对数	LAUDIT
企业规模	期末资产的对数	LNTA

续表

变量名称	变量定义	变量符号
盈余质量	DD 模型计算得到的回归标准差	EQ
权益账市比	权益的账面价值除以市场价值	BM
企业杠杆率	企业负债与期末总资产的比率	LEV
企业盈利能力	净利润与期末总资产的比率	ROA
存货净额比	存货净值与期末总资产的比率	INVREC
是否亏损	上一年净利润小于 0 时取 1，否则取 0	LOSS
盈利持续性	企业当年发生了非经常性损益时取 1，否则取 0	XDOPS
外汇业务规模	企业当年的汇兑损益值大于 100000 时取 1，否则取 0	FOROPS
营业增长率	（当年营业利润－去年营业利润）/去年营业利润	SGROWTH
初次审计	审计师第一年审计该企业时取 1，否则取 0	INITIAL
审计延迟	审计意见签署日与财政年度最后一天的天数差	AUDLAG
业务分支	业务分支数量的平方根	SQSEGS
存续时间	CSMAR 数据库最开始记录该企业年份与当年差额的对数	AGE
审计意见	审计师出具非标准无保留意见时取 1，否则取 0	GC
四大事务所	审计机构为国际四大事务所时取 1，否则取 0	BIG4
流动资产比率	流动资产与期末总资产的比率	CURASS
债券期限	债券总发行年限	MATURITY
企业性质	当企业为非国有企业时取 1，否则取 0	NONSOE
行业固定效应	虚拟变量，按照证监会 2001 年行业代码进行构建	Industry_FE
年度固定效应	虚拟变量，按照年份进行构建	Year_FE

五 实证结果分析

（一）异常审计费用估计模型的回归结果

表 1.9 列示了模型（1.3）各个变量的回归系数和统计 t 值，代表企业资产规模和业务复杂程度的变量 LNTA、INVREC、FORDOPS、SQSEGS 和 AUDLAG 与审计费用之间均显著正向相关。审计费用与 LEV、LOSS、BM 等变量相关关系均为显著，表明审计费用与被审计单位的审计风险存在显著的相关性。审计意见 GC 与审计收费正向相关可能源于审计师承受了更高的审计风险对应的审计溢价。另外，盈余质量指数 EQ 与审计费用

之间的关系并不显著，可以排除异常审计费用的存在是由于提供了更高质量审计服务的解释。BIG4 会显著提高审计费用，由此可知，四大会计师事务所存在着明显的收费溢价。

表 1.9　　　　　　　　　异常审计费用的估计结果

变量	回归系数	p 值	t 统计值
LNTA	0.350***	0.000	82.610
EQ	0.032	0.534	0.620
BM	-0.046***	0.000	-7.220
LEV	0.054**	0.017	2.390
ROA	-0.007	0.939	-0.080
INVREC	0.047*	0.055	1.920
LOSS	0.049***	0.001	3.350
XDOPS	0.077	0.178	1.350
FOROPS	0.191***	0.005	2.790
SGROWTH	0.022***	0.001	3.320
INITIAL	-0.025***	0.000	-3.730
AUDLAG	0.001***	0.000	7.690
SQSEGS	0.071***	0.000	9.730
AGE	-0.004***	0.000	-6.900
GC	0.127***	0.000	6.200
BIGN	0.578***	0.000	35.780
Constant	5.415***	0.000	48.640
样本量		14185	
Adj_R^2		0.610	
是否控制行业变量		是	
是否控制年度变量		是	

注：***、**、*分别表示在1%、5%、10%的水平上显著。

（二）描述性统计分析

表 1.10 列示了模型（1.4）中变量的描述性统计结果。我们发现债券评级 RATING 的均值、四分位数都是 9，反映我国的债券评级的偏高现

象，另外债券评级的最小值为 6，则说明最小评级为 A+级。异常审计费用 ABFEE 的均值 0.019，说明企业绝大部分都存在超额审计费用。在本书所使用的控制变量中，发债企业规模（LNTA）的均值为 23.760，企业杠杆率（LEV）的均值为 60.4%，企业流动资产比例（CURASS）的均值为 53.2%，企业绩效（ROA）的均值为 2.8%，企业营业收入增长率比例（SGROWTH）的均值为 20.1%，债券的发行期限（MATURITY）的均值为 5.683，非国有企业（NONSOE）占比 48.5%。样本中变量 LEV、CURASS 和 EPS 的极差较大，说明发行债券的公司之间财务结构和盈利状况差异明显。控制变量数据与以往文献相似（林晚发等，2017）。

表 1.10　　　　　　　　　变量描述性统计分析

变量	样本量	均值	中位数	标准差	极大值	极小值
RATING	1698	9.097	9	1.273	11	6
ABFEE	1698	0.019	0	0.355	1.120	−1.422
LNTA	1698	23.760	23.720	1.205	25.680	20.640
LEV	1698	0.604	0.626	0.169	0.953	0.050
CURASS	1698	0.532	0.529	0.268	0.997	0.030
ROA	1698	0.028	0.024	0.033	0.195	−0.171
SGROWTH	1698	0.201	0.120	0.419	3.541	−0.561
MATURITY	1698	5.683	5	2.025	15	3
NONSOE	1698	0.485	0	0.500	1	0

（三）多元回归分析

1. 异常审计费用与债券信用评级

表 1.11 的第（1）列、第（2）列和第（3）列分别列示了模型（1.4）的全样本和异常审计费用大于零和小于零样本数据的回归结果。对于所有样本来说，发行人的债券评级与异常审计费用在 10% 的显著性水平上负向相关，而且在正向异常审计费用样本中的回归系数值比全样本中的更大，显著性水平更高。我们可以判定，在控制了常规的信贷风险因素情况下，异常审计费用越高，债券评级结果越低，这个结论支持

了假设 H1，即异常审计费用的存在更多体现了一种风险观，该项风险也被债券评级师所注意到，因而将其纳入评级的考虑因素中，从而降低了评级结果。此外，对于正向超额异常审计费用的样本中变量 ABFEE 的系数绝对值比全样本大，说明这一现象在被审计单位付出超额审计费用的情况下更广泛，而在异常审计费用小于零的样本中并不显著，说明超额审计费用是对风险溢价的补偿，而这一补偿并不存在于异常审计费用小于零的样本，进一步论证了异常审计费用的"风险观"结论。另外，各个控制变量与被解释变量 RATING 在 1% 的显著性水平上相关，与此前学者的研究结论相符，其中企业总规模越大、盈利水平越高，债券评级结果越高；而资产负债率、业务收入增长速度等反映企业的业务风险水平和复杂情况的指标与评级数据负向相关。另外，当融资企业为非国有性质时，获得的评级更低。

表 1.11　　　　异常审计费用与债券评级模型回归结果

变量	被解释变量：RATING		
	（1）全样本	（2）ABFEE>0 的样本	（3）ABFEE<0 的样本
ABFEE	-0.122* (0.064)	-0.350*** (0.121)	0.035 (0.157)
NONSOE	-0.619*** (0.055)	-0.680*** (0.073)	-0.581*** (0.081)
LNTA	0.658*** (0.032)	0.688*** (0.047)	-1.978*** (0.377)
LEV	-2.303*** (0.274)	-2.691*** (0.422)	-0.213 (0.199)
CURASS	-0.067 (0.151)	0.207 (0.247)	4.257*** (1.331)
ROA	3.744*** (0.989)	3.075** (1.461)	-0.213* (0.114)
SGROWTH	-0.199*** (0.065)	-0.222*** (0.070)	0.024 (0.023)
MATURITY	0.042*** (0.013)	0.0439*** (0.016)	-4.207*** (1.158)
Constant	-5.984*** (0.766)	-7.325*** (1.025)	0.035 (0.157)

续表

变量	被解释变量：RATING		
	（1）全样本	（2）ABFEE>0 的样本	（3）ABFEE<0 的样本
行业	控制	控制	控制
年度	控制	控制	控制
样本量	1698	875	823
Adj_R^2	0.455	0.537	0.388

注：***、**、*分别表示在1%、5%、10%的水平上显著。括号内为相应的标准误，且经过异方差处理。

2. 企业所有权性质、异常审计费用与债券信用评级

为了检验假设 H3，异常审计费用与债券信用评级的关系在非国有企业中更加显著，本书在模型（1.4）中引入非国有企业虚拟变量与异常审计费用的交互项 ABFEE×NONSOE 来进行分析，相应的回归结果见表 1.12 第（1）列。异常审计费用 ABFEE 的变量系数为 0.115，但不显著，ABFEE×NONSOE 变量系数为 -0.461，且在 1% 的水平上显著，这说明在非国有企业样本中，异常审计费用降低债券信用评级的作用强于国有企业样本。原因可能在于国有企业拥有政府的"隐形担保"，债券分析师对企业本身的风险相对不关注，从而给出一个虚高的评级，这也证实了假设 H3 的成立。

表 1.12　异常审计费用与债券评级模型加入交互项的分析

变量	被解释变量：RATING	
	（1）	（2）
ABFEE	0.115 (0.102)	0.070 (0.085)
ABFEE×NONSOE	-0.461*** (0.126)	
NONSOE	-0.670*** (0.0599)	-0.662*** (0.059)
ABFEE×DEFLA		-0.290** (0.114)

续表

变量	被解释变量：RATING	
	（1）	（2）
DEFLA		0.237 （0.276）
LNTA	0.697*** （0.0359）	0.661*** （0.033）
LEV	-2.651*** （0.307）	-2.097*** （0.263）
CURASS	0.158 （0.164）	-0.330** （0.162）
ROA	2.791** （1.155）	3.973*** （0.980）
SGROWTH	-0.212*** （0.0789）	-0.218*** （0.068）
MATURITY	0.0574*** （0.0142）	0.042*** （0.013）
Constant	-6.263*** （0.840）	-7.075*** （0.719）
行业	控制	控制
年度	控制	控制
样本量	1698	1698
Adj_R^2	0.526	0.538

注：***、**、*分别表示在1%、5%、10%的水平上显著。括号内为相应的标准误，且经过异方差处理。

3. 经济周期、异常审计费用与债券信用评级

为检验假设H4，本书进一步对模型（1.4）分不同的经济发展阶段进行回归分析。对2008—2016年经济发展阶段的划分我们借鉴苏冬蔚和曾海舰（2011）的做法，以消费物价指数CPI（以1978年为基期）调整名义GDP，然后采用实际GDP的自然对数值为被解释变量，用1、2、3等序数代替年度值作为解释变量，回归得到的残差值作为剔除时间趋势的实际GDP。如果回归残差小于样本中位数，则定义该年度为经济下行

年度。表 1.13 列示了经济周期划分的数据①。

表 1.13 经济周期的划分

年份	2008	2009	2010	2011	2012	2013	2014	2015	2016
名义 GDP	319515.5	349081.4	413030.3	489300.6	540367.4	595244.4	643974	689052.1	744127.2
CPI	105.9	99.3	103.3	105.4	102.6	102.6	102.0	101.4	102.0
实际 GDP	3017.1	3515.4	3998.4	4642.3	5266.7	5801.6	6313.5	6795.4	7295.4
回归残差 e	-0.05802	-0.01593	0.00204	0.04061	0.05605	0.04201	0.01580	-0.02140	-0.06116

注：名义 GDP 和 CPI 数据均来自于《中国统计年鉴 2017》，GDP 数据以万亿元计。

因此，我们定义 2010—2014 年为经济上行期，其余年度为经济下行期，定义经济下行期间变量 DEFLA，即当样本所在的年度为经济下行期间时，DEFLA=1，反之为 0。在模型（2）中引入交乘项 ABFEE×DEFLA 进行回归，相应的回归结果见表 1.12 第（2）列，ABFEE×DEFLA 的回归系数为-0.290，且在 5%的水平上显著，而 ABFEE 的系数为 0.070，统计上不显著。可见在宏观经济下行时期，异常审计费用降低债券评级作用更显著，而这一降低作用在宏观经济上行期间并不显著。这个结果说明，在经济上行期，由于债券刚性兑付的存在，评级机构并不特别关注异常审计费用所体现出的风险；而在经济下行期，由于整体系统性风险的增大，违约事件的可能性增大，评级机构会更关注异常审计费用所体现的风险因素。因此，上述结论证实了假设 H4 的成立。

4. 机制分析：异常审计费用与违约风险

根据模型（1.4）的回归结果我们证实了假设 H1a，异常审计费用可以作为风险因子指标给债券评级师提供额外的关于发行人的违约信息，从而影响债券评级结果。因此，本书分析违约风险是否为异常审计费用影响债券评级的机制，以 Altman 的破产指数值（ZSCORE）为被解释变量衡量企业的违约风险，以异常审计费用为解释变量进行回归分析。

---

① 本书选取了《中国统计年鉴 2017》中 2008—2016 年的名义 GDP 和 CPI 数据，两者相除的结果作为实际 GDP，然后采用 2008—2016 年的实际 GDP 的对数为被解释变量，各年份依次用序数代替作为解释变量，将回归结果的残差值定义为剔除时间趋势的实际 GDP（见表 1.13），最后将各年份的残差值从小至大排序，将小于中位数的残差的年份定义为经济下行年度，反之为经济上行年度。

表 1.14 列示了回归数据结果。我们发现在全样本回归中，ABFEE 变量系数在 1%的显著水平上为负，说明异常审计费用越高，企业 ZSCORE 指数越低，破产风险和违约风险越高，与我们预期结果相符。相似地，在以正向异常审计费用样本的回归结果中，ABFEE 变量系数也显著为负，而在异常审计费用小于零的样本中不能得出这样的结论。因此，上述结论证实了异常审计费用对发行人的破产风险和违约风险的预警作用，进一步确定了本书主要结论的影响机制。

表 1.14　异常审计费用与违约风险模型的回归结果

变量	（1）全样本	（2）ABFEE>0 的样本	（2）ABFEE<0 的样本
ABFEE	−0.138*** (0.041)	−0.184** (0.090)	−0.042 (0.102)
INVREC	−0.571*** (0.054)	−0.406*** (0.071)	−0.857*** (0.088)
LEV	1.694*** (0.151)	1.590*** (0.247)	1.719*** (0.199)
LOSS	−0.232*** (0.071)	−0.0499 (0.107)	−0.402*** (0.096)
NONSOE	−0.227*** (0.033)	−0.171*** (0.049)	−0.237*** (0.046)
RESTATE	−0.019 (0.035)	0.025 (0.0507)	−0.051 (0.051)
VIOLATION	−0.047 (0.064)	0.153 (0.106)	−0.227*** (0.082)
RELATE	0.001 (0.001)	0.0001 (0.001)	0.002*** (0.001)
LNTA	0.144*** (0.019)	0.157*** (0.030)	0.178*** (0.026)
ROA	−7.638*** (0.667)	−5.585*** (0.998)	−9.632*** (0.910)
SGROWTH	−0.216*** (0.040)	−0.199*** (0.060)	−0.246*** (0.055)
BM	−0.039** (0.020)	−0.040 (0.027)	−0.051* (0.030)

被解释变量：ZSCORE

续表

变量	被解释变量：ZSCORE		
	（1）全样本	（2）ABFEE>0 的样本	（2）ABFEE<0 的样本
GC	-0.109 (0.159)	-0.003 (0.186)	-0.422 (0.316)
Constant	-3.803*** (0.552)	-4.135*** (0.776)	-4.445*** (0.875)
行业	控制	控制	控制
年度	控制	控制	控制
样本量	1694	872	822
Adj_R^2	0.595	0.595	0.656

注：***、**、*分别表示在1%、5%、10%的水平上显著。括号内为相应的标准误，且经过异方差处理。RESTATE 代表以后会计年度是否对当年度的会计信息重述，是则赋值1，否则为0。VIOLATION 代表企业当年被处罚的次数，RELATE 代表企业当年发生的关联交易的笔数。其他变量与主回归一致。

（四）进一步分析

1. 异常审计费用的市场反应

上述结论表明，异常审计费用的风险信息能够被评级机构所发现，那么这个风险是否也能够被市场的投资者所发现呢？

表1.15给出了异常审计费用与债券信用利差的回归结果。第（1）列的结果是只考虑债券本身的特征数据而不考虑发行人主体的财务特征时的回归结果，由于 ABFEE 变量系数显著为正，这说明投资者意识到异常审计费用越大，企业风险越高，从而要求的债券信用利差越大。第（2）列、第（3）列分别是加入发行人的主体评级数据与债券评级变量的回归结果，异常审计费用 ABFEE 的系数仍然显著为正，说明尽管债券评级已将异常审计费用纳入评估债券信用风险时的考虑因素，在实际的市场交易中，投资者并不完全依赖债券评级结果预测债券违约风险，他们也可以通过自己拥有的信息进行分析。第（4）列显示在加入发行人的衡量经营风险和违约风险的财务指标变量后，异常审计费用与信用利差依然高度相关，说明在投资者来看，异常审计费用还预示了除经营风险和违约风险之外的其他风险要素，从而进一步证实了异常审计费用在资本市场的风险预警功能。

表 1.15　　异常审计费用与信用利差的回归结果

变量	被解释变量：SPREAD			
	（1）	（2）	（3）	（4）
ABFEE	0.236** (0.111)	0.332*** (0.112)	0.325*** (0.106)	0.163* (0.103)
LFFL	-0.0877*** (0.0280)	-0.0345 (0.0263)	-0.00144 (0.0254)	-0.0401 (0.0252)
AGE	0.0715** (0.0328)	0.0418 (0.0336)	0.0651** (0.0304)	-0.00452 (0.0284)
LNUM	-0.287*** (0.0551)	-0.00150 (0.0683)	0.102 (0.0660)	-0.0998* (0.0603)
NONSOE	1.026*** (0.0977)	0.837*** (0.0984)	0.821*** (0.0940)	1.044*** (0.0839)
ISSUERRATE		-0.356*** (0.0426)		
RATING			-0.508*** (0.0417)	-0.404*** (0.0402)
BM				0.0941** (0.0418)
ROA				-9.321*** (1.687)
LEV				0.0127*** (0.00382)
LOSS				0.208 (0.171)
Constant	5.358*** (0.670)	6.795*** (0.796)	7.406*** (0.882)	6.429*** (0.655)
行业	控制	控制	控制	控制
年度	控制	控制	控制	控制
样本量	841	841	841	841
Adj_R^2	0.322	0.368	0.418	0.532

注：***、**、*分别表示在1%、5%、10%的水平上显著。括号内为相应的标准误，且经过异方差处理。

2. 信用评级异质性视角

在中国公司债评级市场中，主要存在五大信用评级机构，即中诚信、联合、新世纪、大公与鹏元评级机构。这五大评级机构在股东结构上存在一定的差异，穆迪控制中诚信49%的股权，而标准普尔控制联合49%的股权，所以中诚信与联合这两个评级机构有着外资背景。有研究表明在评级技术等综合实力方面，有外资背景的评级机构比本土评级机构存在明显的优势，具有更大的独立性（周宏等，2014）。相反，非外资背景的评级机构的反应可能更加敏感。为此，本书定义当评级机构为中诚信与联合外资背景评级机构时，定义 FOREIGN = 1，否则 FOREIGN = 0，通过构建 ABFEE×FOREIGN 交乘项进行相关检验，相应的回归结果如表1.16所示。

表1.16列示了相应的回归结果，发现 ABFEE 变量系数在10%的水平上显著为负，而 ABFEE×FOREIGN 系数为正，但不显著。上述结果说明，异常审计费用与信用评级的关系不受评级机构股权性质的影响。也就是说，无论是外资持股的评级机构还是本土的评级机构，它们都关注异常审计费用所体现的风险因素，从而进一步证实了本书的主要结论。

表1.16　　评级机构异质性的影响

变量	被解释变量：RATING
ABFEE	−0.207*
	(0.106)
ABFEE×FOREIGN	0.135
	(0.131)
LNTA	0.660***
	(0.033)
LEV	−2.301***
	(0.274)
CURASS	−0.073
	(0.151)
ROA	3.727***
	(0.990)
SGROWTH	−0.198***
	(0.066)

续表

变量	被解释变量：RATING
MATURITY	0.042*** (0.013)
NONSOE	-0.618*** (0.055)
Constant	-6.035*** (0.776)
行业	控制
年度	控制
样本量	1698
Adj_R^2	0.456

注：***、**、*分别表示在1%、5%、10%的水平上显著。括号内为相应的标准误，且经过异方差处理。

3. 内生性考虑

对于模型中可能存在的反向因果问题，对于模型（1.4），本书主要采用三种方法减弱相应的内生性。一是滞后变量分析法。本书采用异常审计费用的滞后一期进行分析，能在一定程度上减轻相互因果的影响。二是工具变量法。具体地，本书采用同行业同年度的异常审计费用均值（MABFEE）作为第一阶段的工具变量。表1.17列示了这个工具变量两个阶段的回归检验结果，第一阶段的回归结果显示工具变量MABFEE与ABFEE呈明显的正向回归关系，表明MABFEE适合成为ABFEE的工具变量。表1.17第（2）列报告了第二阶段的估计结果，结果表明ABFEE变量系数为-1.365，且在1%的水平上显著。三是采用GMM方法进行分析，通过GMM检验的统计得出工具变量存在显著的相关性（F=42.861），以及外生性检验统计量的P值小于0.05，所以工具变量选取合适。四是ABFEE变量系数仍然显著为负。因此，在考虑了内生性问题之后，异常审计费用与对债券信用评级和信用利差的调低效应依然显著，从而证实了本书的研究结论是稳健的。

表 1.17　　　　　　　　　　工具变量回归结果

因变量	(1) ABFEE 第一阶段	(2) RATING 第二阶段	(3) GMM
ABFEE		-1.365*** (0.370)	-1.364*** (0.460)
MABFEE	0.957*** (0.0902)		
样本量	1698	1698	1698
Adj_R^2	0.0835	0.3424	0.3424

注：***、**、*分别表示在1%、5%、10%的水平上显著。括号内为相应的标准误，且经过异方差处理。控制变量与主回归一致。

六　研究结论与启示

基于此，本书利用2008—2016年中国上市公司发债数据，实证检验异常审计费用对于债券信用评级的影响。实证研究发现：第一，异常审计费用越高，债券评级数据越低，该结论在内生性检验后仍然成立，这个结论表明异常审计费用体现了企业的风险程度。第二，上述结果受企业的股权性质的影响，即当企业为非国有企业时，异常审计费用对债券评级的降低效应更显著；另外，经济周期也会影响异常审计费用与债券评级的相关性，在经济紧缩期，债券违约的可能性更高时，异常审计费用对债券评级的调低效应越显著。第三，本书也对异常审计费用影响债券信用评级的机制进行了检验，即异常审计费用增大了企业的违约风险，这个信息被评级机构所利用，进而降低债券信用评级。

本书研究在理论上和实践上都有一些启示。第一，在信息效率市场假说下，加强对信息中介的监督与监管，尤其是对审计师与评级分析师信息披露的监管，有利于信息效率的最大化，从而提高整个市场的资源配置效率。第二，虽然从整体来看，信用评级存在着一定的信息含量，但是信用评级的信息含量高低会随着相应条件的改变而改变，这要求监管部门在某些特定的环境下对信用评级加强监管，提高信用评级的预测价值。第三，本书的结论也对监管机构提供了额外的动力，促使它们出台有关对信用评级与审计活动的监管规定。

本书也存在一定的局限，首先，由于本书采用的数据是上市公司数据，所以本书的研究结论仅适用于发行了公开债券的上市公司，对于非上市公司是否存在相似的结论有待进一步分析。其次，本书并没有直接检验信用评级机构与企业之间的合谋。另外，现阶段对于信用评级虚高的质疑，未来的研究需要进一步证实信用评级是否存在虚高现象，以及这种虚高现象所带来的后果。

第二章 信用评级影响因素：来自企业定性信息的分析

第一节 企业定性信息与债券信用评级：基于股权性质的分析

一 引言

近年来，我国债券市场发展迅速，据中国银行业公布数据与 Wind 统计数据分析，截至 2018 年末，债券市场主要债券品种存量规模达到 86.4 万亿元，位居全球第三、亚洲第二。公司信用类债券余额位居全球第二、亚洲第一。然而在相对量上，中国债券市场存量占全球市场存量不足 5%，且规模占中国当年 GDP 比例不足 50%。而美国、日本债券市场存量在全球市场占比分别约 35%、15%，占本国当年 GDP 比例分别约 175%、255%，中国债券市场规模仍然存在巨大的发展空间。另外，随着 2016 年债券集中违约事件发生，评级机构被指责没有为市场提供及时有效的信息（Han，2014）。在这种违约常态下，政府更加强调防控金融风险，如何降低市场金融风险成为政府部门面临的首要问题。

越来越多的报道认为国有企业债券信用评级膨胀现象严重。这是因为在转轨经济体制下，无论政府、银行或投资者，对国有企业与非国有企业提供的待遇均存在显著差异（陆正飞等，2015）。与非国有企业不同，国有企业同时承担着较多政策性与社会性责任，以寻求社会福利最大化。相应地，政府会给予国有企业相对较大的支持，比如财政补贴与税收优惠，以此来保证政治目标的实现。国有银行基于政治、社会稳定或者税收动机考虑，同样也会给予国有企业特殊对待（邹萍，2018），国有企业的预算软约束导致其违约概率通常较低。相较而言，非国有企业缺乏政府支持，而且寻租成本较高（Shleifer，1998），融资约束较高。因此，如果国有企业的预算软约束事实上能够降低企业违约风险，则评级机构基于企业未来风险判断而给予国有企业较高评级即是客观的，而并非完全是膨胀的。

基于上述分析，本书的研究主要围绕三个问题：一是中国企业的信用评级是否存在膨胀；二是相比于非国有企业，国有企业的膨胀程度是否更为严重；三是探讨上述现象产生的内在机制。通过采用上市公司发债企业数据研究发现，中国企业的信用评级整体较高，相对于民营企业，国有企业的债券信用评级更高，且上述关系在违约风险高的企业以及外资参股评级机构评级中更加显著。进一步机制检验发现，国有企业的高评级并不是完全膨胀的，其原因在于国有企业控股股东可能通过关联交易、财政补贴与银行长期借款方式对被控股公司进行有效的担保与保护，从而使得国有企业债券的违约率较低。

二　理论分析与研究假设

信用评级是评级机构依据企业未来的违约风险大小而给出的。按照 Merton（1974）的结构模型框架，资产价值、资产价值波动以及企业杠杆率是影响企业违约风险的主要因素。盈利的波动性将会增大债券的信用风险，继而降低信用评级，同时盈利的波动性也会提高资产的波动性，资产的波动性将增大债券的违约风险（Kraft，2014），其原因是盈利波动较大的公司更可能越过违约边界，继而导致违约风险增大。然而，现有文献鲜有分析企业股权性质对于信用评级的影响。

在中国经济的长期发展中，国有经济实力决定了国民经济的命脉。一方面，国有企业往往承担着双重角色，即战略性政策负担与社会性政策负担（林毅夫和李志赟，2004）。在这些负担下，企业往往会把自身亏损都归咎于企业的政策性负担。政府为了使得这些企业继续存活下去，必然会给予相应的补贴与优惠，即形成国有企业的预算软约束（潘红波等，2008）。另一方面，政府官员的晋升动机同样会强化对国有企业的保护。它们认为政府官员都是自利的，政府官员的晋升往往依赖于地方国有企业的竞争力与地区经济实力（周黎安，2004），这使得政府官员与国有企业进行合谋。综上所述，政府官员通过对国有企业提供财政补贴和银行信贷支持，形成一定的预算软约束，以此让国有企业正常经营来实现它们的晋升目标。尽管如此，上述预算软约束在银行信贷市场的大量研究均表明，国有企业确实存在融资优势（陆正飞等，2015；杨亭亭等，2018）。比如，陆正飞等（2015）认为国有企业背景为其提供了隐性担保，使得企业短期资产负债率较高。杨亭亭等（2018）认为国有企业的融资约束较小，获取政府补贴更多，继而创新产出更多。王爱群和唐文萍（2017）也认为国有企业相比非国有企业能够获得更多的资源，从而能够更好地应对外部环境变化。在债券市场中，国有企业的隐性担保也同样存在，如钟辉勇等（2016）认为城投债的信用评级会受到地方政府财政实力的影响，继而影响债务成本（姚立杰等，2018；倪娟等，2019）。

基于上述分析，一般情况下，信用评级机构在对企业债券进行评级时，主要参考企业债券的违约风险确定相应的债券评级。然而，在当下的中国债券市场情境下，由于国有企业的预算软约束，政府可以对被控股公司进行相关的利益补贴，从而降低了企业的违约风险。所以，当信用评级机构基于企业股权性质考虑，则会给国有企业债券确定较高的信用评级。有别于以往仅区分国有、民营企业性质，本书同时将国有企业划分为中央与地方国有企业，其原因是中央与地方国有企业的担保主体存在不同，一个是中央国有资产监督管理委员会，另一个是地方国有资产监督管理委员会，相应的担保功能可能存在差异。因此，本书提出相应研究假设：

H1：在控制其他变量的情况下，相对于民营企业，国有企业的债券信用评级更高。

H2：在控制其他变量的情况下，相对于民营企业，地方国有企业的债券信用评级较高，同时中央国有企业的债券信用评级高于地方国有企业。

股权性质对于债券信用评级的影响可能不是线性的，尤其是在某些特殊情况下，股权性质的作用会得到加强。这些特殊的情况包括企业是否处于财务困境之中以及企业控制现金流权分离程度的大小。具体地，当企业未来违约风险较大时，国有企业上市公司更可能受到政府的救助。政府的救助措施包括财政资金救助以及来自其他国有企业资金的救助（Shailer 和 Wang，2015）。Jian 和 Wong（2008）发现当政府控制的上市公司面对因连续亏损而即将面临退市风险时，这些上市公司更有动机通过关联方交易进行虚构利润。在中国资本市场中，同样也存在类似的现象。潘越等（2009）研究发现，当企业处于财务困境时，国有企业会获得较多的政府补助。

基于上述分析，当企业处于财务困境时，国有企业更可能得到政府的担保、救助以及来自国有银行的贷款，这使得国有企业的违约概率降低。所以，本书提出第三个研究假设：

H3：股权性质与债券信用评级的关系在企业处于财务困境时更强。

控制权与现金流权相分离将会产生严重的股东代理问题。当控股股东使用投票权、金字塔所有权结构以及交叉持股方式获得超额控制权时，这种超额控制权会导致控股股东选择非效率投资项目从事"帝国构建"，或者通过进行关联交易，又或者通过提高企业违约概率与债券重组概率来降低在违约时对债权人的支付（Aslan 和 Kumar，2012）。所以，超额控制权会导致企业风险增大。因此，对于信用评级机构来说，理应给予这些企业债券较低的信用评级。

由于中国法律制度以及投资者保护的不完善，控股股东有动机通过使用过度控制权获得较高的私人收益，从而导致企业处于高风险之中。所以，当企业两权分离度较高时，企业违约风险较大，国有企业隐性担保作用更大。基于此，本书提出第四个研究假设：

H4：股权性质与债券信用评级的关系在企业两权分离度较高时更强。

三　研究设计

（一）数据来源与样本选择

为了研究股权性质这一定性信息对于信用评级的影响，本书采用2008—2016 年上市公司发债数据为样本进行分析。在本书中，上市公司财务数据与债券特征数据主要来自于 Wind 数据库。本书也删除了可转债、金融公司发债以及城投债等样本，经过整理、删除缺失值与重复值后，得到本书的研究样本数为 1073 个。另外，分组变量的数据主要来源于 Wind 与 CSMAR 数据库。相应的财务数据等连续变量进行 1% 的缩尾处理。

（二）研究模型与变量定义

本书采用信用评级定量模型拟合出来的残差作为因变量进行回归分析，以得到股权性质这一定性信息对于债券信用评级的影响。首先，本书借鉴吴育辉等（2017）的思想，采用相关变量对信用评级进行回归，以回归残差来确定评级的高估或者低估，这种方法也在盈余管理中得到广泛应用。这种研究设计的优势在于：第一，可能得到信用评级对于企业定量信息的反应程度；第二，可以避免其他自变量对股权性质相关结论的影响；第三，可以进一步确定定性信息是否被信用评级所关注，以及股权性质这一定性信息对于信用评级的贡献度。综上，本书选取信用评级的预测变量（企业规模、企业杠杆率、企业流动资产比例、每股收益、企业盈利能力以及营业收入增长率），以（债券信用评级+1）的对数作为被解释变量，按照模型（2.1）回归得到相应的残差，以此来分析定性信息对信用评级膨胀的影响。

$$\ln(1+Credit_{it+1}) = \beta_0 + \beta_1 Size_{it} + \beta_2 Leverage_{it} + \beta_3 Cur\_ass_{it} + \beta_4 Eps_{it} + \beta_5 Roa_{it} + \beta_6 Growth_{it} + \varepsilon_{it} \qquad (2.1)$$

模型（2.1）中的被解释变量 $Credit$ 是债券的信用评级。借鉴林晚发等（2017）的定义，当信用评级为 AA-级、AA 级、AA+级、AAA 级时，相应的 $Credit$ 值分别为 1、2、3、4。

为了进一步检验股权性质与债券信用评级之间的关系，本书构建模型（2.2）进行分析，模型（2.2）如下：

$$Res_{it+1} = \beta_0 + \beta_1 Central_{it} + \beta_2 Local_{it} + \beta_3 Size_{it} + \beta_4 Leverage_{it} + \beta_5 Cur\_ass_{it} + \beta_6 Eps_{it} + \beta_7 Roa_{it} + \beta_8 Growth_{it} + \beta_9 Matunie_{it} + \beta_{10} Amount_{it} + \beta_{11} Guarantee_{it} + Opinion + Industry + Year + \varepsilon_{it} \qquad (2.2)$$

模型（2.2）中的被解释变量 Res 是模型（2.1）中的残差。主要自变量包括：$Central$，当上市公司控股股东为中央国有企业时，$Central=1$，否则 $Central=0$。相似地，对于 $Local$ 变量，当上市公司控股股东为地方国有企业或地方政府时，$Local=1$，否则 $Local=0$。另外，为了检验国有与民营之间的差异，定义当企业为国有企业（无论是中央还是地方国有企业）时，$State=1$，否则 $State=0$。上述变量的对照组都为民营企业。

借鉴林晚发等（2017）的研究，本书对控制变量进行了选择。表 2.1 给出了本书相关控制变量的定义、符号与预期符号。为了检验假设 H3、H4，本书构建了相应的分组变量，具体包括财务困境以及控制权与现金流权分离度。对于财务困境的度量，潘越等（2009）等文献采用把 ST 作为公司是否处于财务困境的标注。然而对于中国债券市场，ST 公司不允许发债。所以本书使用企业未来的违约风险（Z 值）作为财务困境的替代变量。对于控制权与现金流权分离度的定义，以控制权与现金流权的比值进行替代。

表 2.1　　　　　　　　控制变量定义

变量名称	变量定义	变量符号	预期符号
债券特征变量			
债券发行规模	债券发行规模的对数	Amount	+
债券期限	债券发行期限	Matunie	−
债券担保	债券是否存在担保	Guarantee	+
发债企业特征变量			
企业盈利能力	净利润与期末总资产的比率	Roa	+
企业规模	企业期末总资产的对数	Size	+
企业杠杆率	企业负债与总资产的比率	Leverage	−
流动资产比例	流动资产与期末总资产的比率	Cur_asset	+
每股收益	净利润与流通股股数的比率	Eps	+
营业收入增长率	（营业收入−上期营业收入）/上期营业收入	Growth	+
虚拟变量			
审计意见	虚拟变量	Option	
行业变量	虚拟变量	Industry	
年度变量	虚拟变量	Year	

四　实证检验分析

（一）单变量分析

1. 样本描述性统计分析

表 2.2 为主要变量的描述性统计结果。Credit 的均值为 2.77，说明大部分公司债券的信用评级整体较高。Central 的均值为 0.2125，说明在发债的上市公司样本中，约有 21.25% 的企业控股股东为中央国有企业。同理，Local 的均值为 0.4007，约有 40.07% 的企业控股股东为地方国有企业或地方政府。另外，State 的均值为 0.6132，即约有 61.32% 的发债企业为国有企业。控制变量结果与林晚发等（2017）文献结果相似。

表 2.2　　　　　　　　主要变量的描述性统计分析

变量	样本量	均值	中位数	标准差	最大值	最小值
Credit	1073	2.77	3	0.8958	4	1
Central	1073	0.2125	0	0.4093	1	0
Local	1073	0.4007	0	0.4903	1	0
State	1073	0.6132	1	0.4872	1	0
Amount	1073	2.252	2.197	0.8331	5.075	-0.6931
Matunie	1073	6.251	5	1.895	15	3
Guarantee	1073	0.5508	1	0.4976	1	0
Leverage（%）	1073	57.52	57.92	14.79	88.68	10.14
Cur_asset（%）	1073	43.92	42.4	22.76	98.43	6.378
Eps	1073	0.37	0.28	0.44	2.1	-0.8162
Growth（%）	1073	10.48	7.51	24.24	188.8	-60.13
Roa（%）	1073	5.874	5.213	4.249	23.44	-8.812
Size	1073	23.53	23.33	1.48	28.14	20.77

2. 预测模型残差分析

表 2.3 为模型残差 (Res) 的描述性统计分析结果。从表 2.3 结果可以初步得到，全样本的预测残差均值为 0.0363，但是在统计上与 0 存在显著性差异，这说明企业的定量信息并不能完全解释信用评级。另外，本书也对回归模型的拟合优度进行了统计，发现定量信息对于信用评级的解释力度只有 60%，这说明定性信息可能对于信用评级有一定的解释力。因此，本书按照股权性质进行分组检验，发现相比于民营企业，国有企业的残差值为正（在统计上大于 0），说明国有企业这一定性信息的确有助于对信用评级的解释。另外，相比于地方国有企业，中央国有企业的解释力度更大。总之，上述结果说明在中国债券市场中，国有企业这一定性信息的确有助于解释高信用评级现象。

表 2.3　　　　　　　　信用评级预测模型残差分析

样本描述性统计

变量	样本量	均值	标准差	极小值	极大值	均值检验
Res	1073	0.0363	0.1745	−0.5595	0.4704	6.8204***

单变量分析

组别	样本量	均值	T检验
国有	658	0.0678	7.6397***
非国有	415	−0.0136	
中央国有	228	0.0747	3.7710***
非中央	845	0.0259	
中央国有	228	0.0747	0.7198
地方国有	430	0.0642	

注：***、**、*分别表示系数在1%、5%与10%的水平上显著。Res为预测模型的残差。

(二) 多元回归分析

1. 股权性质与债券信用评级

本书也以预测模型的残差（Res）作为因变量，分析股权性质与债券信用评级的关系，回归结果如表2.4所示。在全样本的回归结果中，中央企业与地方国有企业的系数分别为0.0678与0.0469，两个系数都在1%的水平上显著，且两系数差异也在10%的水平上显著。同时国有企业哑变量State系数也在1%的水平上显著为正。上述结论都说明相比于民营企业，国有企业这一定性信息与债券信用评级存在显著的正相关关系，这个结论支持了假设H1与H2。类似地，在残差大于0的样本下，上述结论仍然成立。

表 2.4　　　　　　　　股权性质与债券信用评级

变量	全样本		Res≥0	
	Res (t+1)	Res (t+1)	Res (t+1)	Res (t+1)
Central	0.0678*** (4.12)		0.0739*** (4.59)	
Local	0.0469*** (3.66)		0.0277** (2.05)	

续表

变量	全样本		Res≥0	
	Res (t+1)	Res (t+1)	Res (t+1)	Res (t+1)
Diff (Central=Local)	2.19*		14.88***	
State		0.0516*** (4.17)		0.0386*** (2.92)
控制变量	Yes	Yes	Yes	Yes
行业/年度/意见	Yes	Yes	Yes	Yes
N	1073	1073	497	497
Adj_R^2	0.199	0.198	0.224	0.204

注：***、**、*分别表示系数在1%、5%与10%的水平上显著。括号内为系数的t值。

2. 稳健性检验

（1）国有持股比例与债券信用评级

为了进一步证实股权性质与信用评级的关系，本书将分析国有持股比例与信用评级的关系。为了研究需要，本书按照如下步骤获得企业国有控股比例。第一，在股权分置改革下，把股份分为流通股与限售股。第二，从Wind数据库下载限售股中国有股份以及国有企业法人股份，并计算相应的比例。第三，对于流通股，只取国有企业第一大股东持股比例作为相应的国有持股比例。第四，上述比例的加总作为企业国有持股比例的替代变量，记为Ger-own。另外，国有持股比例与债券信用评级可能存在反因果关系，所以有必要对内生性进行控制。本书选择行业年度均值作为工具变量。

表2.5给出了相应的回归结果，第（1）列是国有控股比例与债券信用评级的回归结果。Ger-own系数在10%的水平上显著为正，这说明国有持股比例越高的企业，它们发行的债券信用评级越高，从而进一步证实了假设H1的正确性。第（2）列是工具变量的回归结果，Ger-own变量系数仍然在5%的水平上显著为正，与前述结果一致，进一步证实了假设H1。

表 2.5　　　　国有控股比例与信用评级膨胀关系的回归结果

变量	Res（t+1）	
	（1）	（2）
	OLS	工具变量回归
Ger-own	0.0006* (1.72)	0.0039** (2.03)
控制变量	Yes	Yes
N	1073	1073
Adj_R^2	0.251	0.158

注：***、**、*分别表示系数在1%、5%与10%的水平上显著，括号内为系数的t值。

（2）内生性考虑

为了减小回归的内生性以及遗漏变量等问题，本书也以股权变更作为外生冲击来分析股权性质对于信用评级膨胀的影响。为了更大可能利用相关数据，本部分建立两个虚拟变量，具体地，当企业由民营企业转变为国有企业时，State_up=1，否则为0。定义当企业由国有企业转变为民营企业时，State_down=1，否则为0。使用PSM方法，按照同年度、行业、信用评级、股权性质进行配对，以配对样本进行回归分析。回归结果如表2.6所示。

从结果上看，State_down变量系数在部分模型中显著为负，State_up变量系数在所有模型中显著为正，这说明相对于股权性质不变的企业，当企业从国有企业转变为民营企业时，信用评级下降；而当企业从民营企业转变为国有企业时，信用评级提高，并且上述提高与降低效应有着显著差异。因此，评级公司的确会关注企业的股权性质这一定性信息。

表 2.6　　　　股权变更对信用评级膨胀的影响

变量	Res（t+1）	
	（1）	（2）
State_down	-1.3821*** (-3.45)	-0.5967 (-0.73)
State_up	0.9760** (2.24)	2.6772** (2.53)

续表

变量	Res (t+1)	
	(1)	(2)
Diff (State_down = State_up)	25.24***	10.60***
控制变量	No	Yes
N	128	125
Adj_R²	0.0670	0.5490

注：***、**、*分别表示系数在1%、5%与10%的水平上显著，括号内为系数的t值。

五 机制分析

(一) 股权性质的预算软约束

理论上，股权性质能够影响债券信用评级，其原因是当企业处于困境时，国有企业存在一定的预算软约束，从而使得企业避免破产。所以本书将从企业关联交易、财政补贴以及长短期贷款三个视角，分析股权性质对于上述变量的影响。具体的回归结果如表2.7所示。

从表2.7第（1）列可以得到，Central与Local变量系数都在1%的水平上显著为正，同时Central变量系数显著大于Local变量系数，这说明相对于民营企业，国有企业与控股股东之间的关联交易金额较大。另外，控股股东为中央国有企业的关联交易金额大于控股股东为地方国有企业。对于第（2）列回归结果，Central变量系数在1%的水平上显著为正，而Local变量系数不显著，这说明相对民营企业，国有企业获得较高的财政补贴。在第（3）列与第（4）列回归中，通过Central与Local变量系数分析可得，对于短期借款，国有企业与民营企业没有显著差异；然而，相对于民营企业，国有企业获得较多的长期借款。

通过上述的分析证实了国有企业存在一定的软约束，存在一定的隐性担保，使得国有企业的违约风险较低，继而得到高评级。所以，国有企业的高评级并不是膨胀的，而是基于企业未来违约风险给出的真实评级。

表2.7 　　股权性质影响债券信用评级的机理分析

变量	(1) Reltion	(2) Subsidies	(3) S_loan	(4) L_loan
Central	0.0357*** (6.57)	1.0934*** (7.79)	−0.0093 (−1.47)	0.0146** (2.38)

续表

变量	（1）Reltion	（2）Subsidies	（3）S_loan	（4）L_loan
Local	0.0116*** (4.10)	−0.1201 (−1.06)	−0.0012 (−0.21)	0.0042 (0.78)
控制变量	Yes	Yes	Yes	Yes
N	1073	1073	1073	1073
Adj_R^2	0.0901	0.2570	0.3490	0.5470

注：***、**、*分别表示系数在1%、5%与10%的水平上显著，括号内为系数的t值。Reltion变量为企业关联交易量与总资产的比值，Subsidies变量为财政补贴的对数，S_loan与L_loan变量分别为企业短期借款额与长期借款额与总资产的比值。

（二）地方政府债务水平的影响

由于国有企业预算软约束的存在，企业未来的违约风险较低，评级机构会给予较好的信用评级。然而，地方政府债务水平影响了国有企业的预算软约束，因此评级机构在对国有企业进行评级时，会考虑地方政府的债务水平。本书将以地方政府的债务水平进行分组回归分析。具体地，首先计算省份每年城投债的存量与GDP的比例作为每个省份的债务水平；其次，按照样本3/4分位点为基准，当债务水平大于样本3/4分位点，则定义为高债务组；反之为低债务组。最后，按照分组进行相应的回归，结果如表2.8所示。

在表2.8的第（1）、第（2）列中，我们发现Central变量在两个组中都显著，这说明地方政府债务水平并不影响评级机构对中央国有企业的评级；Local变量只在低负债组中显著为正，而在高负债中为正，但不显著，这说明随着地方政府债务水平的提高，评级机构认为处于这个地方的国有企业预算软约束降低，违约风险将增大。相似地，第（3）、第（4）列也存在类似的结果。上述结果说明，地方政府债务影响了地方国有企业的预算软约束，进而导致评级机构改变它们的评级策略。

表 2.8　　　　　　　　　　政府债务水平的影响

变量	Res（t+1）			
	（1）	（2）	（3）	（4）
	高负债	低负债	高负债	低负债
Central	0.1120*** (3.00)	0.0817*** (4.14)		
Local	0.0324 (1.21)	0.0605*** (3.88)		
State			0.0472** (1.97)	0.0609*** (4.14)
控制变量	Yes	Yes	Yes	Yes
N	275	798	275	798
Adj_R²	0.217	0.232	0.175	0.223

注：***、**、*分别表示系数在1%、5%与10%的水平上显著，括号内为系数的t值。

（三）股权性质与企业违约概率

机制分析证实了国有企业的高评级是基于企业未来违约风险做出的正确判断，而不是膨胀的。为了直接证实这一点，本书对2014年以来的违约事件进行了统计分析，结果如表2.9所示。表2.9中A部分给出了违约事件在不同年度与不同股权性质下的分布，我们发现国有企业债券的违约率相对较低，这说明国有企业预算软约束的确存在。B部分给出了违约事件在不同信用评级与不同股权性质下的分布。我们可以看到，随着债券信用评级的增大，国有企业的违约债券比例在降低，这说明国有企业的高评级是真实的。

表 2.9　　　　　　　　　　债券违约事件分布统计

年份	Panel A：股权性质：年度两个违约维度下的违约事件统计					
	民营			国有		
	违约数量	存续样本	违约比例	违约数量	存续样本	违约比例
2014	6	60	0.1	0	136	0
2015	18	256	0.0703	5	278	0.0179
2016	52	754	0.0689	26	725	0.0358
2017	43	991	0.0434	6	1061	0.0056
2018	11	1044	0.0105	1	1164	0.0008

续表

Panel B：股权性质：信用评级两个维度下的违约事件统计

Credit	民营			国有		
	违约数量	发行样本	违约比例	违约数量	发行样本	违约比例
AA+	38	256	0.1484	5	397	0.0126
AA	12	565	0.0212	4	271	0.0147
AA-	12	252	0.0476	6	101	0.0594

六 进一步分析

（一）不同风险下，股权性质与债券信用评级

为了检验 H3、H4，本书首先对子样本进行定义：第一，按照 Altman 对 Z 值的定义，本书定义当企业的 Z 值大于样本中位数（1.91）时，则企业为低困境企业，反之为高困境企业。第二，由于两权分离值为 0 的样本占总样本的比例达到了 57%，所以本书定义当两权分离度等于 0 时，企业两权分离低，反之企业的两权分离高。表 2.10 给出了在不同子样本下，股权性质与债券信用评级的回归结果。A 部分给出了财务困境子样本的回归结果。从结果可以看出，Central 与 Local 变量系数大多在 1% 的水平上显著为正，而且高困境组中的系数大于低困境组中的系数，同时通过系数 Wald 差异检验发现 Central 变量系数也显著大于 Local 变量系数。另外，State 变量系数也至少在 5% 的水平上显著为正，且高困境组中的系数大于低困境组中的系数。综上，相比于非财务困境的企业，当企业处于财务困境时，国有企业这一定性信息对于债券信用评级的解释力度更大，支持了假设 H3。

B 部分给出了两权分离子样本的回归结果。相似地，本书发现在第（5）至第（8）列中，在控制权与现金流量权低组中，Central 与 Local 变量系数不显著；而在控制权与现金流量权高组中，Central 与 Local 变量系数都至少在 5% 的水平上显著为正，同时通过系数 Wald 差异检验发现 Central 变量系数也显著大于 Local 变量系数。同时，在高分离度组中，State 变量系数在 1% 的水平上显著为正，而在低分离度组中变量系数不显著，且在高两权分离度组中的系数大于低两权分离度组中的系数。这些结果说明，相比于控制权与现金流权分离度较低的企业，当企业控制权与现金流权分离度较高时，国有企业这一定性信息对于债券信用评级的解释力度更大，支持了假设 H4。

表 2.10　　　　　　　不同风险下，股权性质与债券信用评级

Panel A：财务困境

变量	(1) 低	(2) 高	(3) 低	(4) 高
	Res（t+1）			
Central	0.0247 (1.14)	0.1336*** (5.19)		
Local	0.0490*** (2.64)	0.0973*** (5.17)		
Diff（Central=Local）	1.98*	3.22*		
State			0.0407** (2.40)	0.1030*** (5.53)
控制变量	Yes	Yes	Yes	Yes
N	526	547	526	547
Adj_R^2	0.130	0.299	0.129	0.296

Panel B：控制权与现金流权分离度

变量	(5) 低	(6) 高	(7) 低	(8) 高
Central	0.0164 (0.69)	0.1362*** (5.61)		
Local	0.0284 (1.51)	0.0460** (2.41)		
Diff（Central=Local）	0.44	13.66***		
State			0.0270 (1.46)	0.0782*** (4.43)
控制变量	Yes	Yes	Yes	Yes
N	535	538	535	538
Adj_R^2	0.238	0.155	0.239	0.134

注：***、**、*分别表示系数在1%、5%与10%的水平上显著，括号内为系数的t值。

（二）评级机构异质性下股权性质与债券信用评级关系分析

本书构建评级异质性变量（Foreign），如果企业采用中诚信、联合以及新世纪评级机构时，Foreign=1；如果企业采用大公国际与鹏元评级机构时，Foreign=0。表2.11给出了在不同评级机构下，股权性质与债券信

用评级的关系。在第（1）列中，Central 与 Local 变量都不显著，而在第（2）列中，上述两个变量系数都在1%的水平上显著为正。这说明相对本土评级机构，外资评级机构在评级时更加关注股权性质这一定性信息，并认为股权性质预算软约束能够降低企业的违约风险。由于外资评级机构评级的独立性更强，进一步证实国有企业高评级不是膨胀的。第（3）列与第（4）列的结果也支持了上述结论。

表2.11　评级机构异质性、控股股东性质与债券信用评级膨胀

变量	Res (t+1)			
	(1)	(2)	(3)	(4)
	Foreigen = 0	Foreigen = 1	Foreigen = 0	Foreigen = 1
Central	0.0824** (2.10)	0.0901*** (4.44)		
Local	0.0188 (0.67)	0.0715*** (4.05)		
Diff (Central = Local)	3.2200*	1.1600		
State			0.0409* (1.92)	0.0762*** (4.57)
行业/年度/意见	Yes	Yes	Yes	Yes
N	457	616	457	616
Adj_R^2	0.315	0.217	0.165	0.217

注：***、**、*分别表示系数在1%、5%与10%的水平上显著，括号内为系数的t值。

七　结论与启示

本书的研究结论可以归纳为：国有企业这一定性信息对信用评级具有一定的解释力。国有企业控股股东可能通过关联交易、财政补贴与银行长期借款方式对被控股公司提供隐性担保，使得企业未来违约风险较小，所以国有企业的高评级并非是膨胀的。

本书的研究对于理解信用评级的评定过程有着较好的参考意义，且对中国债券市场的参与主体有着如下政策启示：

第一，对于政府部门来说，深化金融体制改革与促进多层次资本市场健康发展，需要充分发挥资本市场中介的信息传递与监督功能。对于债券市场而言，努力实现评级机构"看门人"角色至关重要。一方面，

评级机构的评级能够被监管部门所参考，决定发行主体的发债资格，进而影响债券市场发行主体的整体质量，有助于加强投资者保护和提高投资积极性；另一方面，信用评级的等级信息有助于区分市场中发行主体的个体质量，从而满足不同投资者的投资需求，有利于实现资本市场资源配置功能，促进供给侧结构性改革政策落地。因此，政府部门应该加强信用评级机构的基础设施建设，进一步提高债券市场信息质量，降低相关系统性风险。

第二，对于信用评级机构监管来说，信用评级机构能够在一定程度上识别企业的违约风险，但是由于市场分割的存在，使得评级资质不统一，评级行业存在一定程度的购买评级现象，导致评级失真。监管部门应对信用评级行业统一监管，完善信用评级机构的内部控制流程，提高评级质量。本书的研究也为中国人民银行与中国证监会2018年第14号公告所推行的评级行业统一监管思想提供了理论支持。

第三，对于信用评级机构来说，针对学术界与实务界对于信用评级膨胀的质疑，如何科学有效地提高信用评级的准确性与及时性，以及降低信用评级膨胀是需要解决的问题。在大数据环境下，评级机构应该改善信用评级评定程序，加大信息建设投入，在关注企业基本面等公共与定量信息的同时，积极开展跟踪调研，关注企业私有信息、定性信息，提高评级的准确性与及时性，充分发挥评级的信息效应，维护债券市场的稳定。

第四，党的十九大报告要求有序扩大金融业对外开放，2018年3月，银行间市场交易商协会允许符合条件的境外信用评级机构在境内开展债券信用评级业务，以此来推进中国债券市场的国际化。本书的结论表明相对本土评级机构，外资评级机构的评级客观性可能更高。本书的研究为评级机构对外开放政策实施提供了一个证据支持，即证实评级机构对外开放能够改善现有评级机构的评级质量。

第五，对于发行企业来说，高评级能够提高债券发行率以及降低企业的融资成本，所以许多企业通过与评级机构合谋购买高评级。然而在评级机构对外开放的背景下，现有评级机构将面临更高的生存与声誉压力，这将会减小它们与企业之间的合谋行为。因此，发债企业只有通过努力提高自己的盈利能力，同时增多企业其他企业定性信息（如企业社会责任、研发投入）的披露，才有可能获得更高的评级。

第二节　募集说明书文本信息与债券发行

一　引言

截至 2020 年末，债券市场余额达到 117.8 万亿元，位居全球第二。然而债券违约事件的集中发生引起了投资者对债券市场违约风险的关注。所以，如何提高债券市场的信息效率，引导投资者合理投资，将是我们需要解决的问题。债券市场信息效率的提升主要体现在债券定价效率方面，相关研究已经证实债券市场中的信息不对称是影响债券定价效率的主要因素（Yu，2005；周宏等，2014）。尽管如此，上述研究主要采用定量信息对公司的信息不对称进行量化，鲜有文献从公司披露的定性信息角度对信息不对称进行量化，进而分析定性信息对债券定价效率的影响。事实上，债券投资者在进行债券投资以及对债券定价时，不仅会关注公司的定量信息，还会关注公司披露的定性信息，比如社会责任报告、公司属性等（张继勋等，2019）。在众多的定性信息披露中（如年报、业绩说明会与盈余电话会议等），本书特别关注债券募集说明书披露的文本属性。其原因主要在于：公司在发行债券时，必须向投资者披露债券募集说明书。债券募集说明书包括了债券与发行主体相关信息，尤其对公司未来的风险进行了详细描述，这些描述有利于投资者对公司未来风险进行有效的识别。基于上述分析，在债券市场定价效率与资源配置效率较差的情况下，研究债券募集说明书文本信息对债券定价效率的影响将显得十分重要。

二　相关研究评述

（一）债券信用利差

Merton（1974）首次构造了信用风险结构模型，理论分析表明杠杆率和波动性是债券信用利差的重要决定因素，上述结论也得到了一系列实证文献的支持。后续相关研究在结构模型的基础上，进一步发现产能利用率（杨志强等，2019）、政府隐性担保（张雪莹等，2019）与信用利差呈负相关；而控股股东的股权质押行为（储溢泉和倪建文，2020）、失信程度（杨国超和盘宇章，2019）、承销商经办人员与签字审计师的固定搭配次数（吕怀立和杨聪慧，2019）与信用利差呈正相关。Das 等（2009）

发现会计指标能够预测公司违约风险，换言之，盈利能力、流动性、资产的速动比率、销售增长与公司规模都是解释债券信用利差的重要因素。以上研究表明公司定量信息对债券信用利差有着重要影响，这是因为公司违约风险只有当公司偿付能力出现问题时才出现，因此公司的盈利能力直接关系到公司的偿付能力。当然，宏观经济环境会造成公司盈利能力波动较大，继而提高公司违约风险与债券信用利差（王博等，2019）。王博等（2019）实证检验了货币政策不确定性对于违约风险的影响。王雷和聂常虹（2019）构建了一个新的债券利差指数，并验证了该指标对于宏观经济的预测作用。

而在非定量信息研究中，相关研究发现公司避税（Longstaff 等，2005）、信息不对称（Friewald 和 Nagler，2019）以及供应链中顾客—供应商关系都会影响债券定价（Chen 和 Liao，2018）。另外，彭叠峰和程晓园（2018）将"11 超日债"违约事件作为外生冲击，研究该事件对于债券定价的影响。在债券定价的影响因素中，我们更加关注公司信息不对称的影响。现有文献已经证实信息不对称能在一定程度上解释"信用利差之谜"的现象。Yu（2005）采用 AIMR 指标对会计信息质量（信息不对称）进行度量，研究发现会计信息质量越差，债券信用利差越大。在国内的研究中，周宏等（2014）研究发现信息不对称程度越大，债券信用利差也越高。

从上述研究可以看出，债券信用利差影响因素的相关研究已经相当丰富，但是这些研究主要关注于公司定量信息，而对于公司定性信息的关注仍十分有限，特别是忽略了债券募集说明书中的定性信息。相关文献发现债券募集说明书文本信息能够向市场释放出更多的信息，债券募集说明书的风险披露程度上升会提高投资者的违约风险感知，减小投资者与公司之间的信息不对称，从而导致风险溢价上升（吴武清等，2021）。但是现有文献只是分析了债券的信息披露问题，并未将债券募集说明书作为分析对象，同时以中国等新兴市场为背景的研究较少。因此，本书在信息不对称理论下，从债券募集说明书文本信息角度研究债券信用利差的影响因素，重点研究债券募集说明书文本信息是否影响债券信用利差。

（二）公司披露报告的文本信息

文本分析已被越来越多的会计和金融研究论文采用，通过量化公司新闻稿、管理层讨论和分析（MD&A）、年度报告、关键审计事项、每日纸质文章和投资者信息表的基调和情绪进行（廖义刚和杨雨馨，2021）。这些研究发现报告中消极词汇可以用来衡量语调，并证实这些语调与公司未来的财务指标有着显著关系，继而影响到投资者对于公司未来价值的判断。目前实证文献主要分析了 MD&A 语调的影响，结果发现 MD&A 披露报告披露基调与未来公司的基本面（期货销售、每股收益、现金流量），以及分析师的盈利预测修订有关（Li，2010）。李姝等（2021）发现同行 MD&A 语调越乐观，越有利于促进公司创新投资水平的提升，改善管理层的投资决策。唐少清等（2020）以创业板上市公司为研究对象，发现业绩说明会管理层语调对下一年的业绩有着指引作用。林煜恩等（2020）从公司创新视角研究管理层语调的信息含量，发现信号理论是主要影响机制。进一步地，MD&A 中悲观语调水平与未来公司业绩存在负相关关系，这是因为 MD&A 部分的负面措辞暗示了潜在的持续经营问题，增加了破产的可能性（Mayew 等，2015），从而提高了公司的资本成本（Kothari 等，2009；Li，2010）。Kothari 等（2009）和 Li（2010）研究了 MD&A 披露对资本成本、收益波动率和分析师预测的影响，他们发现当 MD&A 中披露了关于公司基本面良好的信息时，资本成本、波动率和分析师预测表现显著下降，然而负面披露将导致资本成本等上述变量显著增加。

另外，现有文献也分析了招股说明书文本信息的作用。招股说明书作为拟上市公司首次正式提供给公众有关公司经营信息和财务信息的全面披露材料，其信息披露质量直接影响着 IPO 市场效率，这是因为信息披露质量有利于降低信息不对称程度进而缓解 IPO 抑价（Arnold 和 North，2010；Hanley 和 Hober，2010）。除财务报表和附注等数据类"硬信息"外，招股说明书所含文字陈述部分的"软信息"也是决定 IPO 市场效率的重要因素（Loughran 和 McDonald，2013）。近年来，不少学者分别从信息含量（Hanley 和 Hober，2010）、信息模糊性（Arnold 和 North，2010）、管理层语气（Ferris 等，2013）、是否披露风险对策（白云霞和李璇，2020）等方面，探讨了招股说明书文本"软信息"如何影响 IPO 抑价。还有一些文献将 IPO 招股说明书的信息内容与股票收益、价格变异性、交易量以及专利申请策略联系起来（Li，2010；Hanley 和 Hober，2010；Gong 等，2021）。Hanley 和 Hoberg

(2010)将IPO招股说明书中的信息分解为标准部分和信息部分,研究发现信息含量越高,上市前的尽职调查就越高,从而导致更准确的报价和更少的低估。这是因为,在较高的尽职调查中,承销商减少了发行公司对建立账面价值的依赖。Loughran 和 McDonald(2013)发现 IPO 内容可疑性越大时,股票首日收益率越高,报价修正的概率以及波动性越大。胡志强和王雅格发现公司被问询程度越高,其招股说明书的信息披露水平会显著提升,继而使得审核问询与公司IPO市场表现由负相关变为正相关。尽管如此,鲜有文献分析债券募集说明书语调对资本市场的影响,因此本书将对此问题进行分析,拓展了文本信息对于债券市场信息效率的影响。

综上,本书从债券市场定价效率角度,深入分析债券募集说明书文本信息对于债券定价的影响,同时,探讨债券募集说明书语调对于债券定价的影响机理,为如何提高债券市场信息效率与资源效率提出一定的经验证据。

三 理论分析与研究假设

债券信用利差观点表明,在 Merton(1974)的结构模型框架下,资产价值、资产价值波动以及公司杠杆率是影响公司违约风险的主要因素。对于资产价值波动率来说,直接方面,盈利的波动性将会增大债券的信用风险,继而降低信用评级(Adams 等,2003);间接方面,盈利的波动性也会提高资产的波动性,资产的波动性将增加债券的违约风险(Kraft,2012)。其原因是盈利波动较大的公司更可能越过违约边界,继而导致违约风险增大。另外,会计信息质量也会影响公司的违约风险。公司信息披露质量越差,信息不对称程度越大,公司的资产价值波动越大(Armstrong 等,2011)。因此,公司的盈利能力、盈利波动与信息不对称程度是影响债券信用利差最为重要的因素。债券募集说明书作为债券发行过程中向市场释放信息的一种途径,其发布有利于投资者更加了解公司未来的盈利情况,进而影响他们的投资决策。

在信息增量观下,公司定性报告是财务报告最为重要的补充,它不仅提供了财务报告中定性的信息,还包括了公司对未来业绩与未来风险的看法,这说明公司定性报告有着一定的增量信息(Arnold 和 North,2010)。这种增量信息能够降低公司与投资者之间的信息不对称,使得投资者对于公司与债券未来风险有着更为深刻的了解,继而影响他们对债券的投资行为。尤其是随着公司经营风险不确定性的增大，仅靠会计数据难以全面反映公司价值。为了引导外部投资者对于公司价值与风险有着较为深刻的认知，公司会披露更多定性信息来对财务信息进行有效的补充。目前已有文献从年报、业绩说明会、盈余电话会议、MD&A 以及招股说明书角度分析了文本信息披露对于资本市场的影响（Armstrong 等，2011），研究发现公司披露的定性信息影响了投资者的决策。具体到语调的研究中，相关研究发现定性信息中的负面语调与未来公司业绩存在负相关关系，暗示了潜在的持续经营问题，增加了破产的可能性（Mayew 等，2015）。以 IPO 招股说明书为例，招股说明书的披露降低了公司与投资者之间的信息不对称，继而缓解了 IPO 的溢价（Arnold 和 North，2010；吴武清等，2021），同时相关研究也从信息含量（Hanley 和 Hoberg，2010）、信息模糊性（Arnold 和 North，2010）、管理层语气（Ferris 等，2013）等方面，探讨了招股说明书文本"软信息"如何影响 IPO 抑价。

　　债券募集说明书负面语调与债券发行信用利差之间的关系在某种程度上是直观的，但尚无实证文献分析两者之间的关系。债券募集说明书是拟发行债券主体首次正式向公众提供有关公司经营、风险以及债券特征相关信息，这些信息所体现出来的硬信息与软信息都会影响投资者要求的风险溢价水平。一方面，债券募集说明书的"软信息"能够减小公司与投资者之间的信息不对称，继而减小债券发行信用利差。另一方面，如果债券募集说明书中的"软信息"是负面的，则会影响投资者的风险感知，继而影响他们所要求的风险溢价水平。具体到债券募集说明书中的负面语调这一文本信息，债券募集说明书的负面语调会影响未来公司业绩，同时也与收益的波动性正相关，所以这种负面语调从一定程度上反映了公司可能存在的持续经营问题，这一问题可能会导致公司破产。由于负面语调可能体现出公司的信息风险与公司违约风险，在债券信用利差影响因素的观点下，未来风险的提高将会导致债券发行信用利差提高。

　　然而，公司也有很强的动机操纵定性信息披露（Huang 等，2014）。现阶段，股东与管理层两职分离导致的委托代理问题已经相当普遍与严重，所以管理层经常通过粉饰报表实现自身利益最大化。但是，这种动机取决于收益成本之间的权衡以及股东的行为。文雯等（2020）发现控股股东的股权质押行为会抑制管理层业绩预告披露意愿，并且管理层会更倾向于披露正面性质的业绩预告。公司操纵信息披露的风险可以通过信息披露舞弊预警模型进行识别，在舞弊被发现的前一个会计年度，与正常公司相比，舞弊公司在财务状况和治理水平上往往会存在着显著的差异（蔡志岳和吴世农，2006）。理论上，传统理论与文献认为，越好的公司会更多披露风险。其原因是，越好的公司更会强调自身的风险，当后续公司或债券风险增大时，可以减小来自各方面的诉讼风险与成本。然而，中国债券市场一直存在"刚性兑付"的信仰，到目前为止，债券违约数量占整个市场债券数量的0.9%，因此公司债券面临的破产诉讼风险较小；从公司的成本收益来讲，在诉讼风险成本较小的情况下，好的公司会减小负面语调进而减小债券融资成本；而对于差的公司，由于基本面的糟糕，负面语调较难减少。因此，在中国债券市场特殊的背景下，好的公司会更少地披露相关风险，以获得较低的融资成本。换言之，基本面较差的公司，债券募集说明书中的负面语调更大。

基于上述分析，在债券信用利差影响因素观点下，债券中负面语调暗示了公司与债券未来违约风险。在中国债券市场中，债券投资者大多为机构投资者，通常比普通的投资者有较强的分析能力，所以债券投资者能够识别债券募集说明书中的负面语调。因此，当债券募集说明书负面语调越大时，投资者认为这家公司或债券未来风险较高，从而对债券要求更高的风险溢价，体现为债券发行信用利差的提高。本书提出相应的研究假设：

H1：债券募集说明书负面语调越大，债券发行信用利差越高。

四　研究设计

（一）样本与数据来源

为了研究债券募集说明书负面语调对债券发行信用利差的影响，本书选择交易所发行的公司债券为研究对象。具体地，本书从巨潮资讯、上海与深圳交易所网站下载每只债券的募集说明书，共917份。债券募集说明书内容的存储有图片和文档两种方式，现有技术对于图片的读取还有一定的难度，所以本书只对文档存储的债券募集说明书进行读取与分析，这将损失451份债券募集说明书样本，因此，本书将对466份债券募集说明书进行文本分析。在进行文本分析后，去掉财务指标存在的缺失值，本书共得到 417 个观测样本值。本书的债券特征与公司特征数据来源于 Wind 数据库，公司治理数据来源于 CSMAR 数据库，财务数据等连续变量均进行了上下 1% 的缩尾处理。

（二）关键变量定义

1. 主要的因变量

本书考察了债券募集说明书负面语调对债券定价的影响。为了减小债券市场择时行为和市场利率的影响，本书以债券发行票面利率与相同期限国债收益率之差（债券发行信用利差，CS）作为因变量进行分析。

2. 主要自变量

本书的自变量是债券募集说明书负面语调，具体来说，包括负面语调与净负面语调，分别用 TN 与 MTN 表示。前期相关研究主要借鉴哈佛词典对披露语调进行度量，但是，Loughran 和 McDonald（2011）发现哈佛大学词典里将近 75% 的负面词语在财务文件中并没有悲观的含义，因此他们构建了自己的 LM 词典。尽管如此，由于 LM 字典是基于英文所构建的，并不一定适用于中文，因此本书将采用清华大学建立的负面与正面语料词库，对每一份债券募集说明书进行文本分析，确定正面词汇与负面词汇数量，并按照如下公式定义负面语调（*TN*）与净负面语调（*NTN*）。

$$TN = \frac{负面词汇数}{词汇总数} \qquad (2.3)$$

$$NTN = \frac{负面词汇数 - 正面词汇数}{负面词汇数 + 正面词汇数} \qquad (2.4)$$

3. 控制变量

对于控制变量的选择，本书参照孟庆斌等（2018）与吴育辉等（2020）的研究设计选择相应的控制变量。一是公司层面控制变量，本书选择公司规模、杠杆率、净资产收益率、流动资产比例、利息保障倍数、营业收入增长率、存续年限以及股权性质作为控制变量，其原因在于上述变量值越大，债券发行信用利差越小。二是债券契约也会影响债券违约风险，进而影响债券发行信用利差。为此，本书控制了债券发行规模、是否存在担保债券、信用评级与发行期限变量。三是为了减小行业与年份层面遗漏变量的影响，本书也对行业固定效应（Ind）、年度固定效应

（Yr）进行了控制。具体定义见表 2.12。

表 2.12　　　　　　　　　变量定义

变量类型	变量名称	变量缩写	变量定义
因变量	债券发行信用利差	CS	债券发行票面利率与相同期限国债收益率之差
自变量	债券募集说明书负面语调	TN	见公式（2.3）
	债券募集说明书净负面语调	NTN	见公式（2.4）
控制变量	公司规模	Siz	公司年末总资产对数
	公司杠杆率	Lev	公司总负债与年末总资产之比
	净资产收益率	Roe	公司净利润与年末总权益之比
	流动资产比例	Cur	公司流动资产与年末总资产之比
	利息保障倍数	Icr	公司净利润与利息之比
	营业收入增长率	Gro	营业收入的增长值与前一年营业收入之比
	公司存续年限	Age	公司当年与成立年之差
	股权性质	SoE	虚拟变量，当公司是国有公司时，SoE=1，否则，SoE=0
	债券发行规模	Iss	债券发行规模的对数
	债券是否存在担保	Gua	虚拟变量，当债券存在担保时，Gua=1，否则，Gua=0
	债券信用评级	Rat	当债券评级为 AA−时，Rat=1，AA 时，Rat=2，AA+时，Rat=3，AAA 时，Rat=4
	债券发行期限	Tim	债券发行期限：以年为单位
	行业固定效应	Ind	按照 2012 年证监会行业代码构建虚拟变量，制造业取前两位，其他行业取首字母
	年度固定效应	Yr	$n-1$ 个年度虚拟变量

（三）回归模型构建

本书将使用模型（2.5）检验债券募集说明书负面语调对于债券发行信用利差的影响。在模型（2.5）中，因变量为债券发行信用利差。模型（2.5）中的自变量语调（Ton）有两种定义：一是债券募集说明书负面语调；二是债券募集说明书净负面语调。最后，为了减小系数的过度估计，本书对系数标准误在公司个体层面进行聚类调整。

$$CS_{ijt} = \beta_0 + \beta_1 Ton_{i,t} + \varphi X_{i,t-1} + \delta B_{j,t} + Ind + Yr + \varepsilon_{i,t} \tag{2.5}$$

其中，i 为某个公司，j 为某只债券，t 为年度；β_0 为常数项，β_1 为债券募集说明书负面语调变量的回归系数。X 表示公司层面控制变量，包括 Siz、Lev、Roe、Cur、Icr、Gro、Age 与 SoE 变量，φ 为公司层面控制变量的系数；B 表示债券层面控制变量，包括 Iss、Gua、Rat 与 Tim 变量；δ 为债券层面控制变量的系数；$\varepsilon_{i,t}$ 为残差项。根据假设 H1，预期 β_1 显著为正。

五 基本实证结果分析

（一）描述性统计与相关系数

表 2.13 给出了本书主要变量的描述性统计分析结果。我们发现债券发行信用利差的均值为 2.130，说明债券存在一定的风险溢价。另外，极大值与极小值分别为 6.300 与 -0.570，说明样本内的债券风险差异较大。对于自变量，债券募集说明书的负面语调与净负面语调的均值分别为 0.067 与 0.610，这说明债券募集说明书披露的语调主要以负面语调为主。控制变量具体包括公司与债券两个维度的变量统计信息，在公司层面，公司规模的均值为 24.602，公司杠杆率的均值为 0.638，净资产收益率的均值为 10.202，流动资产比例的均值为 0.492，利息保障倍数的均值为 11.102，营业收入增长率的均值为 16.402，公司平均存续年限为 18.502，国有公司的比例为 0.571。在债券层面，债券发行规模的均值为 2.480，大概为 13 亿元，存在担保债券的比例为 0.221，信用评级集中在 AA+级，发行期限的均值为 5.230 年。

表 2.13 变量描述性统计分析

变量	样本数	均值	中位数	标准差	极大值	极小值
CS	417	2.130	1.840	1.440	6.300	-0.570
TN	417	0.067	0.068	0.005	0.081	0.035
NTN	417	0.610	0.607	0.041	0.722	0.475
Siz	417	24.602	24.501	1.350	28	21
Lev	417	0.638	0.662	0.141	0.862	0.233
Roe	417	10.202	10.102	7.200	39.700	-22.801
Cur	417	0.492	0.443	0.289	0.969	0.055
Icr	417	11.102	5.040	31.701	305	-0.923
Gro	417	16.402	11.601	31	155	-61.202

续表

变量	样本数	均值	中位数	标准差	极大值	极小值
Age	417	18.502	18	5.290	35	6
SoE	417	0.571	1	0.496	1	0.001
Iss	417	2.480	2.400	0.736	4.850	0.693
Gua	417	0.221	0.001	0.415	1	0.001
Rat	417	3.210	4	0.978	4	1
Tim	417	5.230	5	2.060	15	1

表2.14给出各变量之间的相关系数。由结果可知，债券募集说明书负面语调与债券发行信用利差相关系数为正，即债券募集说明书负面语调提高了债券发行信用利差，然而，债券募集说明书净负面语调与债券发行信用利差相关系数为负，但不显著。通过其他控制变量的系数结果与显著性可知，当公司规模越大、杠杆率越小、流动资产比例越小、利息保障倍数越大、营业收入增长率越小，以及债券发行规模越大、债券不存在担保、债券信用评级越高与期限越短时，债券发行信用利差越小。最后，从相关系数大小来看，各个变量间的相关系数几乎都小于0.5，因此模型中控制变量共线性较小。

（二）基本回归结果

1. 债券募集说明书负面语调与债券发行信用利差

为了证实假设H1，本书将使用模型（2.5）分析债券募集说明书负面语调与债券发行利差之间的关系，相应的回归结果见表2.15。从回归结果我们可以得出，债券募集说明书负面语调与净负面语调系数都在5%的水平上显著为正，这说明债券募集说明书披露的语调越负面，债券发行信用利差越大。对于经济意义，当负面语调或净负面语调每变动一个标准差时，债券发行信用利差相对均值增加8.6%与8.2%。所以，上述结论说明了债券募集说明书的负面语调增大了债券发行利差，债券募集说明书的负面语调对公司未来风险有着一定的预示作用，支持了假设H1。最后，对于公司层面控制变量，公司规模越大、杠杆率越小、盈利能力越高的国有公司，债券发行信用利差较低。以公司规模为例，在第（1）列与第（2）列中，公司规模变量系数分别为-0.170与-0.215，即当规模变量每变动一个标准差时，债券发行信用利差相对均值分别增加了

表 2.14　相关系数

变量	CS	TN	NTN	Size	Lev	Roe	Cur	Icr	Gro	Iss	Gua	Rat	Tim
CS	1												
TN	0.136***	1											
NTN	−0.026	0.381***	1										
Siz	−0.314***	−0.196***	0.089*	1									
Lev	0.189***	−0.170***	−0.0680	0.414***	1								
Roe	−0.072	−0.016	0.191***	0.161***	0.052	1							
Cur	0.215***	−0.021	0.050	0.011	0.343***	0.142***	1						
Icr	−0.121**	0.015	0.002	−0.032	−0.185***	0.287***	0.124**	1					
Gro	0.278***	0.003	−0.026	−0.056	0.150***	0.264***	0.256***	0.038	1				
Iss	−0.357***	−0.163***	0.100**	−0.139***	−0.135***	0.090*	0.641***	0.080	−0.139***	1			
Gua	0.091*	0.014	0.012	0.298***	0.187***	−0.260***	−0.172***	−0.035	0.025	−0.182***	1		
Rat	−0.300***	−0.119**	0.105**	0.343***	−0.088*	0.114***	−0.280***	0.135***	−0.145***	0.415***	0.124**	1	
Tim	−0.333***	0.014	0.012	0.187***	−0.172***	−0.145***	−0.260***	−0.035	−0.182***	0.298***	0.416***	0.176***	1

注：***、**、*分别表示系数在1%、5%与10%的水平上显著。

表 2.15　债券募集说明书负面语调与债券发行信用利差

变量	CS (1)	CS (2)
TN	36.728** (2.457)	
NTN		4.244** (2.054)
Size	−0.170* (−1.753)	−0.215** (−2.168)
Lev	2.963*** (4.067)	3.131*** (4.362)
Roe	−0.034*** (−3.417)	−0.035*** (−3.345)
Cur	0.322 (0.583)	0.037 (0.067)
Icr	−0.003 (−1.141)	−0.002 (−0.788)
Gro	0.006** (2.095)	0.007** (2.185)
SoE	−1.144*** (−5.475)	−1.159*** (−5.750)
Age	−0.012 (−0.489)	−0.012 (−0.501)
Iss	−0.011 (−0.077)	−0.046 (−0.326)
Gua	0.812*** (3.313)	0.829*** (3.420)
Rat	−0.166* (−1.846)	−0.190** (−2.126)
Tim	−0.185*** (−3.701)	−0.177*** (−3.577)
Ind_FE	是	是
Yr_FE	是	是
常数项	3.797 (1.305)	4.795* (1.808)

续表

变量	CS	
	（1）	（2）
Adj_R^2	0.460	0.461

注：***、**、*分别表示系数在1%、5%与10%的水平上显著。括号内为系数的t值，t值经过个体层面的聚类调整。

10.8%与13.6%。由于公司规模是影响债券发行信用利差的一个重要解释变量，而通过经济意义的分析我们可以看出债券募集说明书中负面语调与净负面语调的经济意义与公司规模的经济意义相同，进而可以说明债券募集说明书中负面语调与净负面语调也是影响债券发行信用利差的一个重要解释变量。通过债券募集说明书负面语调与公司规模变量的经济意义对比，我们可以得出债券募集说明书负面语调的解释力还是相当大的。

2. 内生性考虑

（1）遗漏变量的考虑

为了进一步确定研究结论的稳健性，本书从公司治理与信息披露质量两个层面对遗漏变量问题进行考虑，表2.16是考虑了一系列可能存在的遗漏变量之后的回归结果。

①公司治理变量的考虑

公司治理较差的公司更可能通过操纵披露的方式来掩盖负面消息，从而影响债券募集说明书的负面语调（Loughran 和 McDonald，2011；Huang 等，2014），且已有研究发现公司治理是影响债券发行信用利差的重要因素（周宏等，2018）。由于公司治理同时会影响债券募集说明书披露语调以及债券发行信用利差，本书结论有可能存在来源于遗漏变量所导致的内生性问题，为此本书将对公司治理变量进行控制。本书采用三个变量来衡量公司的公司治理，分别是机构持股比例、董事长与总经理是否两职合一以及独立董事比例，表2.16中的第（1）、第（2）列给出了控制上述三个公司治理变量的回归结果，我们发现负面语调与净负面语调系数仍然显著为正，与主回归结果类似。

②信息披露质量的考虑

一方面，信息披露质量会影响债券发行信用利差，相关研究发现信息披露质量越好，债券发行信用利差越小（廖义刚和杨雨，2021）；另一方面，信息披露质量也会影响债券募集说明书的语调，这是因为信息披露质量越差的公司，由于定量信息操纵成本较大，管理层更会寻求操纵定性信息来满足自身利益。换言之，管理层可以通过操纵债券募集说明书中的语调来实现自己的利益，即通过增大积极语调与减小负面语调的方式进行。综上，信息披露质量同时会影响债券发行信用利差与债券募集说明书的语调，本书将对信息披露质量进行控制。因此，本书采用琼斯修正模型构建应计盈余管理变量，并对此变量进行控制。表2.16中的第（3）、第（4）列给出了控制信息披露质量的回归结果，我们发现负面语调与净负面语调系数仍然显著为正，与主回归结果类似。

最后，表2.16中的第（5）、第（6）列同时给出了控制上面两类控制变量的回归结果，我们发现负面语调与净负面语调系数也仍然显著为正，进一步证实了本书的研究假设H1的成立。

表2.16 遗漏变量的考虑

变量	CS					
	（1）	（2）	（3）	（4）	（5）	（6）
TN	39.413** (2.559)		35.647** (2.383)		38.155** (2.494)	
NTN		3.930* (1.896)		4.108** (2.018)		3.762* (1.831)
Size	-0.184* (-1.894)	-0.232** (-2.290)	-0.167* (-1.699)	-0.211** (-2.102)	-0.185* (-1.884)	-0.232** (-2.251)
Lev	2.868*** (3.930)	2.995*** (4.052)	2.976*** (4.075)	3.137*** (4.369)	2.865*** (3.897)	2.984*** (4.014)
Roe	-0.030*** (-3.344)	-0.032*** (-3.229)	-0.033*** (-3.326)	-0.035*** (-3.261)	-0.029*** (-3.231)	-0.031*** (-3.124)
Cur	0.077 (0.130)	-0.157 (-0.272)	0.304 (0.551)	0.030 (0.054)	0.038 (0.065)	-0.187 (-0.322)
Icr	-0.003 (-1.209)	-0.002 (-1.004)	-0.003 (-1.152)	-0.002 (-0.812)	-0.003 (-1.302)	-0.003 (-1.113)
Gro	-0.196*** (-3.776)	-0.186*** (-3.584)	-0.185*** (-3.700)	-0.178*** (-3.573)	-0.197*** (-3.773)	-0.187*** (-3.581)
SoE	-1.093*** (-5.414)	-1.127*** (-5.562)	-1.150*** (-5.454)	-1.164*** (-5.735)	-1.108*** (-5.454)	-1.140*** (-5.582)

续表

变量	CS					
	(1)	(2)	(3)	(4)	(5)	(6)
Age	-0.010 (-0.434)	-0.011 (-0.486)	-0.015 (-0.600)	-0.014 (-0.618)	-0.014 (-0.580)	-0.015 (-0.645)
Iss	-0.031 (-0.218)	-0.064 (-0.453)	-0.008 (-0.055)	-0.042 (-0.297)	-0.029 (-0.203)	-0.061 (-0.429)
Gua	0.851*** (3.433)	0.850*** (3.453)	0.815*** (3.332)	0.831*** (3.436)	0.853*** (3.456)	0.851*** (3.476)
Rat	-0.184** (-1.992)	-0.203** (-2.159)	-0.161* (-1.826)	-0.185** (-2.120)	-0.178* (-1.971)	-0.198** (-2.139)
Tim	0.007** (2.352)	0.007** (2.378)	0.006* (1.930)	0.006** (2.014)	0.006** (2.149)	0.007** (2.175)
Ins	0.003 (0.642)	0.004 (0.787)			0.004 (0.851)	0.005 (0.993)
Dou	0.242 (0.936)	0.224 (0.875)			0.273 (1.069)	0.255 (1.014)
IR	-2.380** (-2.256)	-1.681 (-1.570)			-2.365** (-2.271)	-1.695 (-1.577)
AEM			0.627 (0.750)	0.564 (0.720)	0.906 (1.126)	0.901 (1.173)
Ind_FE	是	是	是	是	是	是
Year_FE	是	是	是	是	是	是
常数项	4.908* (1.952)	6.308*** (2.733)	4.137 (1.584)	5.298** (2.253)	4.935* (1.970)	6.311*** (2.747)
Adj_R²	0.466	0.463	0.459	0.460	0.467	0.464

注：***、**、*分别表示系数在1%、5%与10%的水平上显著。括号内为系数的t值，t值经过个体层面的聚类调整。Ins表示机构持股比例、Dou表示董事长与总经理是否两职合一、IR表示独立董事比例、AEM表示应计盈余管理变量。

（2）工具变量回归

债券募集说明书负面语调可以影响债券发行信用利差，同时债券发行信用利差也会影响债券募集说明书的负面语调的选择，这是因为债券发行信用利差是公司路演或者是债权人与公司谈判的结果。债券发行信用利差越高反映了债券违约风险较高，这个时候需要更多的负面语调来辅助。因此债券发行信用利差也会影响债券募集说明书的负面语调的选择，继而导致互为因果的可能。为此，本书借鉴 Ertugrul 等（2017）与孟庆斌等（2017）的研究，采用行业中负面语调的均值作为债券募集说明书负面语调的工具变量，即行业平均负面语调（MTN）与行业平均净负面语调（MNTN）。理论上，一个行业里面的债券募集说明书负面语调基本相似，另外尚未有实证研究表明同行业与同地区其他公司的债券募集书负面语调会影响债券发行信用利差，故满足外生性原则，表 2.17 是采取上述工具变量回归的结果。表 2.17 第（1）列与第（3）列是第一阶段的回归结果，第一阶段是用解释变量对工具变量进行回归，得到解释变量的拟合值，我们发现某省份行业平均负面语调或者净负面语调越大，公司的负面语调也越大。另外，瓦尔德 F 统计量值也在 1% 的水平上拒绝工具变量不相关的假设。因此，本书的工具变量是有效的。第（2）列与第（4）列是二阶段回归结果，第二阶段是用得到的解释变量拟合值对被解释变量进行回归，我们发现负面语调与净负面语调系数仍然显著为正，与主回归结果一致。

表 2.17　　　　　　　　　　工具变量回归

变量	TN （1）	NTN （2）	TN （3）	NTN （4）
TN		29.140* (1.764)		
MTN	1.007*** (28.507)			
NTN				4.099** (1.997)
MNTN			0.994*** (93.351)	
控制变量	已控制	已控制	已控制	已控制
常数项	0.001 (0.015)	4.812* (1.876)	0.020 (0.994)	5.402** (2.414)
Adj_R^2	0.912	0.459	0.970	0.461
瓦尔德 F 统计量	1974.968***		9639.773***	

注：***、**、* 分别表示系数在 1%、5% 与 10% 的水平上显著。括号内为系数的 t 值，t 值经过个体层面的聚类调整。

(3) 2015 年债券募集说明书披露修订政策冲击

2015 年，中国证券监督管理委员会颁布了《公开发行证券的公司信息披露内容与格式准则第 23 号——公开发行公司债券募集说明书（2015 年修订）》，对债券募集说明书的披露内容与规则进行了大量的修订。修订主要包括对于风险因素披露进行严格规定，以及要求发行人应简要披露财务会计信息，这些内容的披露可能会增多公司负面消息，进而影响债券募集说明书的负面语调。所以，经过此次修订后，债券募集说明书披露的负面语调程度将会得到进一步提高，其揭示风险的作用也将得到显著增强。2015 年后，债券募集说明书披露的负面语调与债券发行信用利差的关系更加显著。

为此，定义变量 D2015，即以 2015 年为临界点，当年份大于或等于 2015 年时，D2015 = 1，其他年份 D2015 = 0，并构建负面语调与 2015 年年度虚拟变量的交乘项代入模型（2.5）进行回归分析，相应的回归结果见表 2.18 第（1）列与第（2）列，我们发现负面语调与净负面语调系数显著为正，同时，负面语调与 2015 年时间虚拟变量系数也显著为正，这个结论说明随着 2015 年债券募集说明书披露政策的修订，风险与会计信息的披露更能暗示公司未来的风险，同时这些信息披露的语调也可能更加负面。

为了进一步确定 2015 年冲击的有效性，本书把冲击事件往前平推一年，即以 2014 年为临界点，定义年份大于或等于 2014 年时，D2014 = 1，其他年份 D2014 = 0，并构建负面语调与 2014 年年度虚拟变量的交乘项代入模型（2.5）进行回归分析，相应的回归结果见表 2.18 第（3）列与第（4）列，我们发现负面语调与 2014 年时间虚拟变量系数不显著，即 $TN \times D2014$ 交乘项系数不显著，这个结果说明 2015 年的政策冲击的确影响了债券募集说明书语调进而影响债券定价。

表 2.18　　2015 年债券募集说明书披露政策冲击的影响

变量	CS			
	2015 年冲击		安慰剂检验	
	（1）	（2）	（3）	（4）
TN	27.112* (1.730)		33.661** (2.177)	
NTN		3.626* (1.664)		4.190** (1.992)

第二章　信用评级影响因素：来自企业定性信息的分析 / 71

续表

变量	CS			
	2015年冲击		安慰剂检验	
	(1)	(2)	(3)	(4)
Dum2015	-6.420*** (-2.747)	-7.326** (-2.387)		
TN×D2015	92.896** (2.558)			
NTN×D2015		11.774** (2.290)		
D2014			-2.282 (-1.038)	-1.284 (-0.376)
TN×D2014			28.288 (0.861)	
NTN×D2014				1.533 (0.275)
控制变量	已控制	已控制	已控制	已控制
常数项	4.596* (1.713)	5.133** (2.283)	4.027 (1.509)	4.952** (2.151)
Adj_R²	0.463	0.463	0.463	0.463

注：***、**、*分别表示系数在1%、5%与10%的水平上显著。括号内为系数的t值，t值经过个体层面的聚类调整。

（4）稳健性检验

①承销商声誉的考虑

对于债券承销，最为重要的中介机构是承销商，承销商声誉可能对本书的结论产生一定的影响。一方面，承销商声誉可能影响债券募集说明书中的文本信息。尤其是当承销的债券发生违约时，投资者会质疑承销商承销过程或者债券募集说明中的内容真实性，继而对承销商声誉造成影响。一旦承销商关注自身声誉，将提高债券募集说明书中信息真实性，继而影响债券募集说明书的文本信息。另一方面，承销商声誉对于债券发行与债券定价也十分重要（张学勇等，2020）。基于上述分析，本书按照《证券公司分类监管规定》对券商承销商公布的评级对承销商声誉（URe）进行度量。具体地，当承销商评级为AA级时，则定义为高声誉的承销商，即URe=1，其他情况下为低声誉的承销商，URe=0。

为了证实基准结论的稳健性，我们在模型中加入了承销商声誉变量，相应的回归结果见表 2.19 第（1）、第（2）列。从结果我们看到，在控制了承销商声誉变量后，负面语调与净负面语调系数分别在 5% 与 10% 的水平上显著为正，即债券募集说明书语调越负面，债券发行信用利差越高，这与主结论一致。我们进一步检验了承销商声誉是否起到了一定的调节作用。为此，我们构建承销商声誉与语调的交乘变量进行回归，相应的结果见表 2.19 的第（3）、第（4）列。从结果我们发现，负面语调与承销商声誉交乘项系数为负都不显著。这个结果说明，承销商声誉并不影响负面语调与债券发行信用利差的关系。

表 2.19　　　　　　　　　　承销商声誉的影响

变量	CS			
	（1）	（2）	（3）	（4）
TN	31.583** (2.002)		45.305* (1.660)	
NTN		3.758* (1.817)		5.537** (2.280)
URe	−0.245 (−1.353)	−0.249 (−1.472)	1.204 (0.541)	2.243 (1.003)
TN×URe			−21.528 (−0.657)	
NTN×URe				−4.094 (−1.117)
控制变量	已控制	已控制	已控制	已控制
常数项	3.979 (1.334)	4.785* (1.762)	2.824 (0.858)	3.617 (1.517)
Adj_R^2	0.464	0.465	0.463	0.467

注：***、**、* 分别表示系数在 1%、5% 与 10% 的水平上显著。括号内为系数的 t 值，t 值经过个体层面的聚类调整。

②非预期语调的影响

Huang 等（2014）把语调拆分为反映公司基本面的正常语调以及未反映基本面的语调。由于投资者可以利用债券募集说明书对公司基本面进行了解，即能预期到公司未来的风险，因此债券募集说明书的负面语调可以被投资者所预期，那么负面语调的信息效应将会下降。为了进一步验证负面语调的信息含量，本书通过构建如下模型（2.6）对负面语调进行分解，定义模型（2.6）的预测值为预期语调（TN_Ex），而残差被定义为非预期语调（TE_Un）。同时，将预期变量与非预期变量带入模型（2.5）进行回归分析，相应的回归结果见表2.20。我们发现预期变量与非预期变量系数都至少在10%的水平上显著为正，这个结果说明无论是预期到的负面语调还是未预期到的负面语调都会导致债券发行信用利差增大，从而进一步证实了本书结论的稳健性[①]。

$$TN_{i,t}=\gamma+\lambda X_{i,t-1}+Ind+Yr+\mu_{i,t} \tag{2.6}$$

其中，i 为某个公司，t 为年度，γ 为常数项，X 表示模型（2.6）中的公司层面控制变量，λ 为公司层面控制变量的系数，$\mu_{i,t}$ 为残差项。

表2.20　　　　　　　　　　非预期语调的影响

变量	CS		
	（1）	（2）	（3）
TN_Ex	464.066*		484.280*
	(1.673)		(1.768)
TE_Un		35.071**	36.031**
		(2.339)	(2.392)
控制变量	已控制	已控制	已控制
常数项	−22.589	6.139**	−24.421
	(−1.281)	(2.273)	(−1.400)
Adj_R²	0.455	0.459	0.464

注：***、**、*分别表示系数在1%、5%与10%的水平上显著。括号内为系数的t值，t值经过个体层面的聚类调整。

③信用评级等级固定效应

在主回归中，我们借鉴了Alp（2013）与Xia（2014）的文献，采用连续赋值的方法对信用评级高低进行量化，换言之，每个等级之间的数值相差1。但是实际上，AAA级与AA+级、AA+级与AA级评级之间的差异可能并不相同。因此，为了更好地控制信用评级的影响，笔者也采取了信用评级固定效应的方法进行控制，评级等级固定效应可以减小赋值差异带来的潜在影响。从相应的回归结果中我们可知，在控制了信用评级固定效应后，负面语调与净负面语调变量系数仍然显著为正，从而证

[①] 这里我们只对TN变量进行分解，而没有对NTN进行分解。NTN表示的是负面与正面语调的差，一方面分解比较困难；另一方面这个分解最后是什么，很难进行定义。

实了本书基准结论的稳健性。

④年报负面语调的考虑

相关研究发现年报披露语调会影响投资者相关行为（周波等，2019；曾庆生等，2019），同时在2015年后，债券募集说明书要求引用年报相关披露信息，这会导致债券募集说明书语调受到年报语调的影响。因此，本书有必要对年报披露的负面语调进行控制。笔者首先度量了年报负面语调相对于债券募集说明书语调的增量信息，根据回归结果我们发现在控制了年报语调增量信息后，负面语调与净负面语调系数仍然显著为正。

⑤债券募集说明书正面语调的考虑

本书进一步分析了债券募集说明书负面语调与正面语调对债券发行信用利差影响的差异。具体地，本书借鉴模型（2.3），定义正面语调强度（TP），$TP = \dfrac{正面词汇数}{词汇总数}$，并将此变量代入模型（2.5）进行回归分析，从结果我们可以看到，正面语调变量系数不显著，而负面语调变量系数仍然在5%的水平上显著为正。这个结论说明，债券募集说明书的正面语调并不影响债券发行信用利差，同时在控制了正面语调强度变量后，负面语调提高发行信用利差的结论仍然成立。

⑥到期样本的考虑

为了进一步减小数据样本较少所带来的估计偏差，本书也对样本进行了扩充，加入了已到期的公司债数据。经过与债券募集说明书中主要变量的合并与匹配，共增加85个观测值。基于增加的记录数，本书进行相应的回归分析。从结果中，我们发现负面语调与净负面语调系数都至少在10%的水平上显著为正，与本书结论一致。

六　机制分析

本书有必要对债券募集说明书负面语调如何影响债券定价机制进行检验，具体为直接检验债券募集说明书负面语调与公司违约风险，以及按照事前的信息不对称进行分组检验。

（一）债券募集说明书负面语调与公司未来违约风险

2015年后，债券募集说明书被要求披露公司风险，所以债券募集说明书中的负面措辞更多地暗示了公司未来的风险，即债券募集说明书中的负面语调与公司未来破产可能性正相关（Mayew等，2015）。如果债券投资者意识到这一关联性，则会对债券募集说明书负面语调高的债券要求较高的风险溢价。为此,本书借鉴 Bandyopadhyay(2006)的思想以预警 Z 值度量公司违约风险。最后,采取中介效应模型检验公司违约风险是否是债券募集说明书中负面语调影响债券发行信用利差的机制。相应的回归结果见表 2.21。

表 2.21 第(1)至第(3)列是以负面语调为解释变量的回归结果,第(4)至第(6)列是以净负面语调为解释变量的回归结果。具体地,在第(1)列中,我们发现负面语调系数在 1%的水平上显著为正,说明募集说明书负面语调越大,债券发行信用利差越大;第(2)列中负面语调系数在 5%的水平上显著为负,说明债券募集说明书负面语调越大,公司未来的风险越高;在第(3)列中,Z 变量系数显著为负,说明公司违约风险越大,债券发行信用利差越小,同时我们看到了负面语调系数与 t 值有着显著的下降,我们初步认为公司违约风险是债券募集说明书负面语调影响债券发行信用利差的一个中介机制。进一步地,经过中介效应检验,我们发现这个中介效应在 10%的水平上显著。

类似地,在第(4)至第(6)列中,我们也发现第(6)列中的净负面语调系数比第(4)列中该变量系数小,同时 Z 变量系数也在 1%的水平上显著为负,Sobel 检验值也在 10%的水平上显著。上述结论也证实了公司未来风险是一个中介机制。

表 2.21 债券募集说明书负面语调与公司未来风险

变量	CS (1)	Z (2)	CS (3)	CS (4)	Z (5)	CS (6)
TN	30.213*** (3.295)	−15.784** (−2.438)	27.498* (1.959)			
NTN				4.927*** (3.021)	−1.542** (−2.410)	4.419*** (2.713)
Z			−0.209* (−1.940)			−0.312*** (−2.443)
控制变量	已控制	已控制	已控制	已控制	已控制	已控制
常数项	7.655*** (4.681)	5.004*** (4.753)	6.963*** (3.986)	7.816*** (4.567)	2.895*** (2.999)	6.466*** (4.469)
观测值	382	382	382	382	382	382

续表

变量	CS	Z	CS	CS	Z	CS
	（1）	（2）	（3）	（4）	（5）	（6）
Adj_R^2	0.394	0.759	0.450	0.397	0.804	0.458
中介效应检验	\multicolumn{3}{c	}{1.661*}	\multicolumn{3}{c}{1.722*}

注：＊＊＊、＊＊、＊分别表示系数在1%、5%与10%的水平上显著。括号内为系数的 t 值，t 值经过个体层面的聚类调整。

（二）事前信息不对称的差异性检验

债券募集说明书的语调信息为债券投资者提供了额外的信息，因此这种信息效应应该在事前信息不对称的公司中更加显著。为了证实这个推论，本书将按照公司事前的信息不对称程度进行分组检验。具体地，首先，本书选择三个变量来度量公司的信息不对称程度，一是董事长与总经理是否两职合一；二是机构持股比例；三是分析师跟踪人数。理论上，董事长与总经理两职分离，机构持股比例高，分析师跟踪人数多，公司的治理就好，信息不对称越小。其次，本书按照机构持股比例与分析师跟踪人数的 3/4 分位点把样本分为信息不对称高与低组，具体定义为大于 3/4 分位点定义为信息不对称低组，反之为信息不对称高组。最后，按照上述分组进行回归检验，相应的结果如表 2.22 所示。

表 2.2 中第（1）至第（4）列是两职合一变量的分组回归结果，从结果中我们可以得出，负面语调系数在是否两职合一变量组中都显著，净负面语调系数在两职合一变量组中显著，而变量系数在两职合一变量组中较大，且两组变量系数差异在统计上显著。这个结论说明，债券募集说明书负面语调提高债券发行利差的作用在信息不对称大组中更强。类似地，在第（5）至第（12）列结果中，负面语调与净负面语调系数在机构持股比例低以及分析师跟踪人数少的组中显著为正，而在其他组中不显著或者显著为负，这个结论与两职合一变量结论相似。综上所述，上述结论进一步说明对于信息不透明的公司，债券募集说明书的负面语调对债券投资者提供了更多关于风险的新信息。

表 2.22　　　　　　　　事前信息不对称的差异性检验

变量	CS			
	非两职合一	两职合一	非两职合一	两职合一
	(1)	(2)	(3)	(4)
TN	30.891*	137.581**		
	(1.791)	(2.413)		
NTN			3.858	33.599***
			(1.442)	(4.086)
系数组间差异检验	106.690**		29.741***	
观测值	332	85	332	85
Adj_R^2	0.500	0.579	0.500	0.623
	持股高	持股低	持股高	持股低
	(5)	(6)	(7)	(8)
TN	33.993	52.663***		
	(1.061)	(2.818)		
NTN			0.617	5.844***
			(0.113)	(2.899)
系数组间差异检验	18.670**		5.227*	
观测值	123	294	123	294
Adj_R^2	0.679	0.393	0.676	0.395
	跟踪人数多	跟踪人数少	跟踪人数多	跟踪人数少
	(9)	(10)	(11)	(12)
TN	−134.878*	59.700***		
	(−1.951)	(4.625)		
NTN			−4.318*	5.880***
			(−1.789)	(2.633)
系数组间差异检验	194.578***		10.198***	
观测值	116	301	116	301
Adj_R^2	0.654	0.488	0.652	0.477

注：***、**、*分别表示系数在1%、5%与10%的水平上显著。括号内为系数的t值，t值经过个体层面的聚类调整。

七　扩展性分析

（一）债券募集说明书负面语调与基金参与

相比于股票，债券的投资风险较小，所以债券投资者一般都是风险中性或厌恶的。因此，一旦债券募集说明书负面语调暗示了公司未来的风险，那么负面语调越大的债券将伴随着较高的风险溢价。另外，对于风险中性或厌恶的债券投资者，他们将减小投资参与行为。为此，为了进一步检验债券募集说明书负面语调的风险相关性，本书以基金比例（FP）与基金家数（FN）两个变量分析债券募集说明书负面语调对基金行为的影响。

根据以基金比例为因变量的回归结果，我们发现负面语调与净负面语调系数都在10%的水平上显著为负；根据以基金家数为因变量的回归结果，我们发现负面语调变量系数在10%的水平上显著，而净负面语调系数则不显著。上述结果说明，债券募集说明书负面语调降低了基金比例与基金家数，这也就是说债券募集说明书负面语调降低了基金等机构投资者的参与动机，这个结论间接说明债券募集说明书负面语调暗示了公司未来风险，影响了基金的投资决定。

（二）债券募集说明书负面语调与债券超额募集

债券超额募集体现了债券质量的高低。如果债券募集说明书负面语调暗示了公司相关风险，那么债券超额募集的现象将很难发生。为此，本书定义一个超额募集虚拟变量（Exc）作为因变量进行检验。具体地，当债券实际发行额小于计划发行额时，则定义为1；而当债券实际发行额等于计划发行额时，则定义为0，以此变量进行回归。

从债券募集说明书负面语调与债券超额募集的回归结果中，我们发现负面语调与净负面语调系数都至少在10%的水平上显著为正，这个结果说明债券募集说明书负面语调使得债券实际发行额小于债券计划发行额，即降低了债券超额募集的发生。因此，上述结果进一步说明债券募集说明书负面语调与公司未来风险是相关的，影响了相关投资者投资决策。

（三）债券募集说明书其他文本信息的扩展分析

相关研究发现文本风险信息也会影响公司相关成本（Loughran 和 McDonald，2013；王雄元和高曦，2018）。另外，可读性较差的年度报告与收益持续性较差、分析师分散性较大、投资效率较低和股价崩盘风险较高相关（Lehavy 等，2011）。因此，本书将本书前文中已有的结论扩展到债券募集说明书其他文本信息的研究中，重点关注风险信息与可阅读性。对于文本风险信息度量，本书定义了两个风险词库，一是采用王雄元和高曦（2018）的风险词库，二是按照 LM 词典对不确定性词语进行翻译，

第二章 信用评级影响因素：来自企业定性信息的分析

获得相关风险词库。按照上述两个风险库，对债券募集说明书的风险词汇进行统计，计算风险词汇量与总词汇比例，以此变量定义债券募集说明书风险信息含量，并以 RS1 与 RS2 两个变量分别表示。另外，本书也借鉴王克敏等（2018）的研究，基于灵格斯词霸（2008）构建会计金融专业词汇库以及基于《现代汉语常用字表》（1988）构建生僻字词库，通过计算上述词库中的词在债券募集说明书中的比例来度量债券募集说明书的可阅读性，并分别以 RE1 与 RE2 两个变量分别表示，这两个变量值越大，债券募集说明书的可阅读性越差，复杂度越大。

通过上述构建的风险与复杂度变量代入模型（2.3）进行回归分析，相关的结果见表 2.23。从第（1）列与第（2）列结果我们发现风险指标变量系数都在 1% 的水平上显著为正，这说明债券募集说明书的风险词汇披露越多，债券发行信用利差也越高。另外，在第（3）列与第（4）列结果中，我们发现复杂度变量系数分别在 10% 与 1% 的水平上显著为正，这个结果说明债券募集说明书可阅读性越差，债券发行信用利差越高。

表 2.23　　债券募集说明书其他文本信息与债券发行信用利差

变量	CS			
	（1）	（2）	（3）	（4）
RS1	105.467*** (2.938)			
RS2		160.151*** (3.546)		
RE1			75.464* (1.693)	
RE2				11.831*** (3.647)
控制变量	已控制	已控制	已控制	已控制
常数项	5.014*** (2.613)	4.783*** (2.642)	5.510** (2.540)	0.073 (0.028)
观测值	417	417	417	417
Adj_R^2	0.425	0.432	0.418	0.434

注：***、**、* 分别表示系数在 1%、5% 与 10% 的水平上显著。括号内为系数的 t 值，t 值经过个体层面的聚类调整。

八 研究结论与政策启示

本书结合信息不对称与风险溢价理论，选取2011—2018年中国上市公司发行的公司债为研究对象，实证检验债券募集说明书文本信息对债券发行定价的影响，并探索其中的影响机制。实证结果发现，债券募集说明书负面语调或者净负面语调越大时，债券发行信用利差越高，这表明投资者在对债券投资时参考了债券募集说明书中的定性信息。在考虑了遗漏变量问题、承销商声誉、非预期语调、正面语调以及采用工具变量回归后发现上述结论仍然成立。更为重要的是，本书采用2015年证监会对债券募集说明书披露政策进行修订这一外生事件，检验了债券募集说明书负面语调与债券发行信用利差的关系，发现债券募集说明书披露制度的完善进一步强化了上述结论。通过机制检验我们发现，债券募集说明书负面语调能够增大公司未来违约风险（预警Z值减小），这种风险一旦被投资者所识别，便会导致债券发行利差提高。进一步通过横截面分析发现，债券募集说明书负面语调提高债券发行利差的作用在事前信息不对称大的公司中更强，这说明债券募集说明书的文本信息有着降低信息不对称的作用。最后，本书也发现债券募集说明书的负面语调影响了基金等机构投资者的参与行为，以及减小了债券超额募集的发生，进一步确定了负面语调的风险相关性。本书也将相关结论扩展到债券募集说明书中其他文本信息属性，发现当债券募集说明书中风险信息披露越多或者可阅读性越差时，债券发行信用利差越高。

本书的结果还有以下4个理论与实践价值：①深化"信息效率市场"的研究。现有文献主要从IPO市场角度分析了招股说明书的文本属性对于股票发行定价的影响（Arnold和North，2010；Hanley和Hoberg，2010；Ferris等，2013），继而得出招股说明书中的"软信息"对于IPO市场效率的影响。然而，债券市场作为多层次资本市场的一个重要组成部分，鲜有文献分析债券募集说明书中的"软信息"对于债券定价效率的影响。因此，本书首次分析了债券募集说明书负面语调对于债券发行行为（包括债券定价、基金参与与超额募集等）的影响，继而得出债券募集说明书文本信息对于债券市场定价效率的影响，从而深化了多层次资本市场信息效率的研究。②扩展了"债券信用利差之谜"的研究。现有研究已从信贷风险、回收价值、税收、信息不对称、信息不确定性和市场摩擦等角度分析了债券信用利差的影响因素（Longstaff等，2005；

Friewald 和 Nagler，2019）。然而，本书较早从定性报告披露属性角度进行分析，结果发现债券募集说明书负面语调决定了债券发行信用利差，这个结论表明债券投资者在他们的决策过程中使用了非量化信息，进一步丰富了债券信用利差影响因素的研究。③尽管本书重点研究了债券募集说明书语调对于债券发行定价的影响，但相关结论也发现债券募集说明书风险信息与可阅读性也能影响债券定价，因此本书的研究结论可以扩展到债券募集说明书其他文本属性，以及类似于债券募集说明书的定性报告，从而进一步说明资本市场的定性信息能够影响债券定价，从而提高债券市场信息效率。④鉴于债券募集说明书中定性信息的重要性，目前尚没有相关法律法规对债券募集说明书披露行为进行规范，这可能会催生管理层通过操纵这种披露行为来实现自身利益，因此后续监管部门应该加强对债券募集说明书的审计与鉴定，以此提高这部分信息的真实性。

本书仍然存在一定的局限性，未来研究可以从以下方面进行展开。①由于在债券募集说明书中使用图片进行内容公告的上市公司较多，本书的研究样本较少，这在一定程度上使得本书的结论缺乏大样本数据的支持。随着图片处理技术的发展，后续研究可以从数据样本上对该领域相关研究进行补充和丰富。②由于债券募集说明书无须审计，鉴于这部分的重要性，管理层有动机对此信息进行操纵披露，而本书对于操纵披露情况没有涉及。这种情况的发生可能会影响本研究结论，从而使得本研究结论的低估。③事实上，对于债券定价，可参照的定性信息披露来源很多，债券募集说明书可能与年报、行业其他公司债券募集说明书、同一公司前一次债券募集说明书存在相关性，所以债券募集说明书中非预期语调可能更为关键，本书在考虑了年报、行业因素情况下构建了一个非预期语调，但无法排除更多预期因素的影响，因此后续相关研究可以对此问题进行深入分析。④在中国债券市场中，结构化发债相当普遍，一级与二级市场价格差天然存在（Ding 等，2020）。一方面，这种价格差可能减小语调对于一级市场债券价格的影响作用。另一方面，对语调进行深入研究可以对目前债券市场存在的一、二级债券价格差现象进行有效的解释，这对债券市场定价效率提升有着重要的指示作用，这也是未来研究的一个重要方面。

第三章 信用评级功能：来自信用评级水平值的分析

第一节 企业信用评级与审计收费

一 引言

信用评级机构在资本市场起到了三个作用：一是它们向市场参与者提供等级信息，起到了一个信息传递与估值角色。具体地，评级机构对发行人的资产与财务现状进行分析，提供相应的信用意见，以此提高市场的流动性。所以，考虑到金融市场的复杂性与联系性，信用评级机构作为信息中介在市场财务报告信息披露中扮演了一个重要的、有价值的角色（Beyer等，2010）。二是对市场进行协调。在资本市场中，由于投资者的异质性与盲目性，他们的恐慌行为可能导致市场无效，而信用评级作为一种信息机制能够协调投资者之间的买卖行为，实现市场均衡与稳定（Boot等，2006）。三是加强了金融监管，企业的评级信息能够被相关监管法律所引用，继而对相关企业进行监管（Beaver等，2006）。

然而，美国次贷危机的爆发使得相关投资者开始质疑信用评级的作用。比如，在雷曼兄弟破产前四天，评级机构并没有对雷曼兄弟的主体评级进行调整，类似的情况还出现在安然事件中。中国债券市场也存在类似的情况。比如，2015年4月21日，保定天威债券违约时，评级机构并没有对债券信用评级进行及时调整，另外该债券在发行时评级却为AA+级。因此，许多学术研究也开始质疑信用评级信息与功能效应（寇宗来等，2015）。尽管如此，也存在相关研究认为信用评级有着一定的信息与功能效应（王雄元和张春强，2013；沈洪波和廖冠民，2014）。

鉴于目前对信用评级功能的质疑，本书从审计收费角度分析信用评级的信息与功能效应。以此为视角还存在以下原因：第一，信用评级机构与审计师事务所作为资本市场中的两个信息中介，都对企业行为与质量起到了一定的认证作用，而且它们之间认证存在一种互补性（Bruno等，2016）。具体地，信用评级机构根据企业的还贷情况对企业进行认证，而审计师通常按照是否符合公认的会计原则对财务报表进行认证，所以两个中介机构的信息是可以相互参考的。比如，2015年6月，鹏元资信评估有限公司将"12苏飞达"债券评级由AA级直接下调至BBB+级，评级展望为负面，原因是销售订单的减少带来还贷的压力。同时中勤万信会计师事务所对江苏飞达2014年业绩报告推迟至2015年7月1日才发布，会计师事务所的审计意见为"带有强调事项的无法出具审计意见"。其原因是2014年江苏飞达公司债务偿还面临较大不确定性。所以，从审计收费角度去研究信用评级的功能是可行的。第二，事实上，信用评级分析师与审计师作为判断依据的信息是相似的（Crouchy等，2001），信用评级的高低往往体现了企业的相关风险，从而影响审计师的审计风险，以及相关的审计费用，所以从理论上来说，信用评级的确会影响审计费用。

本书利用2008—2014年中国上市公司发债数据，研究信用评级对审计费用的影响，以此确定信用评级的信息与功能效应。研究表明：第一，在控制内生性的情况下，发债主体信用评级越高，审计费用越低；在控制主体信用评级后，信用评级向上调整也能降低审计费用。第二，上述结论受到了评级机构独立性、企业所有权性质的影响，即企业采用外资背景评级机构评级或者企业为民营企业时，信用评级对审计收费的降低效应更强。

本书的研究贡献在于：第一，以往研究对信用评级上述功能的存在性还存在分歧，比如，寇宗来等（2015）认为信用评级不影响企业发债成本，然而许多研究发现信用评级能够影响债务成本（王雄元和张春强，2013；沈洪波和廖冠民，2014）。因此，本书从审计收费角度证实了信用评级信息与功能效应的存在性，对相关争论增添了一定的证据。第二，以往研究都以事件研究法检验信用评级调整的信息效应，而本书证实信用评级调整在水平面上也具有信息效应。第三，本书较早考虑了债券市场信用评级机构的异质性，同时结论也证实了国际评级机构比国内评级机构更具影响力以及更高的独立性（Li 等，2006；Shin 和 Moore，2008），从而为信用评级机构改革提供建议。

二 理论分析与研究假设

信用评级是信用评级机构基于公共信息与私密信息对公司的信誉做出的评价。以中国债券市场的中诚信评级机构为例，该评级机构如果给予发债企业最高评级（AAA 级），代表企业几乎没有违约风险，而给予最低评级（BBB-级），代表企业违约风险很高，因此债券信用评级能够客观反映出债券的违约风险（何运强和方兆本，2003）。然而，评级主要依据企业公开的定性与定量信息。当信用评级机构获得一个公司的内部且私密信息时（如企业未来的策略），那么评级机构给出的评级将会包含市场没有反映的额外信息，那么股票市场对于信用评级调整，尤其是信用评级下降也特别敏感（Hull 等，2004；Norden 和 Weber，2004）。

审计师和评级分析师作为公司治理机制的两个监督主体，他们利用市场中的公共信息对公司进行监督。比如，信用评级机构通常会参考企业的内部控制缺陷来确定企业的信用评级（Moody，2004；Fitch Ratings，2005），而内部控制的评估也是审计的一个基本部分（PCAOB，2007）。尽管如此，可利用的公共信息不应仅仅局限在企业层面。Crouchy 等（2001）发现评级分析师会依据企业、行业以及宏观信息来评估企业的信用等级，然而审计师在审核应收账款时，也会考虑经济和行业因素来评估客户违约的可能性。所以，信用评级分析师与审计师依据的信息是相似的。正是这种信息的相似性，使得两个中介机构存在某种联系。

信用评级给市场带来了额外的信息（Odders-White 和 Ready，2006），以及能够影响企业的财务决策（Kisgen，2006）。比如，沈红波和廖冠民（2014）利用 2007—2012 年短期融资券数据，分析发现信用评级可以提供增量信息，从而影响融资券利率。另外，已有相关研究分析了信用评级与流动性风险的关系（Kisgen，2006），发现较低的信用评级伴随着较高的流动性风险。类似地，Ashbaugh-Skaife 等（2006）认为低评级会降低企业公司治理，较低的公司治理水平将提高审计师审计风险。由于信息的相似性，审计师也会意识到企业的流动性风险与企业公司治理状况，从而增加审计师的审计风险。除了企业基本面的信息，信用评级还影响企业管理结构以及公司治理质量（Bhojraj 和 Sengupta，2003；Ashbaugh-Skaife 等，2006）。较高的信用评级暗示了企业较强的公司治理水平，所以信用评级能够体现出企业管理层与股东之间的委托代理问题，即信用评级越高，其代理成本较低（Ashbaugh-Skaife 等，2006）。另外，由于评级机构的监督功能，信用评级的变化能够推动企业内部公司治理机制的改变，Ashbaugh-Skaife 等（2006）认为标普的评级框架加强了对企业管理层的监督，提高了相关决策有效性，限制了机会主义行为，降低了公司与外部利益相关者之间的信息不对称。类似地，Boot 等（2006）认为信用评级的监督能够作为另一种公司治理机制来约束经理人，Kang 和 Liu（2007）也得到类似的结论。在中国的资本市场研究中，信用评级也往往反映出企业的治理情况。比如，王雄元和张春强（2013）发现信用评级越高，中期票据融资成本较低；何平和金梦（2010）发现主体评级与债券评级越高，债券发行成本较低。

综上所述，信用评级往往是企业流动风险或公司治理的一个信号指标，高评级伴随着低流动风险与低代理问题。所以我们预计公司高评级不可能导致财务错报，审计师面临的审计风险降低，进而要求较低的审计费用。基于这些分析，本书提出第一个研究假设：

假设 1：主体信用评级越高，审计收费越低。

相关研究也认为信用评级的调整也体现了一定的信息效应（Norden 和 Weber，2004；Han 等，2014）。信用评级向上（下）调整，暗示了企业流动风险降低（增大），业绩提升（降低）以及公司治理增强（下降），体现为一个好（坏）信号，进而影响投资者的投资行为，最终反映在证券价格上。Norden 和 Weber（2004）分析了信用评级调整在股票市场与债券市场中的反应，发现信用评级下调能够产生负向累积超额股票或债券报酬率。Choy 等（2006）认为在澳大利亚股票市场也存在类似的结果。类似地，Han 等（2014）使用跨国数据研究也发现信用评级调整能够产生显著的市场反应。在中国资本市场中，信用评级的调整也有着相似的市场反应。比如，刘鹏飞和晏艳阳（2016）发现信用评级下降将会产生负的累积超额债券收益率。胡海峰和王爱萍（2016）认为信用评级调整对于股票市场与债券市场都有一定的影响。

基于信用评级调整的信息效应，本书也认为信用评级调整也存在一定的独特信息，当信用评级调高时，暗示流动风险小与公司治理好，审计师面临着审计风险小，继而要求较低的审计费用；相反，在信用评级调低时，审计师则要求较高的审计费用。因此，本书提出第二个研究假设：

假设 2a：信用评级向上调整时，审计费用将降低。

假设 2b：信用评级向下调整时，审计费用将增加。

三 研究设计

（一）样本选取与数据来源

本书的研究样本为 2008—2014 年发债的上市公司，上市公司财务数据、公司债券的特征数据来源于 Wind 数据库，公司治理数据来源于 CSMAR 数据库。此外，本书删除了可转债、金融公司发债以及城投债等样本，经过整理、删除缺失值后，得到本书的研究样本数为 688 个，相应的财务数据等连续变量进行 1% 与 99% 的缩尾处理。

（二）变量设定

1. 被解释变量

本书主要研究公司信用评级对审计费用的影响。借鉴相关研究，将公司对应的国内审计费用取自然对数作为被解释变量，记为 Lnfee。

2. 解释变量

本书的解释变量为公司的主体评级（Credit）。定义当主体信用评级为 A-级、A 级、A+级、AA-级、AA 级、AA+级、AAA 级时，相应的 Credit 值分别为 1、2、3、4、5、6、7。

3. 控制变量

借鉴 Gul 和 Goodwin（2010）与王雄元和张春强（2013）的研究，本书选择了相应的控制变量。相关变量的定义与符号如表 3.1 所示。

表 3.1　　　　　　　　　变量定义

变量名称	变量定义	变量符号
企业杠杆率	企业负债与期末总资产的比率	Lev
企业盈利能力	净利润与期末总资产的比率	Roa
企业规模	期末资产的对数	Size
流动资产比例	流动资产与期末资产的比率	Cur_asset
企业性质	当企业为国有企业时，则为 1，反之为 0	SoE
应收账款净额比	应收账款净额与期末总资产的比重	Rec
存货净额比	存货净值与期末总资产的比重	Lnv
股票年回报率	考虑现金红利再投资的年个股回报率	Return

续表

变量名称	变量定义	变量符号
董事会独立性	独立董事人数所占比例	Indir
两职合一	当董事长和总经理为同一人时,取值为1,反之为0	Dua
盈余管理	运用修正琼斯模型计算的残差绝对值	absDA
四大审计事务所	四大审计事务所为1,反之为0	Big4
审计意见	非标意见为0,反之为0	Mao
是否亏损	上一年净利润小于0时,取值为1,反之为0	Loss
行业固定效应	虚拟变量,按照证监会2001年行业代码进行构建	Industry_FE
年度固定效应	虚拟变量,按照年份进行构建	Year_FE

(三) 研究模型

债券发行募集说明书对后续定期评级的时间有着一定的说明,以债券发行日为起点,要求评级机构在后续每年内必须对企业进行定期评级。另外,对于信用评级调整的时间点,募集说明书规定在本期债券存续期间,若出现任何影响本公司信用等级或债券信用等级的事项,评级机构都将对本公司信用等级或债券信用等级进行调整,并立刻进行公布。因此,对于定期评级与调整评级的时间点没有显著的规律。然而,对于审计报告出具的时间点主要在年报出具之前,也就是说主要集中在每年的1—4月。

通过上述三个时间点的分析,可能存在一种情况,审计报告披露的时间可能在评级报告之前,那么审计师将难以观察到当年相应的评级。为了避免这种现象的干扰,本书将分析上一年的评级对当年审计费用的影响。这样做也是可行的,如果没有特殊事件的影响,主体的信用评级不太会发生改变。另外如果一年中存在多个评级变动,本书选择当年最后的调整评级进行分析。通过上述研究设计,本书可以检验出审计师是否关注了评级信息。

基于上述说明,本书借鉴 Gul 和 Goodwin (2010) 与谭青和鲍树琛 (2015) 的研究,采用模型 (3.1) 来检验信用评级对审计收费的影响,以此来检验假设1。为了进一步确定审计师对评级信息的关注,本书也采用了滞后两期的信用评级进行稳健性分析。另外,为了进一步检验假设2a与假设2b,本书在模型 (3.1) 的基础上,加入评级调整方向变量,即 Adj_up 与 Adj_down，分别定义为：当信用评级向上调整时，Adj_up=1，当信用评级向下调整时，Adj_down=1，在其他情况下，两变量都为0，具体见模型（3.2）。

$$Lnfee_{i,t+1} = \beta_0 + \beta_1 Credit_{i,t} + \beta_2 Lev_{i,t} + \beta_3 Cur\_ass_{i,t} + \beta_4 Rec_{i,t} + \beta_5 Roa_{i,t} + \beta_6 Lnv_{i,t} +$$
$$\beta_7 Return_{i,t} + \beta_8 Indir_{i,t} + \beta_9 Dua_{i,t} + \beta_{10} absDA_{i,t} + \beta_{11} Big4_{i,t} +$$
$$\beta_{12} SoE_{i,t} + \beta_{13} Mao_{i,t} + \beta_{14} Loss_{i,t} + \beta_{15} Size_{i,t} + Industry\_FE +$$
$$Year\_FE + \varepsilon_{it} \quad (3.1)$$

$$Lnfee_{i,t+1} = \beta_0 + \beta_1 Credit_{i,t} + \beta_2 Adj\_up_{i,t} + \beta_3 Adj\_down_{i,t} + \beta_4 Lev_{i,t} +$$
$$\beta_5 Cur\_ass_{i,t} + \beta_6 Rec_{i,t} + \beta_7 Roa_{i,t} + \beta_6 Lnv_{i,t} + \beta_7 Return_{i,t} + \beta_8 Indir_{i,t} +$$
$$\beta_9 Dua_{i,t} + \beta_{10} absDA_{i,t} + \beta_{11} Big4_{i,t} + \beta_{12} SoE_{i,t} + \beta_{13} Mao_{i,t} + \beta_{14} Loss_{i,t} +$$
$$\beta_{15} Size_{i,t} + Industry\_FE + Year\_FE + \varepsilon_{it} \quad (3.2)$$

四　实证结果分析

（一）描述性统计分析

表 3.2 中给出了本书主要变量的描述性统计分析。结果表明，发债上市公司每年所花费的平均审计费用为 132 万元 [exp（14.1）= 132]，极大值与极小值分别为 19.8 万元与 3982 万元，这说明样本审计费用差异明显。另外，信用评级 Credit 的均值为 5.070，大体在 AA 水平，说明大部分公司的信用评级整体较高。在本书所使用的控制变量中，发债企业杠杆率（Lev）的均值为 58%，企业绩效（Roa）的均值为 6.19%，企业总资产对数（Size）的均值为 23.3，流动资产比例（Cur_asset）的均值为 0.505，应收账款净额比（Rec）的均值为 0.088，存货净额比（Lnv）的均值为 0.183，独立董事比例（Indir）的均值为 0.371，盈余管理（absDA）的均值为 0.052，国有企业（SoE）占比 57.3%，两职合一（Dua）占比 17.9%，非标意见占比 98.7%，四大比例（Big4）为 12.2%，上一年亏损企业占比 1.6%。控制变量结果与以往文献（王雄元和张春强，2013）相似。

表 3.2　　　　　主要变量的描述性统计分析

变量	样本量	均值	中位数	标准差	极大值	极小值
Lnfee	688	14.10	13.90	0.867	17.50	12.20
Credit	688	5.070	5	1.110	7	1

续表

变量	样本量	均值	中位数	标准差	极大值	极小值
Lev（%）	688	58	60	14.90	89.20	13.70
Roa（%）	688	6.190	5.610	3.810	23.40	-3.830
Size	688	23.30	23.20	1.280	27.20	20.60
Cur_asset	688	0.505	0.500	0.241	0.991	0.076
Rec	688	0.088	0.042	0.103	0.445	0.001
Lnv	688	0.183	0.127	0.190	0.823	0.001
Return	688	0.052	-0.058	0.509	3.130	-0.699
Indir	688	0.371	0.357	0.053	0.571	0.286
Dua	688	0.179	0	0.383	1	0
SoE	688	0.573	1	0.495	1	0
absDA	688	0.052	0.036	0.054	0.371	0.001
Big4	688	0.122	0	0.328	1	0
Mao	688	0.987	1	0.114	1	0
Loss	688	0.016	0	0.126	1	0

（二）信用评级与审计收费

表3.3中报告了信用评级与审计收费的回归结果。其中第（1）列为模型（3.1）的回归结果，第（2）列为模型（3.2）的回归结果。第（1）列结果表明，在控制企业基本面与公司治理特征变量下，Credit变量系数为负，且在5%的水平上显著，说明信用评级与审计收费显著负相关，假设1成立，即发债主体信用评级越高，审计事务所将收取较低的审计费用。另外，本书在模型（3.1）的基础上增加信用评级调整方向的哑变量（Adj_down，Adj_up），以此进一步检验信用评级的信息与功能效应。在第（2）列回归结果中，Credit变量仍然显著为负，然而，Adj_down变量系数为正，但不显著；Adj_up变量系数为负，且在5%的水平上显著，这说明一旦主体信用评级向上调整，审计费用将明显减少，而主体信用评级向下调整，审计费用增加的效应不明显。这个结论支持了假设2a，而假设2b没有得到证实，这在一定程度上体现了信用评级调整的信息与功能效应。

表 3.3　　　　　　　　　信用评级与审计收费回归结果

变量	（1）Lnfee（t+1）	（2）Lnfee（t+1）
Credit	-0.059** (-2.18)	-0.078*** (-2.66)
Adj_down		0.151 (1.28)
Adj_up		-0.116** (-1.97)
Lev	-0.006*** (-3.39)	-0.007*** (-3.77)
Roa	0.008 (1.40)	0.012* (1.94)
Size	0.564*** (18.61)	0.582*** (18.06)
Cur_asset	-0.027 (-0.13)	0.046 (0.22)
Rec	0.315 (1.03)	0.370 (1.28)
Lnv	0.348 (1.23)	0.164 (0.58)
Return	-0.041 (-0.71)	-0.021 (-0.33)
Indir	-0.121 (-0.32)	-0.657 (-1.50)
Dua	-0.076 (-1.53)	-0.097* (-1.68)
SoE	-0.245*** (-6.19)	-0.206*** (-4.90)
absDA	-0.205 (-0.70)	-0.407 (-1.32)
Big4	0.671*** (8.43)	0.611*** (6.73)
Mao	-0.005 (-0.03)	-0.042 (-0.20)

续表

变量	(1) Lnfee (t+1)	(2) Lnfee (t+1)
Loss	0.059 (0.40)	0.089 (0.60)
Constant	1.359** (2.03)	1.355* (1.93)
行业/年度固定效应	控制	控制
样本量	688	688
Adj_R²	0.706	0.686

注：***、**、*分别表示系数在1%、5%与10%的水平上显著；括号内为系数的t值，t来源于怀特异方差调整。

（三）稳健性检验

1. 内生性处理

寇宗来等（2015）在研究信用评级与债券融资成本之间关系时，提出信用评级存在一定的内生性，导致相关结论存在偏误。类似地，信用评级与审计收费之间可能存在一定的互为因果，从而产生内生性问题（Bruno等，2016）。为了减小模型内生性对本书结论的影响，本书进行如下操作：第一，本书使用滞后一期模型进行回归分析；第二，本书借鉴寇宗来等（2015）的研究，采用信用评级市场竞争程度[①]作为信用评级的工具变量进行两阶段回归。具体地，把评级机构的市场份额占总市场份额的比例（MS）作为工具变量进行回归，一般情况下，MS越大，市场竞争程度越大。表3.4中给出了工具变量的回归结果，我们发现在第一阶段回归结果中，MS变量显著为正，这说明市场竞争程度越大，信用评级越高，这个结论与寇宗来等（2015）的结论一致，说明这个工具变量在本书研究中是可行的。在第二阶段回归结果中，Credit变量系数为负，且在5%的水平上显著，继而证实了本书结论的稳健性。

---

① 这里，寇宗来等（2015）使用HHI与评级机构市场份额分别作为工具变量进行分析。

表 3.4　　　　　　　　　内生性控制与机制检验

变量	两阶段最小二乘 Credit（t+1）	两阶段最小二乘 Lnfee（t+1）	机制检验 Litigation
Credit		-0.852** (-2.02)	-0.362* (-1.65)
MS	0.233** (2.45)		
Lev	-0.015*** (-5.76)	-0.018** (-2.46)	-0.017 (-1.48)
Roa	-0.014 (-1.49)	-0.001 (-0.11)	0.103* (1.93)
Size	0.664*** (18.77)	1.064*** (3.69)	0.635*** (3.67)
Cur_asset	0.197 (0.61)	0.073 (0.22)	-4.352*** (-2.76)
Rec	0.105 (-0.22)	0.167 (0.36)	1.778 (0.90)
Lnv	-0.013 (-0.03)	0.150 (0.32)	5.838*** (3.48)
Return	-0.181** (-2.49)	-0.192 (-1.64)	0.150 (0.41)
Indir	-1.587*** (-2.63)	-1.631* (-1.86)	-5.299** (-2.33)
Dua	-0.008 (-0.10)	-0.053 (-0.62)	0.715 (1.43)
SoE	0.135** (2.05)	-0.143 (-1.59)	-0.199 (-0.59)
absDA	-0.301 (-0.47)	-0.554 (-1.00)	-3.344 (-1.09)
Big4	0.075 (5.87)	0.646*** (5.87)	3.195*** (6.50)
Mao	0.175 (1.56)	0.125 (0.46)	2.955*** (3.12)
Loss	-0.287 (-1.38)	-0.209 (-0.65)	-0.360 (-0.39)

续表

变量	两阶段最小二乘		机制检验
	Credit（t+1）	Lnfee（t+1）	Litigation
Constant	-10.268** (-12.76)	-6.021 (-1.33)	-13.275*** (-3.98)
行业/年度固定效应	控制	控制	控制
样本量	688	688	1,006
Adj/Pseudo_R^2	0.636	0.294	0.729

注：***、**、*分别表示系数在1%、5%与10%的水平上显著；括号内为系数的t/z值，t/z来源于怀特异方差调整。

2. 机制检验

本书假设提出的逻辑主要依据在于，信用评级由于提供了额外的信息，即高评级暗示了企业风险较低，继而导致审计师面临风险减小，从而要求较少的审计收费。所以，有必要对这个路径进行进一步分析。基于此，以企业是否面临诉讼风险（Litigation）为因变量[①]、主体信用评级为解释变量进行回归，相应的回归结果见表3.4最后一列。发现信用评级变量（Credit）系数在10%的水平上显著为负，这说明企业主体信用评级越高，被诉讼的概率越小，即支持了本书假设提出的逻辑，进一步证实了本书研究结论的可靠性。

3. 进一步检验

第一，评级机构异质性的影响。有研究表明在评级技术等综合实力上，有外资背景的评级机构比本土评级机构存在明显的优势，具有更大的独立性（Shin 和 Moore，2008），所以外资背景的评级机构给出的信用评级较客观。由于信用评级机构的异质性，审计事务所是否也对不同机构给出的信用评级进行区分对待呢？为了解决这个疑问，结合中国债券信用评级机构的特征，本书首先把信用评级机构区分为两类[②]：一类是中诚信、联合与新世纪评级机构，为国外背景评级机构，体现较高的独立

---

① 企业诉讼风险数据来源于 CSMAR 数据库。
② 现阶段，对国内债券市场中债券评级的信用评级机构主要有中诚信、联合、鹏元、大公和上海新世纪五家。然而，这五家评级机构的股权构成存在一定的差异。中诚信和联合分别于2006年、2008年以子公司和国际评级公司穆迪、惠誉完成合资，外资占49%股份；新世纪于2009年与标准普尔签署技术服务协议。其他两类评级机构没有外资背景。

性;另一类是大公和鹏元评级机构,为本土评级机构,体现较低的独立性。其次,构建相应变量,定义当评级机构有外资背景时,Foreign = 1,反之为 0。最后,构建 Credit×Foreign 交叉项代入模型(3.1)中进行回归。

表 3.5 第(1)列给出相应的回归结果。我们发现 Credit×Foreign 变量系数在 1% 的水平上显著为负,而 Credit 变量系数为正,但不显著。这个结论说明,相对于本土评级机构,审计事务所认为外资背景评级机构的信用评级更有信息含量,从而证实了外资背景评级机构更具有独立性。

表 3.5　评级机构异质性、股权性质对上述关系的影响

变量	(1) Lnfee (t+1)	(2) Lnfee (t+1)
Credit	0.048 (1.20)	-0.098*** (-2.86)
Foreign	0.859*** (4.54)	
Credit×Foreign	-0.196*** (-5.00)	
SoE	-0.259*** (-6.66)	-0.657*** (-3.26)
Credit×SoE		0.088** (2.01)
Lev	-0.005*** (-3.32)	-0.005*** (-2.96)
Roa	0.009* (1.76)	0.012** (2.19)
Size	0.534*** (19.09)	0.515*** (16.93)
Cur_asset	0.054 (0.28)	0.006 (0.03)
Rec	0.029 (0.11)	0.219 (0.79)
Lnv	0.099 (0.37)	-0.029 (-0.11)

续表

变量	(1) Lnfee (t+1)	(2) Lnfee (t+1)
Return	-0.044 (-0.82)	-0.041 (-0.71)
Indir	-0.501 (-1.43)	-0.934** (-2.20)
Dua	0.039 (0.86)	-0.076 (-1.46)
absDA	-0.293 (-1.03)	-0.471 (-1.58)
Big4	0.724*** (10.53)	0.567*** (6.91)
Mao	-0.059 (-0.29)	-0.073 (-0.34)
Loss	0.013 (0.09)	0.096 (0.70)
Constant	1.574** (2.52)	2.941*** (4.08)
行业/年度固定效应	控制	控制
样本量	688	688
Adj_R^2	0.709	0.670

注：***、**、*分别表示系数在1%、5%与10%的水平上显著；括号内为系数的t值，t来源于怀特异方差调整。

第二，企业所有权性质的影响。一般情况下，信用评级机构在对企业进行评级时，主要参考企业的违约风险，即通过企业的财务指标以及是否存在担保来确定相应的主体评级。然而，在银行信贷市场中，相关研究认为国有企业存在预算软约束，具体表现在更多的贷款额、更长的期限以及更低的成本（潘红波等，2008），这种预算软约束的实质即隐性担保。对于中国债券市场，当国有企业发行债券时，其背后的政府拥有支持与干预之手，可以进行相关的利益输送以及最后的兜底，造成了债券市场的刚性兑付现象。所以，当信用评级机构意识到这点时，信用评级机构会给国有企业较高的信用评级。因此，在国有企业信用评级存在膨胀的情况下，审计师事务所是否会质疑国有企业信用评级的信息效应呢？为了解决这个疑问，本书构建 Credit×SoE 交叉项代入模型（3.1）中进行回归。

表 3.5 第（2）列给出相应的回归结果。我们发现 Credit 变量系数仍在 1% 的水平上显著为负，而 Credit×SoE 变量系数在 5% 的水平上显著为正，即信用评级越高，审计收费越小的结论在民营企业中更突出。这个结论说明，相对于国有企业，审计事务所认为民营企业的信用评级更有信息含量。

第三，本书也采用信用评级的滞后两期进行分析，发现信用评级变量的系数为 -0.008（t=-2.46），说明信用评级信息能够影响审计收费；同时使用信用评级调整变量回归后发现 Adj_down 变量系数为 0.185（t=2.26）、Adj_up 变量系数为 -0.249（t=-3.24），所以信用评级调整变量也都存在一定的信息含量。上述结论进一步证实了本书的研究结论。

五 政策建议与启示

本书以审计收费为切入点，分析信用评级对于审计收费的影响，以此来证实信用评级的信息与功能效应。通过相应的实证检验、内生性与机制分析，本书发现：第一，信用评级越高，审计费用越低，且这种关系在民营或采用外资背景评级机构评级的企业中更显著。第二，信用评级调整也包含额外的信息，即信用评级向下调整，暗示着一个负向信号，审计师面临的审计风险增大，从而要求较高的审计收费。第三，通过机制检验发现，信用评级能够降低企业诉讼风险进而降低审计费用。

本书的研究结论主要有以下两方面的政策意义：第一，面对目前对信用评级功能性的抨击，本书证实信用评级存在一定的信息与功能效应，但是这种效应受到股权性质与评级机构异质性的影响，所以政府部门应该积极推进混合所有制改革，提高本土评级机构评级的独立性。这些措施对于信用评级的功能性建设相当重要。第二，信用评级机构与审计师事务所作为市场中的两个信息中介，本书也证实两者之间的确存在互补作用，所以监管部门应该着重考虑如何有效整合两个信息中介职能以及共享信息资源，这将有利于企业相关成本的降低以及监管强度的增强。

本书也存在一定的局限：一是没有比较不同收费模式的评级机构评级信息含量的差异；二是在于内生性控制上，没有选择更多的工具变量进行分析；三是由于样本的限制，只控制了行业年度固定效应，没有对企业固定效应进行控制。

第二节 债券市场的评级信息能改善股票市场信息环境吗？
——来自分析师预测的证据

一 引言

党的十九大报告把"深化金融体制改革，增强金融服务实体经济能力，提高直接融资比重，促进多层次资本市场健康发展"作为现阶段的主要任务。债券市场作为多层次资本市场的一个重要组成部分，它的发展增大了资本市场的深度与广度。近年来，我国债券市场得到了快速发展，截至 2019 年 9 月末，债券市场余额达到 94 万亿元，位居全球第三，深度与广度大幅提高，很好地完成了多层次资本市场建设的目标。然而，自 2014 年 3 月 "11 超日债" 发生违约以来，截至 2019 年底，中国信用债市场共有 372 只债券发生违约，违约金额达到 3892.56 亿元，涉及发行人 168 家。大规模的债券违约提高了市场的金融风险，给中国的金融安全带来巨大的挑战。在党的十九大报告中，习近平总书记强调 "健全金融监管体系，守住不发生系统性金融风险的底线"，说明了党中央高度重视防控金融风险、保障金融安全。因此，在债券违约成为一种新常态下，党的十九届四中全会审议通过的《中共中央关于坚持和完善中国特色社会主义制度、推进国家治理体系和治理能力现代化若干重大问题的决定》明确指出加强资本市场基础设施建设与完善金融体系，提高市场信息质量与资源配置效率，进而促进多层次资本市场的发展。

评级机构作为债券市场中的重要基础设施，一方面，它们向市场参与者提供评级信息，扮演了一个信息传递与估值角色；另一方面，监管机构参考信用评级对企业相关行为进行监管（Beaver 等，2006）。所以，投资者可以利用他们给出的评级信息对债券风险进行深入地了解，通过改变投资决策来实现债券市场资源的合理配置。然而，历次金融危机和我国债券市场大量高评级债券的集中违约都凸显了信用风险管理的重要性以及信用评级制度存在的问题。在讨论 2008 年美国金融危机的根源时，信用评级被认为是诱发金融危机的一个重要因素（Lewis，2010），其原因是：在面对市场风险时，信用评级机构没有对企业做出及时的信用评级调整，甚至还给予较高的信用评级。比如，评级机构利用自己的声誉对低于平均水平的金融产品给予良好的评级与认证，从而鼓励投资者投资信用评级有偏差的金融产品（Wojtowicz，2014），因此人们认为信用评级膨胀加速了金融体系的崩溃。

对于中国债券市场，绝大部分文献认为信用评级存在信息效应与功能效应。比如，王雄元和张春强（2013）发现信用评级越高，中期票据融资成本越低；沈红波和廖冠民（2014）发现信用评级机构可以提供增量信息，降低企业与投资者之间的信息不对称；林晚发和敖小波（2018）发现信用评级信息能够被会计事务所利用，使得高信用评级企业的审计费用降低。然而，也存在相关研究质疑信用评级信息效应（寇宗来等，2015；黄小琳等，2015）。为此，针对信用评级机构存在的问题，政府部门加大了信用评级机构的对外放开，自 2017 年以来，人民银行与证监会等多个部门逐步推进信用评级对外开放，允许境外评级机构可以申请开展境内相关评级业务。2020 年 1 月 15 日，中美两国签订的《中华人民共和国政府和美利坚合众国政府经济贸易协议》（以下简称《协议》）中提到两国的信用评级机构开放措施，"中国承诺继续允许美国服务提供者（包括美国独资信用评级服务提供者）对向国内外投资者出售的所有种类的国内债券进行评级"。评级行业的对外开放的目的在于通过引入国外评级机构，完善国内评级行业的技术体系，改善评级质量，能够对金融风险进行有效的识别。基于现有研究关于信用评级信息效应结论的不一致，本书将从债券市场与股票市场信息互通角度研究如下三个问题，以此来确定信用评级的重要性：一是从股票市场信息总量来看，信用评级对市场信息总量是否有增量贡献；二是从股票市场信息质量来看，信用评级是否对市场信息质量有影响；三是信用评级机构与其他信息中介的关系如何，是替代关系还是互补关系？

为了对上述三个问题进行分析，本书选择分析师预测这个视角进行检验。其原因在于：第一，使用分析师预测表现（分析师预测精确度与分歧度）来衡量市场信息环境是基于有效市场假说（Fama，1970），在此假说下，分析师预测收益的准确性受市场中信息总量水平的影响，所以分析师预测表现可以用来衡量市场信息环境水平。第二，理论上，信用评级机构与分析师作为资本市场中的两个信息中介，在有限关注假说下，他们对于企业信息的关注点可能存在一定的差异。信用评级机构主要关注企业资产偿还债务能力与企业风险水平（Blume 等，1998；Alp，2013），然而分析师则主要关注企业的盈利能力以及未来发展机会等（Bryan 和 Tiras，2007）①。信用评级机构与股票分析师给出的信息可以相互借鉴，扩大各自信息集。因此，研究信用评级机构与分析师对企业信息关注是否存在差异，有助于我们进一步认清市场信息中介之间的替代或互补关系。第三，截至目前，中国债券市场公司债违约样本不足50 个，违约样本的数量限制了我们从预测能力角度直接检验信用评级的信息含量②。然而，分析师位于金融信息中介行业的下游，在信息效率市场假说下，分析师可以利用信用评级信息进行预测，那么信用评级信息将会影响分析师预测行为，继而可以检验信用评级是否存在信息效应③。

本书研究结果表明：第一，信用评级能显著提高分析师预测精度、降低分析师预测分歧度与乐观偏差，这说明信用评级向分析师提供了新的信息，且这种效应在信息不对称的企业、低能力的分析师以及外资参股的评级机构中更加显著，此外，信用评级并没有损害分析师预测的信息质量；第二，把分析师预测信息分为公共与私有信息后，直接检验得出信用评级只能增加分析师预测使用的公共信息，而对私有信息没有显著影响，进一步分析发现信用评级也不影响分析师的调研行为。上述结论表明信用评级信息披露并不影响分析师拥有的私有信息优势，且信用

---

① 信用评级机构与股票分析师所关注的信息存在差异，但是也有所重合。在有限关注假说下，信用评级机构与股票分析师给出的信息可以相互借鉴，提高自身信息集。为此，笔者以分析师预测精度、信用评级等级两个变量为因变量进行回归发现，对于股票分析师，企业的风险指标可能不太关注，而评级机构关注风险指标的同时也关注了企业的盈利能力。

② 另外，现有研究也采用间接的方法分析信用评级的信息含量，比如从模型残差，评级与违约风险之间的反应系数两个角度进行间接分析。然而，上述两个分析也面临着两难选择：第一，对于模型残差的直接度量，大多数学者质疑了模型残差度量的可靠性，这是因为没有标准的回归模型以及忽略了企业的定性信息，比如缺少考虑企业社会责任的影响（林晚发等，2018）。第二，相关文献利用评级对违约风险的敏感性，以及评级对债券定价的敏感性进行度量（Xia, 2014），但是这种方法要求违约风险指标的准确性以及市场是有效率的。

③ 市场有效性是信用评级信息被分析师所利用的前提。一方面，现有文献利用事件研究法发现中国股票市场对于某些事件有着显著的市场反应，从而得出资本市场是有效的。另一方面，本书以企业获得评级时间点进行事件研究，发现企业获得评级存在显著的负向市场反应，同时以 CAR [-1, 1] 绝对值的中位数把样本分为市场敏感性高（大于中位数）与市场敏感性低（低于中位数）两组，发现本书的结论仍然成立。

评级机构与分析师之间存在互补关系，而不是替代关系①。

本书潜在的贡献主要有以下三个方面：第一，本书从分析师预测表现这一新的视角为信用评级存在信息效应提供了新的证据。现有研究认为中国的信用评级不存在信息含量，比如，寇宗来等（2015）认为信用评级不影响企业发债成本，信用评级的信息功能缺失。林晚发等（2017）与吴育辉等（2020）认为信用评级付费制度导致信用评级存在膨胀现象，所以信用评级信息效应并不强。然而，本书在考虑了这些研究的基础上，从分析师预测信息总量与质量两个维度对信用评级的信息效应进行了分析，发现信用评级在增大分析师预测信息总量的同时，并没有降低预测信息质量，从而丰富了信用评级信息效应的研究。第二，本书对市场信息中介的共存关系提供了相应的经验证据。借鉴 Barron 等（1998）的研究设计对分析师预测信息分解为公共信息与私有信息，通过实证检验发现信用评级会增大分析师预测的公共信息，但并不会降低私有信息，这个结论说明评级机构与分析师对企业信息的关注点存在差异，且信用评级机构与分析师之间存在互补关系，并不是替代关系（Cheng 和 Subramanyam，2008），这也为理解市场信息中介对市场信息环境的改善有着重要的作用。第三，本书的结论为相关监管部门对信用评级建设提供了相应的经验证据。在现阶段，金融监管应该强化信用评级披露政策，强化对评级机构尽职调研的要求，使得信用评级充分反映企业真实信息，从而丰富市场信息总量，充分实现信用评级的信息中介作用。

二　文献综述与研究假设

（一）信用评级与信息环境

Beyer 等（2010）指出信息中介机构（分析师和信用评级机构）向市场提供了许多重要的私有信息。信用评级机构是市场上活跃的主要信息中介之一，该机构通过收集现有信息并对企业的风险进行排序度量，形成相应的评级等级，市场参与者基于这个评级进行相应的投资（Demirtas 和 Cornaggia，2013；Rhee，2015）。另外，Rousseau（2005）发现发行人为了获得信用评级，会向评级机构提供非公开信息，从而使得评级包含了投资者不容易获得的信息内容。Estrella（2000）将信用评级机构描述

---

① 笔者也采用回归模型检验发现信用评级与分析师跟踪人数之间的关系不显著。这个结论也可以得出评级机构与分析师之间并不是替代关系。

为降低发行主体与其利益相关者之间信息不对称的中介，这意味着信用评级的目的是增加市场上可用信息的总量。Rhee（2015）也阐述了信用评级的成本效益：第一，信用评级减弱了市场上的信息不对称；第二，降低了监管成本，这是因为评级机构扩大其业务方式比任何单一市场参与者都大得多，这种规模经济使评级机构能够降低信息获取与处理成本。因此，信用评级增大了市场信息总量，从而改善了市场信息环境。

但是，目前信用评级机构的主要收入来源于发行人，这将造成评级机构与企业之间的合谋行为（Bolton等，2012），从而导致信用评级膨胀（Jiang等，2014；Xia，2014；林晚发等，2017；吴育辉等，2020）。信用评级膨胀加剧了市场信息不对称，降低了债券定价效率，所以信用评级膨胀被认为是形成债务危机的重要原因。Lynch（2008）研究发现在利益冲突下，评级机构的评级结果会偏向于债务发行人，从而削弱评级机构保持公正的能力。Rousseau（2005）也发现评级机构有动机通过提高评级来维持业务，以及获得新的客户。另外，Rousseau（2005）进一步发现评级机构可以向发行人提供咨询服务，评级结果可能受其是否提供这些服务的影响①。所以，发行方可能出于担心被负面评级或希望获得更高评级而购买这些咨询服务。Bolton等（2012）研究发现评级机构为了获得更多的业务，会提高重要客户发行评级。根据以上分析，评级机构可能存在一定的道德风险问题，它们根据自身利益来决定企业信用评级，使得信用评级不能充分体现违约风险（Rousseau，2005；Lynch，2008），甚至这个信用评级信息是虚假的，从而对市场信息环境产生负面影响。

（二）信用评级与分析师预测表现

股票分析师在他们的预测中使用了市场中可用的公有信息（Barron等，1998）。根据有效市场假说（Fama，1970）和信息环境理论（Wang等，2011），股票分析师的预测表现（预测精确度与分歧度）在很大程度上取决于可用的公有信息。因此，信息资源影响了股票分析师预测表现。

在信息总量视角下，评级信息披露增加了市场中的公共信息，降低了发行人与利益相关者之间的信息不对称（Lynch，2008）。Rhee（2015）

---

① 大公国际评级机构也正是由于提供了相关非评级业务，从而受到了银监会与证监会暂停一年业务的处罚。

的研究发现尽管信用评级没有给市场带来新的信息,但信用评级的主要功能是对现有信息进行加工排序,这种评级排序信息更容易被市场参与者所使用,从而对市场效率和股票定价产生影响(Lee,2012)。在 Rhee(2015)的研究结论下,信用评级将改善信息环境,增加分析师预测的信息总量,进而提高分析师预测质量。

在信息质量视角下,Lynch(2008)以及 Bolton 等(2012)的结论表明,尽管信用评级信息降低了市场中的信息不对称,但信用评级信息可能存在一定的偏误,导致市场信息质量降低。其原因在于:一是现阶段的评级机构为发行人付费模式,评级机构与发行人之间的委托代理问题(Lynch,2008;Bolton 等,2012)使得信用评级机构根据自身利益对信用评级进行操纵(Demitras 和 Cornaggia,2013)。二是评级行业内的竞争压力导致评级机构提供较高的评级来保持与获得相应的业务(Bolton 等,2012)。在这些情况下的信用评级与企业违约信息关联度较低,评级信息甚至是有偏的,从而导致市场中的信息质量降低。如果是这样,市场信息环境实际上已经恶化,这势必会影响股票分析师预测表现(Clinton 等,2014),因为分析师依赖于这些市场信息做出预测。

综上所述,在信息总量视角下,信用评级为市场提供了新的信息,改善了市场信息环境,股票分析师预测的准确性将得到提高,以及预测分歧度将降低。然而,在信息质量视角下,评级机构在评级过程中提供的信息也可能是有偏的(林晚发等,2017),这将损害分析师预测的信息环境,股票分析师预测的准确性将降低,预测分歧度将增大。基于此,本书提出一组竞争性假设:

H1a:在信息总量视角下,信用评级提高了分析师预测精度,同时降低了分析师预测分歧度。

H1b:在信息质量视角下,信用评级降低了分析师预测精度,同时提高了分析师预测分歧度。

信用评级信息来源可能存在两种可能:一是对现有信息进行加工排序,这种评级排序信息更容易被市场参与者使用(Rhee,2015),从而增大市场信息总量;二是评级机构对企业进行调研获得相应的违约信息,即信用评级包括了企业私有信息(Hansen,2015),进而使得市场中的公共信息增多。相关研究也证实了这一点,Rhee(2015)研究发现信用评级减少了市场私有信息，增加了市场公共信息。另外，信用评级导致的市场公共信息的增加也可能来源于企业私有信息的转化。

随着市场中企业公共信息的增多，企业信息透明度提高，这将提高分析师预测精度，进而引起分析师更多的跟踪（Chen 等，2015）。然而，Cheng 和 Subramanyam（2008）发现股票分析师和信用评级分析师在某种程度上是相互替代的，即当一家公司的信用评级被发布时，股票分析师将不再跟踪这些公司，而将注意力转移到另一家公司，以保证拥有私有信息的优势。因此信用评级可能在一定程度上减少了分析师所拥有的私有信息。

综上所述，由于评级机构依据企业相关公告及其对企业调研的信息对企业违约风险进行分析，信用评级包含了企业的公共信息以及私有信息。在公共信息层面，由于评级机构的专业性，它们对于涉及企业违约风险的相关公共信息的利用与分析能力要强于证券分析师，因此，信用评级信息将增加分析师预测的公共信息。而在私有信息层面，由于评级机构也可能对企业进行调研，获得企业内部私密信息，从而对这些私密信息进行释放，这将减小分析师拥有私有信息的优势，因此，信用评级信息将减少分析师预测的私有信息。基于此，本书提出第二组研究假设：

H2a：信用评级增加了分析师预测的公共信息。

H2b：信用评级减少了分析师预测的私有信息。

三 研究数据与研究设计

（一）数据来源与样本分析

本书以 2006—2016 年 A 股上市公司作为研究样本。其原因在于：在本书样本中，公司存在信用评级的最早时间是 2008 年，为了构建 DID 模型，本书的样本包括了 2006 年与 2007 年两年数据。评级数据等债券市场数据来源于 Wind 数据库中的交易所与银行间债券市场版块，分析师预测数据来源于 CSMAR 数据库，上市公司财务数据则来源于 Wind 与 CSMAR 数据库。在数据的合并过程中，删除了金融行业数据、ST 公司数据以及控制变量存在缺失的样本，最终得到 17195 个样本观测值。为了减小极端值的影响，本书对连续变量进行 1% 与 99% 水平上的缩尾。

(二) 变量定义

1. 分析师预测偏误 (FE) 与预测分歧度 (FD)

借鉴 Dhaliwal 等 (2012)、王玉涛和王彦超 (2012) 的研究，以分析师盈余预测值与实际值的平均误差来衡量分析师预测偏误，即为 FE，具体见公式 (3.3)。

$$FE_{it} = \frac{Mean[Abs(FEPS_{it} - EPS_{it})]}{Abs(EPS_{it})} \tag{3.3}$$

在公式 (3.3) 中，变量 FEPS 表示分析师对企业每股盈余 (EPS) 的预测值，那么根据公式 (3.3) 的表述，分析师预测偏误 (FE) 是分析师某年某次对某只股票预测的 EPS (FEPS) 减去该年股票的实际 EPS 的差值的绝对值再除以该股票的实际 EPS 的绝对值的均值。所以，FE 越大，分析师预测偏误越大，精度越低。同时，本书以分析师预测偏误的标准差度量了预测分歧度 (FD)。

2. 分析师预测的公共信息与私有信息

为了度量分析师预测的公共信息与私有信息，本书借鉴 Barron 等 (1998) 的 BKLS 模型得到两个计算公式：

$$Public = \frac{SE - \frac{D}{N}}{\left[\left(1 - \frac{1}{N}\right)D + SE\right]^2} \qquad Private = \frac{D}{\left[\left(1 - \frac{1}{N}\right)D + SE\right]^2} \tag{3.4}$$

在公式 (3.4) 中，Public 为公共信息，Private 为私有信息。SE 是 (真实值-预测值均值) 平方的期望，表示分析师间总的不确定性。按照 Barron 等 (1998) 的定义，$SE = C + D/N$，C 表示所有分析师共同的不确定性，D 表示分析师预测值方差的期望，即预期分歧度，D 只反映分析师特有的不确定性，N 为公司的分析师跟踪数量。按照上述定义，公式 (3.4) 关于 Public 等式中的分子 SE-D/N 表示分析师共同的不确定性 C，这个值受到公共信息的影响，如果市场中的公共信息较多，那么 Public 值将增大；类似地，公式 (3.4) 关于 Private 等式中的分子 D 表示分析师特有的不确定性，这个值受到私有信息的影响，如果分析师私有信息较多，那么 Private 值将增大。

3. 主体信用评级

上市公司可以在交易所市场与银行间发行债券，本书选择在交易所与银行间发行债券的主体信用评级构建信用评级变量。具体地，本书构建信用评级虚拟变量（Dum），当上市公司在交易所或者银行间市场发债且存在主体评级时，$Dum=1$，否则 $Dum=0$。

4. 控制变量

控制变量选取借鉴 Dhaliwal 等（2012）等文献，具体的定义与测度见表 3.6。

表 3.6　　　　　　　　　　变量定义

变量类型	变量名	变量符号	变量测度
被解释变量	分析师预测偏误	FE	分析师每次对某只股票预测的 EPS 减去该年该股票的实际 EPS 的差值的绝对值再除以该股票的实际 EPS 的绝对值的均值
	分析师预测分歧度	FD	分析师预测偏误的标准差
	分析师预测公共信息	Public	见公式（3.4）
	分析师预测私有信息	Private	见公式（3.4）
解释变量	主体信用评级	Dum	虚拟变量，发债主体存在信用评级，则 Dum=1，否则 Dum=0
控制变量	企业规模	LMV	企业年末总市值的自然对数
	杠杆率	LEV	企业年末负债与总资产的比值
	盈利能力	Growth	企业销售收入增长率
	企业存续年限	AGE	当年与成立年的差值+1
	账面市值比	BM	企业年末账面价值与市场价值的比值
	机构投资者持股比例	IO	企业年末机构投资者持股比例
	预警 Z 值	Z	Altman（1968）定义的企业违约预警 Z 指数
	企业属性	SOE	虚拟变量，当企业为国有企业时，SOE=1，反之 SOE=0
	企业分析师团队跟踪数	ANAN	（当年分析师团队跟踪数+1）的自然对数
	预测期间	FH	分析师某年某次预测时间和年度财报公布日之差的自然对数
	行业	IND	按照证监会 2001 年代码构建虚拟变量
	年份	YEAR	按照年度构建虚拟变量

(三) 回归模型

为了检验假设 H1a 与 H1b，本书借鉴 Dhaliwal 等（2012）等文献，设定回归模型（3.5）进行分析。

$$\frac{FE}{FD}_{it+1} = \beta_0 + \beta_1 Dum_{it} + \beta_2 LMV_{it} + \beta_3 LEV_{it} + \beta_4 Growth_{it} + \beta_5 IO_{it} + \beta_6 Z_{it} + \beta_7 SOE_{it} +$$
$$\beta_8 AGE_{it} + \beta_9 ANAN_{it} + \beta_{10} FH_{it} + \beta_{11} BM_{it} + IND + YEAR + \varepsilon_{it+1} \quad (3.5)$$

为了检验假设 H2a 与 H2b，本书在构建公共信息（Public）与私有信息（Private）的基础上，设定回归模型（3.6）进行分析。

$$Public/Private_{it+1} = \beta_0 + \beta_1 Dum_{it} + \beta_2 LMV_{it} + \beta_3 LEV_{it} + \beta_4 Growth_{it} + \beta_5 IO_{it} +$$
$$\beta_6 Z_{it} + \beta_7 SOE_{it} + \beta_8 AGE_{it} + \beta_9 ANAN_{it} + \beta_{10} FH_{it} + \beta_{11} BM_{it} +$$
$$IND + YEAR + \varepsilon_{it+1} \quad (3.6)$$

(四) 样本描述分析

1. 样本描述性统计分析

表3.7给出了变量的描述性统计结果。分析师预测偏误（FE）的均值为1.150，这个值与王玉涛和王彦超（2012）的结果相似，表明分析师平均预测偏误为实际EPS的1.15倍，而分析师预测分歧度（FD）的均值为0.552。在研究样本中，有8.8%的样本存在信用评级，说明上市公司发行债券的比例还较低。另外，公司市值（LMV）的均值为3.630，杠杆率（LEV）的均值为0.423，盈利能力（Growth）的均值为19.303%，存续年限（AGE）的均值为16.202年，账面市值比（BM）的均值为0.854，分析师跟踪团队（ANAN）的均值为8（$e^{1.930}+1$）个，机构投资者持股比例（IO）的均值为37.701%，预测期间（FH）的均值为267天，预警Z值的均值为8.090，最后有37.9%的企业为国有企业。

表3.7　　　　　　　　变量描述性统计分析

变量	样本量	均值	中位数	标准差	极大值	极小值
FE	17195	1.150	0.340	3.150	38	0.026
FD	14458	0.552	0.170	1.390	13.303	0
Dum	17195	0.088	0	0.284	1	0
LMV	17195	3.630	3.660	0.808	5.630	1.130
AGE	17195	16.202	16	5.270	68	1
BM	17195	0.854	0.560	0.908	7.450	0.084

续表

变量	样本量	均值	中位数	标准差	极大值	极小值
LEV	17195	0.423	0.418	0.210	0.967	0.048
Growth（%）	17195	19.303	14.20	34	203	-55.903
FH	17195	5.590	5.630	0.276	6.2501	2.940
Z	17195	8.090	4.320	11	66.904	-0.273
SOE	17195	0.379	0	0.485	1	0
IO（%）	17195	37.701	37.603	24.201	88.202	0.029
ANAN	17195	1.930	1.950	0.849	4.160	0.693

2. 相关系数分析

表3.8是主要变量的相关系数结果。结果表明Dum与FE之间存在显著的负相关关系，这说明企业存在信用评级时分析师预测偏误较小。对于控制变量，企业市值越高、杠杆率越小、盈利能力越高、账面市值比越小、预测区间越短、机构投资者持股比例越大的企业，分析师预测偏误越小。最后，从解释变量相关系数可以看出，本书构建的模型共线性不高。

四 信用评级与分析师预测表现

（一）基本回归

表3.9给出了企业是否存在信用评级对分析师预测表现的影响结果。第（1）、第（2）列为全样本的回归结果，第（3）、第（4）列为配对样本的回归结果[①]。从结果我们可知，无论是在全样本还是在配对样本的回归结果中，Dum变量系数都在5%的水平上显著为负，这说明当企业存在信用评级时，分析师预测偏误降低（分析预测精确度提高），同时也能降低预测分歧度，这个结论支持了假设H1a。上述结论说明，信用评级信息增加了市场的信息总量，从而影响了分析师预测信息总量，分析师通过利用这些信息对企业经营状况有了更加深刻的了解，从而提高了分析师预测表现。

另外，对于控制变量，我们发现企业负债率越小、盈利能力越强、分析师跟踪人数越多、机构投资者持股比例越高的国有企业，分析师预测表现会更好。

---

① 按照主回归模型的控制变量以及分行业分年度进行1∶2配对，后续分析主要以该配对样本进行。

表 3.8 相关系数

变量	FE	FD	Dum	LMV	AGE	BM	LEV	Growth	FH	Z	SOE	IO
FE	1											
FD	0.837***	1										
Dum	−0.016**	−0.007	1									
LMV	−0.067***	−0.074***	−0.260***	1								
AGE	0.0110	0.005	0.160***	−0.093***	1							
BM	0.057***	0.066***	0.284***	−0.847***	0.102***	1						
LEV	0.067***	0.068***	0.233***	−0.631***	0.142***	0.587***	1					
Growth	−0.106***	−0.091***	−0.0120	0.100***	−0.052***	−0.071***	0.023***	1				
FH	0.122***	0.110***	0.051***	−0.122***	0.112***	0.095***	0.019**	−0.078***	1			
Z	−0.038***	−0.038***	−0.157***	0.312***	−0.098***	−0.373***	−0.336***	0.017	−0.069***	1		
SOE	−0.002	0.003	0.101***	−0.345***	0.010	0.322***	0.324***	−0.102***	−0.011	−0.251***	1	
IO	−0.057***	−0.034***	0.154***	−0.172***	0.147***	0.197***	0.244***	−0.019**	0.030***	−0.165***	0.321***	1

注：***、**分别表示系数在1%与5%的水平上显著。

表 3.9　　　　　　　　信用评级与分析师预测

变量	全样本		配对样本	
	（1）	（2）	（3）	（4）
	FE	FD	FE	FD
Dum	-0.194**	-0.093**	-0.308***	-0.167***
	(-2.13)	(-1.97)	(-2.66)	(-3.23)
LMV	0.063	0.000	-0.003	-0.015
	(0.72)	(0.01)	(-0.01)	(-0.11)
AGE	0.005	0.002	-0.010	-0.006
	(0.86)	(0.68)	(-1.30)	(-1.18)
BM	0.076	0.049*	-0.007	0.006
	(1.31)	(1.79)	(-0.08)	(0.12)
LEV	1.649***	0.749***	0.292	0.265
	(7.18)	(7.11)	(0.42)	(0.87)
Growth	-0.008***	-0.003***	-0.006***	-0.002**
	(-8.86)	(-6.46)	(-3.68)	(-2.16)
FH	1.358***	0.576***	1.303***	0.388**
	(11.35)	(10.78)	(4.83)	(2.33)
Z	0.007*	0.004**	-0.113***	-0.051***
	(1.79)	(2.53)	(-3.23)	(-2.79)
SOE	-0.171***	-0.096***	0.015	-0.075
	(-2.71)	(-3.20)	(0.11)	(-0.96)
IO	-0.005***	-0.002***	-0.010***	-0.003**
	(-4.90)	(-3.17)	(-3.63)	(-2.27)
ANAN	-0.369***	-0.152***	-0.242***	-0.087*
	(-10.69)	(-8.00)	(-3.45)	(-1.84)
行业效应	Yes	Yes	Yes	Yes
年度效应	Yes	Yes	Yes	Yes
常数项	-5.014***	-2.219***	-4.830**	-1.315
	(-5.99)	(-5.46)	(-2.21)	(-0.98)
样本量	17195	14458	3582	2995
Adj_R^2	0.054	0.049	0.046	0.047

注：***、**、*分别表示系数在1%、5%与10%的水平上显著，括号内为t值，且经过行业年度聚类调整。

(二) 信用评级与分析师预测表现：横截面分析

1. 企业信息不对称程度的影响

上述结论表明信用评级能够为市场提供额外的信息，继而提高分析师预测表现，从而确定信用评级对市场信息总量有着一定的增量贡献。如果信用评级能够改善企业的市场信息环境，那么这个作用在信息不对称的企业中应该更加显著。因此本书采用两个变量来度量企业的信息不对称水平，一是分析师跟踪人数，有研究表明分析师跟踪人数越少，企业的信息不对称程度越高（林晚发等，2013；陈钦源等，2017）。二是企业的真实盈余管理水平，企业的盈余管理水平越高，企业的信息不对称程度越高（王福胜等，2014）。因此，本书按照上述两个变量的均值把样本分为信息不对称程度低（分析师跟踪人数多或真实盈余管理小）与信息不对称程度高（分析师跟踪人数少或真实盈余管理大）两组进行回归分析，相应的结果见表3.10。从结果我们可以得到，在分析师跟踪人数分组回归中，信用评级（Dum）变量系数都显著为负，但是在分析师跟踪人数少的组中的系数的绝对值较大。相似的结果在真实盈余管理分组中也存在。所以，上述结论说明信用评级提高分析师预测表现的作用在信息不对称大的企业中更加显著，进一步说明信用评级能增大市场信息总量与分析师预测信息总量。

表3.10　　　　　　　　信息不对称程度分组回归

变量	分析师跟踪人数				真实盈余管理			
	少	多	少	多	低	高	低	高
	FE		FD		FE		FD	
Dum	-0.405**	-0.208*	-0.232**	-0.130**	-0.300	-0.368**	-0.175	-0.208**
	(-2.33)	(-1.72)	(-2.29)	(-2.06)	(-1.48)	(-2.19)	(-1.55)	(-2.16)
Controls	Yes	Yes	Yes	Yes	Yes	Yes	Yes	Yes
样本量	1719	1863	1138	1857	1406	1457	1201	1236
Adj_R^2	0.031	0.060	0.030	0.064	0.030	0.047	0.027	0.051

注：***、**、*分别表示系数在1%、5%与10%的水平上显著；括号内为t值，且经过行业年度聚类调整。Controls包括模型（3）中的控制变量。

2. 分析师能力异质性的影响

通过上述分析，信用评级通过增大分析师预测信息总量，继而影响分析师预测表现。然而，能力高的分析师自身能够对企业相关信息进行整合，所以信用评级增大分析师预测信息总量的作用对于能力高的分析师影响较小。因此，我们预计，与能力高的分析师相比，信用评级对能力低的分析师预测表现影响较大。为了证实上述推论，首先，本书按照明星分析师以及分析师在券商内部的排名两个变量作为分析师能力的替代变量；其次，以跟踪企业的明星分析师数量的行业均值以及跟踪企业的分析师在券商内部排名的行业均值作为临界值，把大于均值的企业定义为明星分析师跟踪多的企业或者高排名分析师跟踪多的企业，即高能力分析师跟踪的企业，反之为低能力分析师跟踪的企业；最后，按照上述分组检验信用评级与分析师预测表现的关系，相应的回归结果见表3.11。

从表3.11的结果我们得到，信用评级变量（Dum）系数在低能力分析师组中显著为负，而在高能力分析师组中不显著。这个结果表明相对于高能力分析师，信用评级更能增加低能力分析师预测信息总量，从而提高了低能力分析师的预测表现。另外，由于高能力分析师组中的信用评级变量系数不显著，这也从侧面印证了高能力分析师的信息收集能力较强。

表3.11　　　　　　　　　　分析师异质性分组回归

变量	明星分析师				券商内部分析师排名			
	多	少	多	少	高	低	高	低
	FE		FD		FE		FD	
Dum	-0.194 (-1.41)	-0.434*** (-2.74)	-0.109 (-1.32)	-0.215** (-2.46)	-0.254 (-1.64)	-0.310** (-2.06)	-0.120 (-1.33)	-0.186** (-2.58)
Controls	Yes	Yes	Yes	Yes	Yes	Yes	Yes	Yes
样本量	1706	1876	1329	1666	1842	1740	1456	1539
Adj_R^2	0.041	0.051	0.048	0.043	0.034	0.057	0.036	0.054

注：***、**、*分别表示系数在1%、5%与10%的水平上显著；括号内为t值，且经过行业年度聚类调整。券商内部分析师排名来源于CSMAR数据库。

3. 评级机构异质性的影响

在评级机构发行人付费模式下，评级机构向发行企业收取评级费用，存在高报评级以迎合客户的动机（Jiang等，2014；林晚发等，2017）；另外企业也有动机与评级机构进行合谋，通过获得高评级得到更多的市场收益。上述情况的出现将导致信用评级的信息含量降低,然而一旦信用评级信息存在偏误,也将会影响分析师预测信息质量与分析师预测表现(Lynch,2008;Bolton 等,2012)。虽然主回归结果已经表明信用评级能够提高分析师预测的信息总量,但是否影响分析师预测的信息质量还有待进一步分析,为此,本书将以评级机构异质性进行分组回归来说明信用评级是否影响了信息质量。这是因为,相关文献认为相比于本土评级机构,外资评级机构的独立性更强,信用评级信息含量更高(林晚发和敖小波,2018;徐晓萍等,2018),因此,外资评级机构的评级信息提高分析师预测表现的作用更大。相应的回归结果见表 3.12。

从表 3.12 结果我们可以看出,在内资评级机构组中,Dum 变量系数为正,但不显著;而在外资评级机构组中,Dum 变量系数为负,且在 1%的水平上显著。这个结果说明外资评级给出的信用评级能提高分析师预测表现,即评级信息含量更高。然而,由于内资评级机构的评级对分析师预测没有显著影响,因此内资评级机构的信用评级质量较低。

表 3.12 评级机构异质性分组回归

变量	评级机构异质性			
	内资	外资	内资	外资
	FE	FE	FD	FD
Dum	0.329 (1.07)	−0.359*** (−3.04)	0.138 (1.08)	−0.170*** (−2.86)
Controls	Yes	Yes	Yes	Yes
样本量	692	2751	626	2313
Adj_R^2	0.121	0.042	0.084	0.038

注:***、**、*分别表示系数在 1%、5%与 10%的水平上显著;括号内为 t 值,且经过行业年度聚类调整。

(三)稳健性检验

1. 未来两期的分析师预测表现

主回归使用了未来一期的分析师预测表现进行了分析,为了进一步证实本书结论的稳健性,本书将使用未来两期的分析师预测表现进行稳健性检验,相应的回归结果见表 3.13。从表 3.13 的结果可以看到,无论是在全样本还是配对样本回归结果中,Dum 变量都至少在 5%的水平上显著为负,这说明当企业存在信用评级时，未来两期的分析预测偏误与预测分歧度都降低，从而进一步说明了信用评级增大了分析师预测的信息总量。

表 3.13　　信用评级对未来两期的分析师预测的影响

变量	全样本		配对样本	
	FE	FD	FE	FD
Dum	-0.374** (-2.30)	-0.147** (-2.60)	-0.557*** (-2.80)	-0.144** (-2.03)
Controls	Yes	Yes	Yes	Yes
样本量	14566	12394	2814	2407
Adj_R^2	0.048	0.049	0.045	0.043

2. 分析师预测表现的替代变量回归

在主回归中，本书使用了分析师预测偏误与分歧度作为分析师预测表现的替代变量。为了进一步证实信用评级的信息效应，本书以分析师乐观偏差这一变量替代模型（3.3）中的因变量进行回归分析。具体地，本书把分析师某年某次对某只股票预测的 EPS（FEPS）减去该年股票的实际 EPS 的差值除以预测前一个交易日该股票收盘价格（P）的均值定义为分析师乐观偏差（Opt）。Opt 大于 0 说明分析师存在乐观偏差，以 Opt 为因变量进行回归，相应的回归结果见表 3.14。

表 3.14 中给出了全样本与配对样本的回归结果，从结果我们可以看到，Dum 变量都在 1% 的水平上显著为负，这个结果说明当企业存在信用评级时，分析师乐观偏差将会降低，从而进一步说明了信用评级能够增大分析师预测的信息总量。

表 3.14　　信用评级对分析师乐观偏差的影响

变量	被解释变量：Opt	
	全样本	配对样本
Dum	-0.003*** (-4.46)	-0.003*** (-4.22)
Controls	Yes	Yes
样本量	16711	3557

续表

变量	被解释变量：Opt	
	全样本	配对样本
Adj_R^2	0.157	0.142

注：***、**、*分别表示系数在1%、5%与10%的水平上显著；括号内为t值，且经过行业年度聚类调整。

3. 内生性考虑

本书的内生性可能来源于两个方面：一是一个企业是否存在信用评级可能由企业的特征决定，同时这些特征也会影响分析师预测表现；二是分析师预测行为也会反向影响企业的信用评级。为此，本书将对上述问题进行考虑。

（1）遗漏变量的考虑

公司是否存在信用评级以及分析师预测表现可能同时受到公司治理的影响，然而模型（3.1）中缺少对公司治理变量的控制，为此本书构建董事长与总经理是否两职（Double）以及独立董事比例（Inde_r）两个变量进行控制，相应的回归结果见表3.15。从结果中我们可以得出，Dum变量系数在各个回归中仍然显著为负，这说明了本书结论的稳健性。

表3.15　公司治理遗漏变量的考虑

变量	全样本		配对样本	
	FE	FD	FE	FD
Dum	-0.212** (-1.98)	-0.112** (-2.01)	-0.356*** (-2.62)	-0.196*** (-2.70)
Double	0.051 (0.82)	0.049 (1.52)	0.225 (1.30)	0.133 (1.42)
Inde_r	0.996** (2.02)	0.340 (1.33)	0.998 (0.87)	-0.184 (-0.31)
Controls	Yes	Yes	Controls	Yes
样本量	15180	12919	2858	2434
Adj_R^2	0.052	0.048	0.040	0.041

注：***、**、*分别表示系数在1%、5%与10%的水平上显著；括号内为t值，且经过行业年度聚类调整。

（2）工具变量分析

尽管我们采用了PSM配对方法尽量地减小遗漏变量问题，但是内生性

第三章 信用评级功能：来自信用评级水平值的分析

仍然有待进一步的考虑。因此，本书借鉴 Xia（2014）的研究设计，选择行业债券发行规模均值（MBond_I）与行业公司平均市值（MLMV）作为相应的工具变量进行回归。表 3.16 给出了工具变量的回归结果，从结果我们可以看出，行业债券发行规模均值（MBond_I）与行业公司平均市值（MLMV）越大，该行业中公司发债的可能性越大。另外，从 Cragg-Donald Wald statistic 与 Hansen J statistic 统计量我们可以得出，本书的工具变量是可行的。最后，Dum 变量的系数仍然负向显著，与主回归结果一致。

表 3.16　　　　　　　　　　内生性考虑的回归结果

变量	工具变量			
	Dum	FE	Dum	FD
MS	0.289*** (2.64)		0.211** (1.98)	
MLMV	0.140*** (5.94)		0.150*** (6.50)	
Dum		-1.563* (-1.88)		-0.565** (-2.02)
Controls	Yes	Yes	Yes	Yes
Cragg-Donald Wald statistic	32.808***		28.996***	
Hansen J statistic	0.957		0.049	
样本量	3537		3074	
Adj_R^2	0.015		0.034	

注：***、**、*分别表示系数在 1%、5% 与 10% 的水平上显著；括号内为 t 值，且经过行业年度聚类调整。

（3）DID 分析

公司获得信用评级可以看成一个连续的 DID 事件，因此本书进一步进行 DID 分析，以保证结论的稳健性。首先，按照连续 DID 方法对公司个体固定效应进行控制，以得到公司是否存在信用评级对分析师预测表现的影响。其次，本书也采用"PSM+DID"方法对上述关系进行进一步的检验。上述检验结果具体见表 3.17。

表 3.17 中第（1）列与第（2）列为控制个体固定效应的回归结果，我们发现 Dum 变量系数仍然显著为负，这说明在一个公司内部，信用评级的发布将会提高分析师预测表现。表 3.17 中第（3）列与第（4）列为

"PSM+DID"的回归结果，我们发现 treat×Dum 变量系数也在10%的水平上显著为负，这个结果说明相对于无信用评级的公司，信用评级的发布将会提高分析师预测表现。上述结论也进一步支持了本书的研究假设。

表 3.17　　　　　　　　　　DID 分析结果

变量	个体固定效应 FE	个体固定效应 FD	PSM+DID FE	PSM+DID FD
Dum	-0.384* (-1.90)	-0.175* (-1.66)		
treat			-0.229 (-1.61)	-0.087 (-1.00)
Dum			0.755* (1.94)	0.379* (1.65)
treat×Dum			-0.703* (-1.86)	-0.348* (-1.83)
Controls	Yes	Yes	Yes	Yes
样本量	3532	3086	6685	5857
Adj_R^2	0.077	0.114	0.080	0.015

注：***、**、*分别表示系数在1%、5%与10%的水平上显著；括号内为 t 值，且经过行业年度聚类调整。当某个企业一旦存在信用评级时，treat 变量定义为1，否则为0。

五　信用评级与分析师预测信息来源

（一）信用评级、公共信息与私有信息

上述研究结论表明信用评级增加了分析师预测的信息总量，然而并没有对分析师预测的信息来源进行区分，为此，本书借鉴 Barron 等（1998）的 BKLS 模型，按照分析师预测信息来源把市场信息分解为公共信息（Public）与私有信息（Private），并以此为因变量进行相应的回归分析，结果如表 3.18 所示。从表 3.18 第（1）列与第（2）列结果我们可以得到 Dum 变量在第（1）列显著为正，而在第（2）列不显著，这个结果表明信用评级能够增大分析师预测的公共信息，但是并不会减少分析师预测的私有信息。

表 3.18　　　　　　　　信用评级、公共信息与私有信息

变量	(1) 公共信息	(2) 私有信息
Dum	0.424** (2.22)	0.003 (0.18)
Controls	Yes	Yes
样本量	2470	2470
Adj_R^2	0.129	0.109

注：***、**、* 分别表示系数在1%、5%与10%的水平上显著；括号内为 t 值，且经过行业年度聚类调整。

(二) 信用评级与分析师调研行为

为了进一步确定信用评级对于分析师预测信息来源的影响，本书将进一步从分析师调研视角进行间接检验，其原因是分析师调研行为也是获得私有信息的一种方式。表 3.19 第 (1) 列与第 (2) 列给出了信用评级与分析师调研的回归结果，结果表明 Dum 变量系数为正，但不显著，这个结果表明企业是否存在信用评级并不影响分析师的调研行为，即信用评级信息披露并不影响分析师所拥有私有信息的优势。基于上述结论，由于信用评级机构与分析师对企业信息的关注点存在显著差异，信用评级增加分析师预测的公共信息，但并不减少分析师预测的私有信息。

表 3.19　　　　　　　　信用评级与分析师调研行为

变量	(1) 分析师调研人数	(2) 分析师调研与否
Dum	0.023 (0.58)	0.030 (0.43)
Controls	Yes	Yes
样本量	16045	16045
Adj_R^2	0.224	0.161

注：***、**、* 分别表示系数在1%、5%与10%的水平上显著；括号内为 t 值，且经过行业年度聚类调整。分析师调研数据来源于 CNRDS 数据库，分析师调研人数变量为一个企业被券商调研次数的对数，分析师调研与否变量定义为当这个企业有券商调研时，则定义为1，否则为0。

六 结论与启示

本书从债券市场与股票市场信息互通角度，以分析师预测表现为研究对象，分析信用评级信息效应的具体表现。研究结论表明，信用评级能显著提高分析师预测精度，降低分析师预测分歧度与乐观偏差，这说明信用评级能够增加分析师预测信息含量，且这种效应在信息不对称高的企业、低能力分析师跟踪企业以及外资参股的评级机构中更加显著，此外，信用评级并没有损害分析师预测的信息质量，通过把分析师预测信息分解为公共信息与私有信息后，直接检验得出信用评级只能增加分析师预测使用的公共信息，而对私有信息没有显著影响，另外本书通过间接检验也发现信用评级并不影响分析师的调研行为，这表明信用评级机构与分析师对企业信息的关注点存在显著差异，从而进一步得出信用评级机构与分析师之间不存在替代关系。

本书研究在理论上和实践上都有一些启示：第一，理论意义主要集中在市场信息环境的研究领域。加强信用评级的监管能够改善市场信息环境与提高分析师预测信息总量，从而对信用评级信息效应的存在性提供了相应证据。第二，对于市场信息中介共存现象也提供了一定的解释。信用评级机构与分析师作为市场中的两个信息中介，由于他们对企业信息的关注点存在一定的差异，所以两者之间并不是替代关系，而是一种互补关系。因此，政府监管部门应该明确与强化这些市场信息中介的职能建设与规范，以此促进信息效率市场的实现。第三，具体到信用评级机构，由于信用评级存在信息效应，所以要求监管部门加强对评级机构评级的监管，从而进一步保证评级信息的功能性。另外，金融监管应该强化对评级机构尽职调研的要求，促使评级机构充分收集企业的私有信息，提高市场信息总量与质量，从而充分实现信用评级的信息中介功能。

第四章　信用评级功能：来自信用评级调整的分析

第一节　信用评级调整有信息含量吗？
——基于中国资本市场的证据

一　引言

2014年3月5日,"11超日债"由于无法按期还息,成为中国第一只违约债券。据笔者统计,截至2016年底,共有100多只中国企业债券发生违约,违约规模超过500亿元。其中,2016年债券违约数量达到80只,违约规模达到400亿元。债券违约事件的增多,已经严重影响了债券市场投资和债券发行。在大量债券违约事件发生后,中国债市的评级制度已经受到了广泛的质疑。

在资本市场中,信用评级机构被作为一种重要的证券监管机构（Coffee,2006）。评级机构对发行人的资产与财务现状进行分析,提供相应的信用意见,以此提高市场的流动性。所以,考虑到金融市场的复杂性与联系性,信用评级公司作为信息中介在市场财务报告信息披露中扮演了重要的、有价值的角色（Beyer等,2010）。总之,信用评级机构在资本市场起到了两个作用:一是他们向市场参与者提供等级信息,起到了信息传递与估值作用;二是促进了金融监管,他们对企业的评级信息能够被相关监管法律所引用,继而对相关企业进行监管（Beaver等,2006）。然而,安然的崩溃和其他一些优良企业违约事件突出了信用风险管理的重要性以及信用评级制度存在的问题。在金融危机的外生冲击下,信用评级已经受到了政治家、监管者和学术界的批判,其原因是信用评级机构在面对市场风险时,没有做出及时的信用评级调整,甚至还给予较高的信用评级来获取较高的收入。具体表现在：

首先，中国债券市场信用评级机构处于多头监管状态，使得监管情况混乱。另外，发债主体对评级机构进行付费，双方存在一定的寻租合谋行为，使得信用评级机构缺乏一定的独立性。张强和张宝（2009）也指出信用评级机构在次贷危机中不但没有起到"社会监管者"的作用，还使金融市场更加动荡。其次，评级虚高的现象一直是中国债券市场的诟病（周宏等，2013）。中国债券信用评级偏高，主要体现在如下两个方面：据彭博数据分析，在中国债券市场中，高信用评级的债券与其他国家高风险的垃圾债券具有相似的企业特征，而且高达57%的AAA级债券可能存在违约风险。另外，违约债券的发行评级都较高。比如，天威债发行时为"AA+级"，中煤华昱债发行时也为"AA+级"。最后，信用评级调整时效存在一定的问题。"15铁物资SCP004"违约前三天，大公国际才将该债券发行主体的信用评级从AA+级下调至AA-级，可见信用评级调整存在严重的滞后性。

相当一部分文献认为中国的信用评级的独立性不高。Bottelier（2003）发现中国上市公司债券从国内评级机构都能获得AAA级的信用评级，所以国内信用评级机构并不是真正独立的，它们的评级在市场上无关紧要。Wilson（2006）认为，由于缺少高质量以及独立的信用评级服务，中国债券市场一直处于停滞阶段。由于中国评级市场的竞争激烈，评级机构通常把赢得业务作为第一要务。即使发行人的基本面较差，评级机构也会给予这些发行主体最高评级。寇宗来等（2015）研究发现中国的信用评级机构并没有获得市场的认可，虚高的评级不会降低企业的发债成本。尽管中国信用评级机构的独立性与客观性正在被质疑，但是惠普评级机构认为如果信用评级来自好的评级机构，那么中国投资者也会关注信用评级（Wilson，2006）。

信用评级是否具有增量价值还处于争论之中。早期的研究认为信用评级只反映公共信息，信用评级的变化并没有反映新的信息，评级对于投资者没有任何增量价值（Kaplan和Urwitz，1979；Wakeman，1984；Finnerty等，2013）。最近的研究表明信用评级的变化对于市场传递了有价值的信息，具体在股票与债券价格方面（Dichev和Piotroski，2001；Norden和Weber，2004；Abad等，2012）。所以，本书的主要研究问题在于结合中国独特的信用评级环境，验证信用评级的信息效应，以此来验证中国信用评级是否有效。本书特别地关注以下问题：①信用评级调整对于股票市场与债券市场的影响；②比较不同类型评级机构的评级调整对于评级机构信息效应的影响。

本书得到如下研究结论，评级存在一定的信息效应，当信用评级上调时，债券累计超额信用利差将减小；当信用评级下调时，债券累计超额信用利差将增大。当主体的信用评级下调时，股票累计超额收益率将减小。另外，本书的研究结论也间接证实了国际评级机构的信用评级的信息含量更高。

本书的研究贡献主要在于以下两点：一是现有最新文献发现信用评级调整的公告效应在发达国家市场存在，而对于发展中国家市场是否存在，存在一定分歧。比如，Finnerty 等（2006）以法国债券市场的信用评级公告为研究对象，发现这个市场并没有对债券评级改变做出反应，同时 Elayan 等（2003）发现信用评级存在一定的信息效应。基于上述结论的分歧，本书从中国债券市场与股票市场角度证实信用评级调整的信息效应，从而进一步丰富了信用评级调整公告效应的文献研究。二是本书较早以股权结构区分信用评级机构异质性为切入点，分析异质性评级机构信用评级调整的信息效应，从而为信用评级改革提供一定的参考建议。

二　文献综述与假设提出

最近一系列文献研究了评级调整的经济后果。比如，Agha 和 Faff（2014）研究发现信用评级的调整对于财务脆弱性的企业资本成本有显著影响。具体地，信用评级的提高显著降低了资本成本，然而评级的降低对于资本成本没有显著影响。相似地，Gul 等（2011）也发现信用评级的提高（下降），将会减小（增加）资本成本。Kisgen（2006）研究了信用评级对于资本结构的影响，发现相对于没有信用评级调整的企业，信用评级的调整使得企业净债务减少。这是因为信用评级的增加使得企业不再使用债务融资，转而使用股权融资。进一步地，Kisgen（2009）认为当企业评级下降时，相对于其他证券发行，企业净债务的发行会减少；而当信用评级提高时，为了避免下一次债务评级的下降，企业并没有增加债务发行。

对于信用评级是否对投资者提供了有价值的信息，目前存在两种不同观点：一种观点是信用评级没有提供有价值的信息。Kaplan 和 Urwitz

(1979)和 Wakeman（1984）认为信用评级仅仅反映了可获得的公共信息，评级对于投资者没有任何增量价值。Kapland 和 Urwitz（1979）通过使用会计相关变量构建信用风险的预测模型，发现这个模型比信用评级更精确。此外，Wakeman（1984）也认为信用评级只起到了外部监督人的作用，信用评级并没有经济功能。

另一种观点是信用评级存在增量信息。相关研究从理论角度分析得出信用评级含有公共领域不可获得的私有信息，证券市场对于这些信息有着显著的反应。Hsueh 和 Kidwell（1988）认为由于信息不对称，债券发行人愿意购买评级机构服务，以此让评级机构把该企业的资产质量传递到市场中去，以便投资者通过信用评级来判断债券的质量。所以信用评级能够降低企业与投资者之间的信息不对称。Danos 等（1984）认为评级机构具有专家判断能力，能够有效地分析出与公司财务状况有关的信息。Cornell 等（1989）认为主体评级的修订可能具有信息内容，因为它们反映了对公司无形资产价值更知情地估计和其他利益相关方对实体的隐含债权。

另外，相关实证文献也从实证角度检验了初始信用评级和信用评级变化对于股票和债券价格的影响（Barron 等，1997；Finnerty 等，2013）。这些研究使用单一回归方程模型或事件研究方法来检验信用评级公告或者评级更改公告对于资产价格的影响。如果信用评级是有效的，资本市场参与者将对评级调整中的新信息做出反应。尽管如此，现有的研究主要集中在信用评级的两个影响上，即认证效应与信息效应。从初始信用评级角度，它们反映了公司的现有财务状况；从评级变动角度，它们作为一个信号反映公司的主要财务状况。Nayar 和 Rozeff（1994）最早证实了初始信用评级的认证效应和评级变化对股票回报的影响。他们进一步发现，当公司获得较高的信用评级时，股票价格往往有着积极的反映；当初始评级较低时，股票市场反应不明显。然而对于信用评级信号效应，Nayar 和 Rozeff（1994）发现信用评级的提高并不会带来股票市场反应异常，而对于信用评级调低，往往会导致负异常股票回报。Goh 和 Ederington（1993）也认为并非所有债券评级下降都会导致负向超额股票回报率。如果降级使得公司财务杠杆的增加，那么实际上降级会使财富从债权人转移到股东。因此，信用评级的下降可能带来股票价格积极的反应。后续 Poon 和 Chan（2008）发现主体的初始评级存在信息效应，即评级越高的公司，股票市场存在正向的超额累计回报。他们通过进一步发现，评级调整也存在不对称效应，当主体信用评级下降时，股票市场存在负向的超额累计回报，而当主体评级调高时，股票市场不存在显著的反应。

上述分析表明信用评级存在一定的信息效应，当信用评级调整时，债券市场有着显著的反应。基于债券发行主体信用评级调整的信息效应，我们认为当信用评级调整时，债券存在超额的累计报酬收益率。基于此，本书提出第一个研究假设：

H1a：信用评级下调时，债券市场存在正向超额累计债券信用利差。

H1b：信用评级上调时，债券市场存在负向超额累计债券信用利差。

在中国债券市场中，评级虚高的现象一直是中国债券市场的诟病（周宏等，2013），市场竞争加剧、付费模式以及监管的要求可能是其中的原因（林晚发等，2017）。所以，发行人与评级机构都有动机进行合谋，前者获得较高的信用评级，后者获得相应的评级费用。相比于上调信用评级，评级机构下调债券评级将显得十分真实与客观。因此，当投资者意识到这一点时，投资者对于评级调整不同方向的反应可能存在不同，即投资者对于债券评级调高的反应要小于对债券评级调低的反应。基于此，本书提出第二个研究假设：

H2：下调债券信用评级的市场反应大于上调债券信用评级的市场反应。

2016年4月，债券集中违约打破了投资者"刚性兑付"的信仰。在此背景下，评级机构的功能受到了投资者的质疑，比如，"15铁物资SCP004"违约前评级调整时效存在严重的问题。在这种质疑下，发改委在2016年开始制定企业债券信用评级机构信用评价标准，对信用评级的虚增和调整时效进行考核。因此在这种考核压力下，评级机构在保证评级客观的前提下，会及时调整主体与债券信用评级。另外，2016年债券集中违约的爆发使得投资者对评级机构的评级有了更深刻的认识。具体地，在2016年之前，由于债券刚性兑付的存在，投资者认为债券都能到期偿还本金与利息，所以投资者对于信用评级下调的反应不太敏感；而在2016年之后，由于刚性兑付的打破，投资者更加关注债券信用评级的下调，这是因为债券信用评级的下调极可能是债券违约的征兆。基于此，本书提出第三个研究假设：

H3a：在 2016 年之前，投资者对信用评级上调的反应更显著。

H3b：在 2016 年之后，投资者对信用评级下调的反应更显著。

债券市场与股票市场应该是互通的（王茵田和文志瑛，2010；史永东等，2013）。一方面，资本市场的互联互通是国家货币政策得以有效实施的基础条件；另一方面，市场之间的互通性，使得跨市场之间套利机会的消失，以实现资源在整个市场范围内的最优配置。市场的连通主要体现在市场之间信息的流动，如果市场之间信息不流通，一个市场的信息领先于另外一个市场的信息，投资者可能会从中获取套利。所以债券市场中的评级信息可以被传递到股票市场时，导致股票收益率发生显著变化。信用评级的上调（下调）分别反映了企业较好（较差）的基本面，从而影响股票收益率。因此，本书提出第四个研究假设：

H4a：信用评级下调时，股票市场存在负向超额累计收益率。

H4b：信用评级上调时，股票市场存在正向超额累计收益率。

三 研究设计

（一）样本选择与数据来源

为了研究信用评级调整在债券市场与股票市场中的信息效应，我们以 2011—2016 年所有信用评级调整的公司债券为研究对象，共收集 128 家上市公司发行的 141 只公司债样本。信用评级调整的公告日则依据上交所和深交所的每日公司公告，债券收益率来自于 Wind 数据，股票收益率来自于 CSMAR 数据，其他财务数据均来自于 Wind 数据库。

本书也对信用评级调整样本分布进行了分析，具体见表 4.1。表 4.1 的 A 部分是评级调整样本的年份分布，我们发现主体信用评级调整主要发生在 2016 年。其原因是 2016 年 2 月至 4 月债券市场的集中违约，信用评级机构受到了广泛的质疑，从而导致信用评级机构对发行主体评级进行了大规模的调整。B 部分是评级调整样本的评级机构分布，主体信用评级调整的评级机构主要有联合信用、鹏元以及中诚信评级机构。C 部分与 D 部分分别是评级调整前后的债券信用评级分布。数据表明相对于调整前，调整后的信用评级更加分散。

表 4.1　　　　　　　　　　　　样本分布

Panel A：评级调整样本年份分布			Panel B：评级调整样本评级机构分布		
年份	个数	百分比	评级机构	个数	百分比
2011	2	1.42	大公国际	8	5.67
2012	4	2.84	东方金诚	7	4.96
2013	11	7.8	联合信用	49	34.75
2014	12	8.51	鹏元	31	21.99
2015	24	17.02	上海新世纪	11	7.8
2016	88	62.41	中诚信	35	24.82
总计	141	100	总计	141	100

Panel C：评级调整前信用评级分布			Panel D：评级调整后信用评级分布		
评级	个数	百分比	评级	个数	百分比
A-	1	0.71	BBB	1	0.71
A+	2	1.42	BBB+	1	0.71
AA-	9	6.38	A	2	1.42
AA	70	49.65	A+	4	2.84
AA+	48	34.04	AA-	17	12.06
AAA	11	7.8	AA	17	12.06
总计	141	100	AA+	61	43.26
			AAA	38	26.95
			总计	141	100

（二）研究方法与模型

1. 事件研究法

本书将采用事件研究法分析信用评级调整的信息效应。为了计算债券与股票市场的异常收益率。对于债券市场，本书采用债券超额信用利差来进行分析。债券信用利差为债券的到期收益率与相同剩余期限国债无风险利益之差。与债券到期收益率相比，信用利差能够反映债券的信用风险。信用利差越高，债券违约风险越大。对于股票市场，本书按照以往研究选择股票回报率进行分析。债券超额信用利差与股票超额股票收益率的计算则是采用市场调整模型，具体的模型如下：

$$R_{it} = \alpha + \beta M_{it} + \varepsilon \tag{4.1}$$

模型（4.1）中的 R_{it} 为股票日回报率或债券日信用利差。M_{it} 为股票的市场回报率或债券的市场平均利差。本书选取（-90，-30）为事件研究法的估计窗口，选取（-5，5）为事件研究法的事件窗口。在事件窗口期，通过回归模型（4.1），使用债券与股票的实际值减去预测值得出每日的异常收益率，计算事件窗口平均和累计超额收益率进行统计检验，以确定信用评级调整事件是否存在信息效应。

2. 回归分析法

为了进一步分析信用评级调整的信息效应。本书构建两个模型来检验假设 H1 与 H2 的正确性。

$$CAC_{it} = \beta_0 + \beta_1 DIFF_{it} + \beta_2 \ln Vol_{it} + \beta_3 LIFF_{it} + \beta_4 Size_{it} + \beta_5 Lev_{it} + \beta_6 Roe_{it} + \beta_7 Cur\_as_{it} + Industry + year + \varepsilon_{it} \quad (4.2)$$

在模型（4.2）中，CAC 为债券事件日窗口的超额累计信用利差，本书的主回归采用 [-3，3] 与 [-1，1] 两个事件窗口。DIFF 为信用评级调整差值，定义为调整后的信用评级与调整前的信用评级的差。按照信用评级高低，BBB 级以下赋值 1，以此类推，AAA 级赋值 10。当 DIFF 大于 0 时，说明信用评级向上调整；当 DIFF 小于 0 时，说明信用评级向下调整。如果 DIFF 变量系数为负，则说明信用评级向下（向上）调整，债券超额累计信用利差将提高（减小），即假设 H1a 与 H1b 成立。模型（4.2）中的控制变量定义见表 4.2。最后，模型中控制了行业与年度虚拟变量。

表 4.2　　　　　　　　　　变量定义

变量名	定义	符号
债券超额利差/累计超额利差	市场调整模型计算得到的残差，见模型（4.2）	AC/CAC
股票超额收益/累计超额收益	市场调整模型计算得到的残差，见模型（4.2）	AR/CAR
债券累计超额绝对值	债券累计超额利差的绝对值	ABS（CAC）
信用评级调整程度	按照信用评级等级，BBB 级以下赋值 1，以此类推，AAA 赋值 10，DIFF 为调整后的信用评级与调整前的信用评级的差值	DIFF
信用评级调整虚拟变量	如果 DIFF 小于 0，则该变量取值 1；而 DIFF 大于 0，则该变量取值 0	Down_dum
债券发行规模	债券发行量的自然对数（亿元）	lnVol
债券期限	债券发行期限（年）	LIFF
企业规模	企业年末总资产的自然对数	Size
杠杆率	企业年末总负债与总资产	Lev

续表

变量名	定义	符号
净资产收益率	企业净利润与净资产的比例	Roe
流动资产比例	企业年末流动资产与总资产的比例	Cur_as
行业虚拟变量	按照证监会 2011 标准进行虚拟变量的设定	Industry
年度虚拟变量	按照年份进行虚拟变量的设定	Year

模型（4.3）是为了检验假设 H2：信用评级调整的非对称效应。与模型（4.2）不同的是，模型（4.3）中的被解释变量为 CAC 的绝对值，解释变量为向下调整的虚拟变量，如果 Down_dum 变量系数为负，则说明信用评级向下调整，投资者反应的程度更加显著，即假设 H2 成立。

$$ABS(CAC)_{it} = \beta_0 + \beta_1 Down\_dum_{it} + \beta_2 LnVol_{it} + \beta_3 LIFF_{it} + \beta_4 Size_{it} +$$
$$\beta_5 Lev_{it} + \beta_6 Roe_{it} + \beta_7 Cur\_as_{it} + Industry + year + \varepsilon_{it} \quad (4.3)$$

四 研究结果与分析

（一）描述性统计分析

表 4.3 给出了本书主要变量的描述性统计分析。结果表明，在事件日前后三天与前后一天的债券超额累计信用利差均值分别为 0.76 与 0.914，这说明事件日周围有着显著的市场反应。信用评级调整程度 DIFF 与调整方向 Down_dum 的均值分别为 0.298 与 0.333，说明样本中信用评级调高样本较多。类似地，在控制变量中，债券的发行规模（LnVol）的均值为 2.360，债券发行期限 LIFF 的均值为 4.420 年，发债企业杠杆率（Lev）的均值为 63.3%，企业总资产对数（Size）的均值为 24，盈利能力 Roe 的均值为 5.020 以及企业流动资产比例 Cur_as 的均值为 0.559，这与林晚发等（2017）的研究结果类似。

表 4.3　　　　　　　　　　变量描述性统计

变量	样本量	均值	中位数	标准差	极大值	极小值
CAC [-1, 1]	141	0.760	-0.168	5.380	35.70	-10.80
CAC [-3, 3]	141	0.914	-0.173	6.980	46.30	-14.10
DIFF	141	0.298	1	1.050	2	-4
Down_dum	141	0.333	0	0.473	1	0
lnVol	102	2.360	2.300	0.838	4.500	-0.223

续表

变量	样本量	均值	中位数	标准差	极大值	极小值
LIFF	102	4.420	5	1.340	8	2
Lev	102	0.633	0.636	0.156	0.928	0.233
Size	102	24	24	1.360	27.10	21
Roe	102	5.020	7.600	20	37.40	-85.90
Cur_as	102	0.559	0.559	0.241	0.935	0.120

(二) 信用评级调整在债券市场中的反应

首先本书以债券市场为研究对象分析信用评级调整的信息效应。表4.4给出了事件研究法的相关结果。在信用评级下调组中,我们发现AC与CAC值都至少在5%的水平上显著为正,这说明信用评级下调公告有着一定的信息效应,使得投资者要求更高的风险溢价,即导致债券超额利差以及累计超额利差的增大,即支持了假设H1a。相似地,在信用评级上调组中,AC与CAC值都至少在1%的水平上显著为负,支持了假设H1b。上述结论说明信用评级调整存在一定的信息效应。

另外,本书也进一步对评级调整的非对称效应进行了检验,结果见表4.4最后一列。我们发现信用评级下调与上调导致债券超额利差绝对值的差异都至少在5%的水平上显著,这一结果证实了假设H2。由于中国债券市场的信用利差评级存在一定的虚高现象,所以市场投资者对于评级上调的反应小于评级下调的反应。

表4.4　　　　　信用评级调整下债券 AC 与 CAC 值检验

时间窗口	信用评级下调组			信用评级上调组			两组差异检验	
	样本量	均值	T统计量	样本量	均值	T统计量	下调AC-上调AC的绝对值	T统计量
-5	47	0.401	2.31**	94	-0.055	-1.28	0.351	2.55**
-4	47	0.486	2.36**	94	-0.063	-1.50*	0.422	2.69***
-3	47	0.411	2.30**	94	-0.088	-1.96**	0.323	2.29**
-2	47	0.391	2.16**	94	-0.081	-1.85*	0.309	2.18**
-1	47	0.399	2.01**	94	-0.088	-1.97**	0.311	2.10**

续表

时间窗口	信用评级下调组			信用评级上调组			两组差异检验	
	样本量	均值	T统计量	样本量	均值	T统计量	下调AC-上调AC的绝对值	T统计量
0	47	0.377	1.99**	94	−0.078	−1.74**	0.298	2.02**
1	47	0.525	2.43***	94	−0.067	−1.48*	0.458	2.77***
2	47	0.602	2.81***	94	−0.082	−1.78**	0.520	3.16***
3	47	0.645	2.93**	94	−0.086	−1.86**	0.558	3.31***
4	47	0.751	3.41***	94	−0.078	−1.66*	0.672	3.96***
5	47	0.851	3.67***	94	−0.078	−1.72**	0.773	4.38***
(−5, 5)	47	7.933	2.76***	94	−1.107	−1.66*	6.826	3.05***
(−3, 3)	47	3.350	2.49***	94	−0.570	−1.85**	2.779	2.67***
(−2, 2)	47	2.294	2.38***	94	−0.396	−1.80**	1.854	2.25**
(−1, 1)	47	1.301	2.22**	94	−0.232	−1.76**	1.068	2.35**
(−1, 0)	47	0.776	2.05**	94	−0.166	−1.86**	0.610	2.06**
(0, 1)	47	0.901	2.26**	94	−0.145	−1.63*	0.757	2.45***

注：***、**、*分别表示统计量在1%、5%与10%的水平上显著。

为了进一步证实假设H1与H2的正确性，本书进一步对模型（4.2）与模型（4.3）进行回归分析，相应的结果见表4.5。在表4.5的评级调整效应结果中，我们发现DIFF变量系数都在1%的水平上显著为负，这说明信用评级下调（上调）将导致债券超额累计利差增大（减小），这个结论支持了假设H1a与H1b。另外，在表4.5的评级调整的非对称效应结果中，我们发现Down_dum变量系数都在5%的水平上显著为正，这说明信用评级下调的市场反应大于信用评级上调的市场反应，这个结论进一步支持了假设H2。

表4.5　　　　信用评级调整与债券CAC的回归结果

变量	评级调整效应		评级调整的非对称效应	
	CAC [−3, 3]	CAC [−1, 1]	CAC [−3, 3]	CAC [−1, 1]
DIFF	−1.845*** (−2.96)	−2.403*** (−2.99)		

续表

变量	评级调整效应		评级调整的非对称效应	
	CAC [-3, 3]	CAC [-1, 1]	CAC [-3, 3]	CAC [-1, 1]
Down_dum			1.816** (2.00)	0.917** (2.05)
LnVol	-0.294 (-0.39)	-0.410 (-0.42)	-0.326 (-0.68)	-0.156 (-0.65)
LIFF	-0.545* (-1.69)	-0.652 (-1.56)	-0.086 (-0.40)	-0.046 (-0.43)
Lev	6.394** (2.19)	8.190** (2.20)	-2.349 (-1.16)	-1.124 (-1.11)
Size	0.422 (0.60)	0.586 (0.65)	0.776* (1.76)	0.376* (1.73)
Roe_w	-0.001 (-0.05)	-0.005 (-0.16)	-0.003 (-0.22)	-0.001 (-0.15)
Cur_as	-1.808 (-0.58)	-2.217 (-0.55)	-4.268** (-2.21)	-2.120** (-2.22)
Constant	-2.396 (-0.18)	-4.178 (-0.24)	-16.215* (-1.86)	-7.946* (-1.86)
行业	控制	控制	控制	控制
年度	控制	控制	控制	控制
样本量	101	102	101	102
Adj_R^2	0.401	0.344	0.401	0.344

注：***、**、*分别表示统计量在1%、5%与10%的水平上显著。另外，样本量较少的原因是剔除了一个公司发行多个债券的样本。

（三）2016年违约潮对于评级调整市场反应的影响

2016年4月，债券市场大规模的违约打破了债券市场"刚性兑付"的信仰。投资者对于信用评级有了进一步的认识，在2016年之前，由于"刚性兑付"存在，投资者不太关注信用评级的下降，而在2016年之后，投资者则密切关注信用评级的下降。表4.6为相应的事件研究法结果，我们发现在2016年之前，信用评级上调的市场反应更显著；而在2016年之后，信用评级下调的市场反应更显著。这个结论支持了假设H3a与H3b，债券的大规模违约改变了投资者对信用评级的关注程度。

表 4.6　2016 年前后信用评级调整效应研究（CAC）

2016 年之前									
	样本量	(-2, 2)	T 检验	(-1, 1)	T 检验	(-1, 0)	T 检验
下降组	29	0.3219	0.27	0.1003	0.14	-0.0233	-0.05
上调组	24	-1.9131***	-4.39	-1.1481***	-4.35	-0.7697***	-4.35
2016 年之后									
	样本量	(-2, 2)	T 检验	(-1, 1)	T 检验	(-1, 0)	T 检验
下降组	18	5.4714***	3.90	3.2363***	3.92	2.0651***	4.00
上调组	70	0.1240	0.55	0.0808	0.60	0.0405	0.44

注：***、**、*分别表示统计量在 1%、5% 与 10% 的水平上显著。

（四）信用评级调整在股票市场中的反应

相关研究认为债券市场与股票市场应该是互通的（王茵田和文志瑛，2010）。债券市场的信息可能被股票市场中的投资者所利用，进而影响股票价格。为了进一步检验信用评级调整的信息效应，本书进一步从股票市场角度进行分析。表 4.7 是信用评级调整下股票 CAR 值检验结果。从结果我们可以看出，在信用评级下调组中，股票累计超额报酬率显著为负，这个结论支持了假设 H4a。在信用评级上调组中，股票累计超额报酬率为负，但是不显著。出现上述结果的原因可能是，中国信用评级存在严重的虚高现象，所以信用评级的下调的确反映了债券更大的违约风险以及企业基本面的恶化，因此会造成股票负向超额累计收益率。然而，上调债券信用评级说明债券违约风险减小（企业的投资风险较低），所以在风险收益观下，股票投资者的剩余价值将降低，以此导致股票收益率降低。另外，由于信用评级存在一定的虚高现象，所以股票投资者认为评级的上调可能不是真实的，因此并不会影响股票投资者的关注，继而不影响股票收益率。综上，债券市场中的信用评级调整信息在股票市场中也存在一定的信息效应。另外，相比于信用评级上调，信用评级下调的信息含量在股票市场中更显著。

表 4.7　　　　　　　　信用评级调整下股票 CAR 值检验

时间窗口	信用评级下调组			信用评级上调组		
	样本量	均值	T 统计量	样本量	均值	T 统计量
(−5, 5)	33	−0.035	−1.73**	43	−0.019	−1.25
(−3, 3)	33	−0.034	−1.81**	43	−0.011	−1.19
(−1, 1)	33	−0.038	−2.19**	43	−0.009	−0.65
(−1, 0)	33	−0.036	−2.13**	43	−0.005	−0.39
(0, 1)	33	−0.038	−2.19**	43	−0.009	−0.65

注：***、**、* 分别表示统计量在 1%、5% 与 10% 的水平上显著。

（五）不同评级机构的信用评级调整市场反应

在交易所公司债市场中，主要的评级机构有 6 家，即中诚信国际信用评级有限责任公司（中诚信）、大公国际资信评估有限公司（大公）、联合资信评估有限公司（联合）、上海新世纪资信评估投资服务有限公司（新世纪）、东方金诚国际信用评估有限公司（东方金诚）和鹏元资信评估有限公司（鹏元）。不同的评级机构在市场中声誉也不一样。一方面，国家发展和改革委员会在 2016 年对债券信用评级机构信用评价进行了打分，中诚信、联合、大公、新世纪、鹏元以及东方金诚的得分分别为 85.69 分、84.16 分、83.9 分、78.88 分、77.98 分与 76.48 分。所以，市场投资者会依据这个结果区分对待信用评级的调整效应。另一方面，评级机构股权性质的差异可能导致评级机构声誉的差异。已有文献认为国际评级机构比国内评级机构更具影响力和更大的声誉（Li 等，2006；Shin 和 Moore，2008），所以国际评级机构的信用评级的信息含量更高。在中国信用评级机构发展历程中，中诚信和联合的子公司分别于 2006 年、2008 年和国际评级公司穆迪、惠誉完成合资，外资占 49% 股份；新世纪于 2009 年与标准普尔签署技术服务协议。其余的评级机构都没有外资参与，属于本土评级机构。因此，依据已有文献结论，中诚信、联合与新世纪给出的评级更加客观，市场反应应该更显著。

基于上述分析，本书按照评级机构的种类进行事件研究法，相应的回归结果见表 4.8 和表 4.9。在表 4.8 中，四个评级机构的信用评级下降都有正的市场反应，但是只有大公与联合的市场反应显著。然而，六个评级机构的信用评级下降都有负的市场反应，但是联合与鹏元的市场反应不显著。上述结论说明，投资者认为联合与鹏元上调评级是不真实的，而中诚信与鹏元下调评级则是不真实的。

表 4.8　　　　　　不同评级机构信用评级的市场反应（CAC）

信用评级下降组

	样本量	(-2, 2)	T检验	(-1, 1)	T检验	(-1, 0)	T检验
大公	4	7.9715*	1.62	4.5588*	1.59	2.4587*	1.42
中诚信	7	0.6556	1.14	0.3568	1.04	0.204	0.93
联合	19	2.5685**	1.99	1.4189	1.70	0.8894*	1.59
鹏元	16	2.1210	1.08	1.2319	1.04	0.7602	0.98

信用评级提高组

	样本量	(-2, 2)	T检验	(-1, 1)	T检验	(-1, 0)	T检验
大公	4	-1.4277*	1.60	-0.8865*	-1.57	-0.6189*	-1.57
东方金诚	7	-1.8014*	1.55	-1.0369*	1.45	-0.5241*	0.95
联合	30	-0.0016	0.01	-0.0077	0.0	-0.0181	0.14
鹏元	15	-0.3900	0.62	-0.2083	-0.5	-0.1416	-0.56
新世纪	10	-2.0330**	-2.69	-1.2154**	-2.67	-0.8295**	-2.74
中诚信	28	-0.6428**	-2.26	-0.3773**	-2.18	-0.2483**	-2.2

注：***、**、*分别表示统计量在1%、5%与10%的水平上显著。在信用评级下降组中，新世纪的债券个数为1，而东方金诚的债券分数为0，所以没有给出相应的检验结果。

表4.9的结果表明在信用评级下调组中，本土与外资参股的评级机构下调评级都将带来正向的累计超额信用利差。而在信用评级上调组中，外资参股评级机构的上调评级将带来负向的累计超额信用利差，本土评级机构的上调评级并不会带来显著的市场效应。另外对两种类型机构市场反应比较发现，投资者对于本土与外资参股评级机构的评级下调市场反应没有显著差异，而投资者对外资参股评级机构的评级上调市场反应大于本土评级机构。上述结论证实了信用评级调整存在一定的信息含量，另外也证实了国际评级机构的信用评级信息含量更高。

表 4.9　　　　不同评级机构股权下信用评级调整效应（CAC）

时间窗口	信用评级下调组						差异检验
	本土			外资参股			
	样本量	均值	T 统计量	样本量	均值	T 统计量	T 统计量
(−2, 2)	20	3.2911	1.76**	27	1.555	1.62*	0.88
(−1, 1)	20	1.8973	1.71*	27	0.8598	1.41*	0.87
(−1, 0)	20	1.0991	1.56*	27	0.5368	1.32*	0.732

时间窗口	信用评级上调组						差异检验
	本土			外资参股			
	样本量	均值	T 统计量	样本量	均值	T 统计量	T 统计量
(−2, 2)	26	0.0403	0.07	68	−0.5629	−2.48**	−1.23*
(−1, 1)	26	0.0226	0.07	68	−0.3306	−2.43***	−1.29*
(−1, 0)	26	−0.0358	−0.16	68	−0.2162	−2.08**	−0.90

注：***、**、*分别表示统计量在1%、5%与10%的水平上显著。

五　结论

随着债券刚性兑付的打破，债券违约大规模出现，信用评级受到越来越多的质疑。由于中国债券信用评级普遍存在虚高现象，所以信用评级是否存在新的信息含量的争论广泛存在。基于此背景，本书从信用评级调整角度检验信用评级的信息效应。我们的结论认为信用评级存在一定的信息效应，当信用评级上调时，债券累计超额信用利差将减小；当信用评级下调时，债券累计超额信用利差将增大，且信用评级上调的市场反应大于信用评级下调。通过进一步分析发现，上述结论在股票市场中也存在。另外，在 2016 年之前，投资者更关注信用评级上调，而在 2016 年之后，投资者更关注信用评级下调。最后，评级机构类型也会影响信用评级调整的市场反应。

本书的研究结论支持了信用评级存在信息效应的结论。但是，我国的信用评级的确存在虚高现象，其原因可能是信用评级机构与企业存在一定的合谋。所以，有待相关部门制定一套规范的企业债券信用方法，避免评级机构对于债券信用评级的"暗箱"操作，使得评级机构给出的信用评级完全处于"阳光"中，从而提高债券信用评级的信誉度。另外，评级机构在市场中存在一定的声誉，投资者对信用评级机构的声誉有着一定反应，所以要求监管部门进一步加强信用评级的声誉建设。

第二节　信用评级调整与企业杠杆：基于融资约束的视角

一　引言

全球的经济和金融危机从直接原因上来说都是债务危机。尽管各国危机的负债主体和形成高负债的根本原因存在差异，但是危机爆发的前兆指标和直接原因中，高负债往往是最明显的特征之一。我国近年来也出现了负债率高的现象，自2014年3月"11超日债"发生违约以来，截至2017年底，中国信用债市场共发生了111只债券违约，涉及违约金额649.85亿元，涉及发行人57家。从历史情况看，债券市场违约集中开始于2016年上半年，打破了市场对债券刚性兑付的观念。另外，由于地方政府之前受2008年国际金融危机影响开始大规模地发行城投债，因此地方政府存在着较高的财政负担和偿债压力（陆正飞等，2015）。面对产能过剩和贸易争端的形势，虽然"去杠杆"必要且紧迫，但不当的"去杠杆"政策同样会带来经济和金融风险。所以如何进行"去杠杆"是政府部门面临的难题。

一个完备的金融市场离不开金融中介的市场监督作用。市场中的信息中介通过对信息进行收集，改善市场信息环境来帮助债务定价和对企业的监督，从而有利于资源的合理配置（林晚发等，2017）。在债务市场中，信用评级机构作为市场中最为重要的中介机构，信用评级决定了债券的发行成功与债券价格（林晚发等，2018），同时信用评级也存在溢出效应，对企业融资约束、股票价格与企业价值等都有显著影响（Faulkender和Petersen，2006）。因此，信用评级备受企业的关注，研究信用评级调整是否影响企业杠杆率将有助于了解信用评级调整的信息效应与功能效应，同时也有助于促进当前"去杠杆化"改革政策落地。

在资本市场中，信用评级被视为是一种重要的债券监管机制（Coffee，2006）。信用评级机构对债券发行人的资产与财务现状进行分析，以其独立性的身份提供相应的信用评级意见。考虑到金融市场的复杂性与关联性，信用评级机构作为市场中介在降低信息不对称方面扮演了重要的、有价值的角色（Beyer等，2010）。其作用主要体现在两个方面：一是他们向市场参与者提供信用等级信息，从而发挥信息传递与估值作用；二是协助金融监管，他们对企业的评级信息能够被相关监管法律所引用，继而触发对相关企业进行监管（Beaver 等，2006）。早期的研究认为信用评级只反映公共信息，信用评级的变化并没有反映新的信息，评级对于投资者没有任何增量价值（Kapland 和 Urwitz，1979；Wakeman，1984）。现阶段，债券违约也引发了投资者与监管者对中国信用评级市场的担忧，2018 年 8 月大公国际因评级失真被证监会禁止从事评级业务一年。在历次金融危机中，评级机构均被指责没有为市场提供及时有效的信息。比如，2008 年美国次贷危机引发了学术界和业界对信用评级有效性的关注（Mathis 等，2009），信用评级被认为是诱发金融危机的一个重要因素（Lewis 等，2010）。寇宗来等（2015）研究也发现中国的信用评级机构并没有获得市场的认可，虚高的评级不会降低企业的发债成本。类似地，林晚发等（2017）从付费模式角度得出发行人付费模式评级的独立性，周宏等（2013）认为信用评级机构的收入主要来自于企业，这将会导致一些代理问题，即企业与评级机构会发生合谋，使其监督功能缺失。然而，最近的研究结论说明信用评级调整向市场传递了有价值的信息，如在股票与债券价格方面（Norden 和 Weber，2004；Dichev 和 Piotroski，2010）。尽管中国信用评级机构的独立性与客观性正在被质疑，但是惠普评级机构认为如果信用评级来自好的评级机构，那么中国投资者也会关注信用评级（Beyer 等，2015）。所以，刘鹏飞和晏艳阳（2016）发现中国债券市场信用评级变化存在一定的信息效应，信用评级调低存在显著的负向效应。

现有国外文献主要从资本结构角度分析了信用评级调整的作用。比如 Kisgen（2006，2009）最早从管理层决策角度分析了信用评级调整对于资本结构的影响，发现当信用评级降低时，管理层会积极主动降低企业杠杆率来恢复之前的信用评级。Graham 和 Harvey（2001）的调查结果表明 CFO 会参考信用评级来指导债务决策。然而，现有文献忽略了信用评级是融资约束的一个替代变量（Faulkender 和 Petersen，2006；Tsoukas 和 Spaliara，2014），这也就是说信用评级降低影响资本结构并不是管理层主动的行为，而是信用评级向外部参与者释放了一个信息信号（外部融资约束的变化）使得企业借贷规模减小，继而导致企业杠杆率降低。基于管理层主动调整抑或外部融资约束变化影响企业杠杆率的两个机制，本书将从中国债券市场分析企业主体评级调整是否能够达到"去杠杆"的效果，以及厘清信用评级调整影响企业杠杆利率的机制，从而证实信用评级调整的信息效应与功能效应。

基于上述分析，本书利用2007—2016年交易所债券数据分析了信用评级调整对于企业资本结构的影响。研究结果表明：第一，企业存在最优的资本结构，且资本结构存在一定的均值恢复现象，这种恢复速度大概为13%。第二，相比于信用评级没有改变的企业，信用评级下降（上升）的企业杠杆率会降低（增大），信用评级下降的企业资本结构调整速度会增大5%。第三，通过进一步的机制检验，本书发现信用评级调整影响资本结构的机制主要是信用评级调整影响了企业的融资约束，而不是管理层为了恢复原先评级而主动改变企业杠杆率。第四，由于评级的变化不是外生的，为了更好地控制内生性，本书使用了工具变量进行回归，发现本书的结论仍然成立。

本书研究贡献在于，第一，Kisgen（2006）最早分析了信用评级调整对于企业资本结构的影响，结论表明高的信用等级能够为公司带来好处。具体地，当主体评级为"+""-"时，公司为了提高评级会降低资本结构。Kisgen（2009）继续分析了信用评级调整对于资本结构的影响，发现当信用评级降低时，企业会降低它的杠杆率。本书在这些文献的基础上，利用中国企业主体评级展望、调高与调低数据，分析信用评级调整对于资本结构的影响，得到的结论丰富了信用评级调整对资本结构的文献研究。

第二，Kisgen（2006，2009）发现，管理层在面对信用评级下降时，通过主动降低杠杆率来恢复之前信用评级，本书的研究发现信用评级调整是通过改变企业融资约束进而影响杠杆率，管理层并不会主动改变杠杆率来恢复评级。因此，本书的研究结论丰富了信用评级作为融资约束变量的文献研究，也进一步丰富了Kisgen（2006，2009）的研究。

第三，在面对"去杠杆"大的背景下，以往研究都从宏观政策、货币政策以及行业政策角度对企业进行去杠杆（陆岷峰和葛和平，2016；杨小静和张英杰，2017）。本书则从市场信息中介机构角度提出了"去杠杆"的新路径，这丰富了以往对于"去杠杆"方式的研究。

二 文献综述与研究假设

（一）信用评级的功能

相比于股票市场，债券市场中债权人与股东之间的信息不对称更为严重，所带来的委托代理问题将会严重损害债权人利益。因此，降低债券市场中的信息不对称以使得债券能够合理定价，这将会保护债权人权益，实现资源合理配置。信用评级对于降低债券市场的信息不对称有着重要的作用，即信用评级能够提高市场信息的透明度。这是因为，一方面信用评级通过对公有信息进行整理，减小了投资者的收集成本，更为重要的是，信用评级分析师通过实地调研，提供了企业的私有信息，并能影响投资者的投资决策以及帮助了解企业的潜在风险，特别是关注企业未来的现金流（Nayar 和 Rozeff，1994；Gray 等，2006）。另外，相关研究也认为正是信用评级降低信息不对称的作用，从而使得市场上的流动性增强（Boot 等，2006；Bosch 和 Steffen，2011）。

基于信用评级的功能，国外学者已经从多个角度分析了信用评级对于公司决策的影响。首先，Graham 和 Harvey（2001）通过调研数据分析发现企业管理层在进行决策时，会参考企业的信用评级，这个结果得到了许多实证文献的支持（Kisgen，2006，2009；Aktas 等，2011），最近的研究也发现信用评级会影响企业的战略决策（Kemper 和 Rao，2013）。除了会对企业决策产生影响外，信用评级也为企业的违约风险提供了最直接和最主要的信息，对股票价格、资本结构、股票分析师行为、现金持有、风险承担和风险传染具有显著影响（Kisgen，2006；Al-Najjar 和 Elgammal，2013）。

（二）信用评级与融资约束

由于评级机构善于获得非公开信息（Yi 和 Mullineaux，2006），信用评级也被认为是公司质量的证明（Megginson 和 Weiss，1991）。评级数字被解释为依靠有价值信息估计出公司价值的证明（Millon 和 Thakor，1985），从而使得市场信息不对称程度降低，信息透明度增大。相似地，Bosch 和 Steffen（2011）认为信用评级机构能够缓解知情与非知情投资者之间的信息不对称。Sufi（2009）也证实信用评级降低了借款人与不知情贷款人之间的信息不对称。在理论研究方面，Boot 等（2006）认为信用评级机构产生信息，并把这些信息加速在市场中传播。一系列研究认为信用评级可以作为企业融资约束的替代变量，信用评级越大，企业的融资约束越小。比如，Whited（1992）与 Kaplan 和 Zingales（1997）认为信用评级是公司以较低债务成本获得债务融资能力的显示变量。Faulkender 和 Petersen（2006）认为信用评级能够减小企业所面临的信贷约束，使高评级公司增加更多的债务。Al-Najjar 和 Elgammal（2013）认为信用评级可以被认为是企业违约风险的可能性，对于企业来说，违约概率越大，借贷将会受到约束。综上所述，信用评级作为企业违约风险的综合考量指标，银行或者信贷部门会以此进行参考，决定它们的信贷规模与信贷成本，实现信用评级作为融资约束指标的功能。

（三）信用评级调整与资本结构

已有文献证明发债主体的信用评级一旦调整，企业会采用相关措施来提高发行主体的后续评级。企业降低杠杆率是一种重要的措施，具体表现为两种：一是降低债务存量；二是定向增发股票。Graham 和 Harvey（2001）对 392 家美国上市公司的融资决策进行了调研，调研结果发现，CFO 的债务融资决策会考虑企业的财务灵活性和信用评级。相似地，Bancel 和 Mittoo（2004）对 16 个欧洲国家 87 家上市公司的财务政策进行了调研，与美国的结果类似，是否选择债务融资主要也受财务灵活性和信用评级的影响。Brounen 和 Koedijk（2006）的研究也进一步支持了 Graham 和 Harvey（2001）的结论。基于上述调研结果，Kisgen（2006，2009）最早使用实证方法检验了信用评级与资本结构之间的关系，并提出了 CR-CS 假设。CR-CS 假设意味着当企业评级带有"+""-"号时，企业会采用相关方法去掉相应的符号，达到更高的评级。也就是说，与不带符号的评级相比，带有符号评级的公司发行的净债务相对于净股本将降低。Kisgen（2009）继续检验了评级变化的后续影响。企业的资本结构决策受到前一年评级变化的不对称影响。一方面，主体评级下降向外部投资者发出了一个负面信号，这使得资本成本上升以及外部融资机会减小。因此，一旦发债主体的信用评级下降后，公司势必会采用相关措施扭转降级的趋势，提高主体的后续评级，以此获得外部融资机会以及更低的利率。同时，Hovakimian 等（2009）分析了信用评级调整对于企业融资偏好的选择，他们发现信用评级调低（提高）时，企业可能会通过回购债券（发行债券）的决策来减少（增加）杠杆，且这些结果在信用评级下降时更加显著。这是因为在声誉机制下，管理层会在信用评级下降时通过相关措施提高后续主体评级，从而使得自己在经理人市场有着良好的声誉。另一方面，被调高评级的公司不一定会在下一年调整其资本结构，因为这种调整是有成本的且不是最优的。与上述研究设计不同，Michelsen 和 Klein（2001）针对美国、欧洲、中东和非洲的样本，使用信用评级展望（而不是带符号的评级或信用评级变化）来评估潜在的后续评级变化对资本结构决策的影响。他们的研究发现无论是正面评级展望还是负面评级展望，与稳定的前景相比，净债务比净股票发行的比率都要低得多。此外，他们还发现这些结果在投资级别组中更为明显。Agha 和 Faff（2011）分析了财务灵活性对信用评级调整与资本结构之间关系的影响。研究发现，信用评级的下降将减小财务灵活的公司净债务的发行，但对财务不灵活的公司影响不显著。然而，Kemper 和 Rao（2013）却发现信用评级调整并不能对资本结构决策起着决定性作用，这是因为两者之间的显著性受到研究样本的影响。

基于上述分析，一方面，在融资约束下，信用评级调整将会改变企业的融资约束，融资约束的改变将会使得企业借贷规模受到影响，因此管理层被迫调整企业的杠杆率，从而实现企业的杠杆率下降，在这种情况下企业杠杆率下降是被迫的；另一方面，信用评级下降会影响企业的融资成本和企业一系列行为决策，继而影响企业价值。相关研究也已经证实了企业杠杆率能够影响企业信用评级，所以，管理层有动机主动减少债务以提高未来的主体信用评级。相反，当信用评级增大时，企业未来的违约风险较低，融资约束较小，企业将面对发行更多债务与评级后续降低的权衡。基于这一逻辑，本书提出以下两个假设：

H1：信用评级下降时，企业将减小杠杆率。

H2：信用评级上升时，企业将增大杠杆率。

（四）评级调整与资本结构调整速度

资本结构的调整速度是衡量一家公司调整当前债务比率的速度。一般情况下，公司存在一定的目标债务比率，一旦企业偏离了公司的目标债务比例，将会导致公司价值的损失，所以企业将会朝着最优比例进行动态调整（Hovakimian 等，2009）。因此，当信用评级被调低时，该公司可能比其他公司更快地调整其当前债务比率，以此最大化公司价值，并在未来提高信用评级。相比之下，一旦公司的信用评级调高，该公司可能不会改变他们的债务结构，他们认为现在的债务结构是最优的，与之相反的是信用评级调高还会使得企业发行更多的债务。后续文献对资本结构的调整速度进行了量化，Flannery 和 Rangan（2006）构建了资本结构的部分调整模型，通过实证检验发现美国公司存在最优的资本结构，企业每年债务调整的速度大概为33%。相似地，Kisgen（2009）按照上述研究方法，估计了类似的调整速度，并且发现降级公司的调整速度明显大于升级或评级不变公司的调整速度。最后，资本结构的调整速度也受到企业业绩的影响，Byoun（2008）发现企业业绩高或低的调整速度分别为33%与20%，此外他还发现信用评级对资本结构的调整速度也有显著影响。

当企业存在最优的资本结构时，信用评级下降将会加速企业资本结构的调整速度，使得未来信用评级提高。相反，当信用评级增大时，说明企业资本结构是较好的，资本结构的调整速度将会减慢。因此，本书也提出以下两个假设：

H3：相对于没有评级变化的资本调整速度，信用评级下降时，企业资本结构调整速度增大。

H4：相对于没有评级变化的资本调整速度，信用评级上升时，企业资本结构调整速度减小。

三　研究设计

（一）研究样本与数据来源

本书研究样本是2007—2016年交易所上市的公司债。该数据来源主要为Wind数据库。数据筛选过程如下：第一，从Wind数据库下载上市公司发债数据，由于一个公司可以发多个债券，所以本书只保留一个发行主体。第二，从CSMAR数据可以下载公司特征数据，并与债券数据进行匹配，剔除样本中数据存在缺失的样本，比如信用评级缺失或者财务数据缺失。第三，剔除金融业、ST公司以及国外上市的样本。第四，由于主体评级下降的样本较少，所以本书以信用评级的预期展望来进行分析。具体地，当信用评级预期展望负面时，那么该信用评级被定义为下降。以评级展望作为信用评级下调存在一定的可行性，因为当评级展望为负面时，企业会采取相应的措施脱离这个观察名单。最后，经过上述处理，本书的研究样本量为1716个。对于财务指标，本书对此进行1%与99%的缩尾处理。

（二）模型设计

本书借鉴Flannery和Rangan（2006）的研究设计，构建两个不同的模型检验信用评级调整对于资本结构的影响。

1. Flannery和Rangan（2006）框架

Flannery和Rangan（2006）提出了局部调整模型，该模型认为公司的最优资本结构（MDR）可以被确定为各种资本结构影响因素的线性组合，即模型（4.4）。

$$MDR_{i,t+1} = \beta X_{i,t} \tag{4.4}$$

MDR 是总债务水平与总资产的比率。X 主要包括账面市值比、折旧、市账比、固定资产比例、预警 Z 指数、研发费用与企业属性。如果企业的杠杆率不是最优值，那么企业将动态调整这个杠杆率，使其接近最优值。模型（4.5）认为由于调整成本的存在，企业会朝着目标值动态地调整杠杆率。

$$MDR_{i,t+1} - MDR_{i,t} = \lambda (MDR^*_{i,t+1} - MDR_{i,t}) + \varepsilon_{i,t+1} \tag{4.5}$$

在模型（4.5）中，MDR^* 是企业的目标杠杆水平，λ 是调整的速度（如果 λ 是 1，则企业立即调整）。通过将模型（4.4）代入模型（4.5）来构建部分调整模型，即模型（4.6）。

$$MDR_{i,t+1} - MDR_{i,t} = \lambda \beta X_{i,t} - \lambda MDR_{i,t} + \varepsilon_{i,t+1} \tag{4.6}$$

本书可以在模型（4.6）中直接加入信用评级调整变量，以此来检验信用评级调整的增量效应，即模型（4.7）。

$$MDR_{i,t+1} - MDR_{i,t} = \lambda \beta X_{i,t} - \lambda MDR_{i,t} + \varphi_1 Downcredit_{i,t} + \varphi_2 Upcredit_{i,t} + \varepsilon_{i,t+1} \tag{4.7}$$

Downcredit 与 Upcredit 是两个虚拟变量，分别表示当主体信用评级的调低与调高时，取值为 1。这里，本书采用信用评级调整滞后一期变量来减小潜在的内生性问题。

模型（4.6）也可以用来分析资本结构的调整速度。因此，本书构建模型（4.8）来检验信用评级调整对于资本结构的调整速度。

$$MDR_{i,t+1} - MDR_{i,t} = (\lambda_0 + \lambda_1 Downcredit_{i,t} + \lambda_2 Upcredit_{i,t})$$
$$(MDR^*_{i,t+1} - MDR_{i,t}) + \varepsilon_{i,t+1} \tag{4.8}$$

2. 杠杆率与主体信用评级

为了研究信用评级调整影响资本结构调整的机制，本书将继续检验杠杆率与信用评级的关系，以此来检验资本结构对于主体信用评级的重要性，即模型（4.9）。这是因为，如果管理层主动调低杠杆率的目的在于提高未来的评级，那么杠杆率必然要与信用评级存在一定的显著关系。

$$Credit_{i,t+1} = \beta_0 + \beta_1 Lev_{i,t} + Control + Ind + Year + \varepsilon_{i,t} \tag{4.9}$$

模型（4.9）中 Credit 为发行主体的信用评级，Lev 为企业的杠杆率水平，控制变量包括盈利能力（Pro）、企业规模（Size）、固定资产比例

(Fix_as)、现金比例（$Cash$）、资本性支出比例（$Capex$）、盈余波动（EV）以及企业所有权性质（SoE）变量。

3. 相关变量定义

表4.10给出了本书的控制变量名称、相关定义以及符号。

表 4.10　　　　　　　　　变量定义

变量名称	变量定义	变量符号
企业资本结构	企业负债与期末总资产的比率	MDR
评级下降	信用评级下降或展期为负面时，该变量为1	Downcredit
评级上调	信用评级增大时，该变量为1	Upcredit
企业性质	当企业为国有企业时，则为1，反之为0	SoE
市账比	市场价值与账面价值比	MB
企业规模	期末资产的对数	Size
预警Z值	按照Altman（1968）计算得到	Z
盈利能力	期初的息税前利润	Pro
固定资产比例	固定资产与总资产的比率	Fix_as
资本性支出比例	资本性支出与总资产的比率	Capex
盈余波动	过去三年盈利（Pro）的标准差	EV
是否R&D投资	存在R&D投资为1，否则为0	R&D_dum
折旧率	折旧与总资产的比率	Depreciation
现金比例	现金与总资产额比率	Cash
行业变量	虚拟变量	Ind
年度变量	虚拟变量	Year

四　实证检验与结果分析

（一）单变量分析

1. 描述性统计分析

表4.11中给出了本书主要变量的描述性统计分析。结果表明，ΔMDR的均值是0.015，这说明发债上市公司的杠杆率水平在不断提高。Downcredit与Upcredit的均值分别为0.050与0.326，这说明在本书的样

本中，有86个评级下调与559个评级上调样本。类似地，在控制变量中，发债企业杠杆率（MDR）的均值为41.6%，企业总资产对数（Size）的均值为23.476，国有企业（SoE）占比59.3%，有研发投资的公司占比18.3%。另外，市账比（MB）的均值为1.190，折旧率（Depreciation）的均值为12.5%，固定资产比例（Fix_as）的均值为26.6%，预警Z指数（Z）的均值为2.730。

表4.11 变量描述性统计分析

变量	样本量	均值	中位数	标准差	极小值	极大值
ΔMDR	1716	0.015	0.018	0.098	−0.473	0.424
Downcredit	1716	0.050	0	0.218	0	1
Upcredit	1716	0.326	0	0.469	0	1
MDR	1716	0.416	0.399	0.213	0.0441	0.836
Size	1716	23.476	23.318	1.317	20.929	27.349
MB	1716	1.190	0.846	1.060	0.152	5.760
Depreciation	1716	0.125	0.093	0.107	0.001	0.501
Fix_as	1716	0.266	0.228	0.202	0.002	0.784
Z	1716	2.730	2.010	2.320	0.293	14.20
R&D_dum	1716	0.183	0	0.387	0	1
SoE	1716	0.593	1	0.491	0	1

2. 变量相关性系数分析

表4.12给出变量的相关性系数。本书发现Downcredit和Upcredit两个变量与ΔMDR变量之间的相关性系数分别为−0.130与0.167，且都在1%的水平上显著。这说明信用评级调低时，企业的杠杆率将减小，而当信用评级调高时，企业的杠杆率将增大。对于其他控制变量，市账比越大、固定资产比例越小以及Z值越大的企业，企业未来的杠杆率将增大。另外，由于控制变量之间的相关系数都小于0.5，这说明模型中的共线性不严重。

表4.12 变量相关系数

	ΔMDR	Downcredit	Upcredit	MDR	MB	Depreciation	Fix_as	Z	R&D_dum	SoE
ΔMDR	1									
Downcredit	-0.130***	1								
Upcredit	0.167***	-0.154***	1							
MDR	-0.238***	0.098***	-0.150***	1						
MB	0.223***	-0.068***	0.132***	-0.305***	1					
Depreciation	-0.036	0.054**	-0.126***	0.122***	-0.166***	1				
Fix_as	-0.050**	0.058**	-0.095***	0.123***	-0.178***	0.739	1			
Z	0.166***	-0.091***	0.119***	-0.246***	0.282***	-0.143***	-0.198***	1		
R&D_dum	-0.002	-0.046**	-0.008	-0.142***	0.155***	-0.170***	-0.179***	0.116***	1	
SoE	0.024	-0.032	-0.101***	0.344***	-0.303***	0.349***	0.271***	-0.251***	-0.114***	1

注：***、**分别表示系数在1%、5%的水平上显著。

(二) 主回归结果分析

表4.13中报告了信用评级调整与企业杠杆率变化之间关系的回归结果,本书首先对模型(4.6)进行回归分析。第(1)列是没有加入信用评级调整变量的回归结果,本书发现MDR变量系数为-0.130,且在1%的水平上显著,这说明企业存在最优的资本结构,且每年按照13.0%的速度向最优资本结构进行调整。第(2)至第(4)列是加入信用评级调整变量的回归结果,其中第(4)列控制了行业年度效应以及MDR变量。本书发现Downcredit与Upcredit变量系数分别为-0.015与0.011,且分别在10%与1%的水平上显著,这个结果表明信用评级每调低(调高)一级,杠杆率将降低(提高)1.5%(1.1%)。所以,假设H1与H2得到了证实。这说明信用评级调整能够影响企业的财务决策,即信用评级调整存在一定的信息含量。

表4.13　　　　　　　信用评级调整与企业资本结构

变量	被解释变量：ΔMDR_{t+1}			
	(1)	(2)	(3)	(4)
Downcredit		-0.021*** (-2.61)	-0.039*** (-4.79)	-0.015* (-1.93)
Upcredit		0.013*** (2.63)	0.026*** (4.57)	0.011*** (2.34)
MDR	-0.130*** (-6.78)		-0.095*** (-5.13)	-0.125*** (-6.06)
MB	-0.003 (-0.58)	0.011*** (3.06)	0.024*** (4.94)	-0.002 (-0.53)
控制变量	控制	控制	不控制	控制
样本量	1716	1716	1716	1716
Adj_R^2	0.440	0.423	0.105	0.443

注：***、**、*分别表示系数在1%、5%与10%的水平上显著。括号内为t值。

为了进一步分析信用评级调整对于资本结构调整速度的影响,本书将继续对模型(4.7)进行回归分析。相应的回归结果见表4.14第(1)、第（2）列，第（2）列在第（1）列的基础上控制了行业年度固定效应。以第（2）列结果为例，本书发现 MDR×Downcredit 与 MDR×Upcredit 系数分别为-0.059 与 0.007，前者变量系数在 5%的水平上显著，而后者变量系数不显著，这说明在信用评级调低时，资本结构的调整速度变为 22.3%（-0.173-0.05），即在原来的基础上增大了 30%；而在信用评级调高时，资本结构的调整速度保持不变，即信用评级调低增大了资本结构的调整速度，而信用评级调高并不改变资本结构的调整速度，这个结论支持了 Kisgen（2009）的研究。所以，假设 H3 得到了证实。

表 4.14　　　　信用评级调整与企业资本结构调整速度

变量	被解释变量：ΔMDR_{t+1}	
	（1）	（2）
Downcredit	0.011 (0.57)	0.008 (0.38)
Upcredit	0.006 (0.50)	0.009 (0.77)
MDR×Downcredit	-0.059** (-2.20)	-0.050* (-1.97)
MDR×Upcredit	0.007 (0.25)	0.002 (0.07)
MDR	-0.120*** (-6.42)	-0.173*** (-6.04)
MB		-0.008 (-1.24)
Depreciation		-0.040 (-0.72)
Fix_as		0.027 (0.98)
Z		-0.001 (-0.62)
R&D_dum		0.006 (0.67)

续表

变量	被解释变量：ΔMDR_{t+1}	
	（1）	（2）
SoE		0.017**
		(2.25)
Constant	-0.155***	-0.154***
	(-8.26)	(-6.36)
Ind#Year	不控制	控制
Observations	1716	1716
Adj_R^2	0.441	0.447

注：***、**、*分别表示系数在1%、5%与10%的水平上显著。括号内为t值。

（三）信用评级调整影响杠杆率变化的机制检验

在理论分析中，存在两个机制可以解释信用评级下降所导致的杠杆率的下降：一是信用评级下降导致融资约束增大，使得企业被迫降低杠杆率；二是信用评级下降导致管理层有动机主动降低杠杆率来提高未来的评级，以此降低企业的融资成本。基于此，本书对上述两个机制进行区分。

1. 基于融资约束机制的分析

为了分析信用评级调整的融资约束假说，本书构建企业融资约束指标，如果发现信用评级调整的效应在融资约束大的组中显著，而在融资约束小的组中不显著，这就说明信用评级约束假说的存在。以往文献已经证实了信用评级可以作为企业融资约束的替代变量（Faulkender和Petersen，2006），本书也选择信用评级变量来度量企业的融资约束进行分析。具体地，按照AA级别作为分组依据进行分组回归，当评级小于或等于AA级时，则定义为融资约束高组；当评级大于AA级时，则定义为融资约束低组。相应的结果见表4.15中第（1）、第（2）列。结果表明在AA级及以下，即当企业融资约束越高时，信用评级一旦下调，企业的杠杆率降低，而当信用评级调高时，企业杠杆率没有发生变化。然而，在AA+级及以上，信用评级调低并不影响企业的杠杆率。上述结论说明，在融资约束高组中，信用评级调低意味着企业从外部借债的可能性极低，继而使得杠杆率较低，而在融资约束低组中，信用评级调低对企业的融资约束影响并不显著。所以，上述结论说明了信用评级调整的融资约束假说。

在转轨经济体制下，无论是来自政府、银行与投资者角度的考虑，国有企业与非国有企业所受到的待遇存在显著差异（饶品贵和姜国华，2013；陆正飞等，2015）。与非国有企业不同，国有企业承担着许多政策性与社会性负担，极力寻求社会福利最大化。所以，对于政府来说，政府会给予这些国有企业相对大的支持，比如财政补贴和税收优惠，以此来保证政治目标的实现。另外，对于国有银行来说，国有银行基于政治、社会稳定或者税收动机的考虑，同样也会给予国有企业特殊对待（Brand 和 Li，2003；邹萍，2018）。因此在中国，民营企业一直存在融资约束的问题。评级机构对发行主体进行评级时往往会关注企业的股权性质，其原因是国有企业存在隐性担保，所以信用评级都较高。据此，笔者对样本数据进行了统计分析，发现国有企业的评级整体在 AAA-级水平，而民营企业的评级介于 AA 级与 AA+级。因此，在 AA 级中，一旦民营企业评级被下调，民营企业的融资约束会更大。基于上述分析，本书按照股权性质把样本分为两组进行相应的回归分析，相应的结果见表 4.15 中第（3）、第（4）列。本书发现民营企业一旦信用评级被下调，它们将会降低杠杆率；而对于国有企业，信用评级下降并不影响企业的杠杆率变化。因此，从股权性质的分组结果也进一步支持了信用评级调整的融资约束假说。

基于上述分析，在融资约束高组中，信用评级调整对于杠杆率的影响更大，这间接证明了信用评级下降的融资约束假说。

表 4.15　　　信用评级调整与企业杠杆率关系的机制分析

变量	(1) AA+级及以上	(2) AA 级及以下	(3) 民营	(4) 国有
Downcredit	-0.006 (-0.50)	-0.019*** (-3.91)	-0.020* (-1.89)	-0.013 (-1.16)
Upcredit	0.014** (2.98)	0.005 (1.14)	0.011 (1.54)	0.006 (1.27)

续表

变量	(1) AA+级及以上	(2) AA级及以下	(3) 民营	(4) 国有
MDR	−0.212*** (−3.55)	−0.225*** (−10.48)	−0.233*** (−8.33)	−0.202*** (−4.18)
MB	−0.002 (−0.11)	−0.008 (−1.63)	0.000 (0.04)	−0.027** (−2.43)
Depreciation	0.037 (0.44)	−0.141*** (−3.31)	−0.171*** (−4.90)	−0.015 (−0.21)
Fix_as	−0.034 (−0.88)	0.081** (2.69)	0.155*** (6.18)	−0.027 (−1.29)
Z	−0.005 (−0.60)	−0.002 (−0.98)	−0.004** (−3.04)	0.002 (0.57)
R&D_dum	0.016 (1.22)	0.005 (0.54)	0.014*** (3.34)	0.003 (0.19)
SoE	0.009 (0.69)	0.018*** (5.45)		
Constant	−0.072* (−2.02)	−0.152*** (−8.50)	−0.028 (−1.24)	−0.094*** (−4.24)
Ind#Year	控制	控制	控制	控制
Observations	586	1130	699	1017
Adj_R^2	0.508	0.462	0.406	0.509

注：***、**、*分别表示系数在1%、5%与10%的水平上显著。括号内为t值。

另外，本书也使用宏观环境变量对企业融资约束大小进行量化。理论上，省份GDP增长率越大、货币政策越宽松，企业融资约束越小，因此在融资约束假说下，信用评级下降并不会改变企业杠杆率；相反在省份GDP增长率较小与货币政策收紧时，信用评级下降将使得企业杠杆率降低。基于此，本书选择省份GDP增长率与货币政策是否宽松对宏观环境进行量化。具体地，以省份GDP增长率的中位数为阈值度量企业融资约束；借鉴苏冬蔚和曾海舰（2011）的做法以及对货币政策梳理，把2014—2016年定义为货币收紧年，其他年份为货币宽松年。通过上述分组进行相应回归，结果见表4.16。本书发现当省份GDP增长率大于中位数时，Downcredit 变量系数不显著，而在省份 GDP 增长率小于中位数组中，Downcredit 变量系数显著为负；相似地，Downcredit 变量系数在货币收紧年显著为负，而在货币宽松年则不显著。上述结论说明在宏观环境较好时，信用评级下调并不影响企业杠杆率的变化，相反当宏观环境较差，企业融资约束较大时，信用评级下调使得企业杠杆率降低。这个结论进一步支持了信用评级调整的融资约束假说。

表 4.16　　　　　　　宏观环境、信用评级调整与杠杆率

变量	被解释变量：ΔMDR_{t+1}			
	GDP 增长率高低分组		货币松紧年份分组	
	GDP 增长率>中位数	GDP 增长率<中位数	货币宽松年	货币收紧年
Downcredit	-0.009 (-0.77)	-0.038*** (-3.50)	-0.015 (-1.17)	-0.019* (-1.84)
Upcredit	0.011* (1.87)	0.014** (2.28)	0.013** (2.41)	0.010 (1.38)
MDR	0.009 (1.47)	0.013** (2.45)	0.007 (1.20)	0.020*** (3.65)
MB	0.007 (0.17)	-0.015 (-0.41)	0.022 (0.68)	-0.035 (-0.64)
Depreciation	-0.028 (-1.19)	0.021 (0.82)	-0.003 (-0.14)	-0.007 (-0.24)
Fix_as	0.000 (0.02)	0.012* (1.67)	-0.002 (-0.24)	0.015** (2.03)
Z	-0.001 (-0.26)	-0.000 (-0.01)	0.001 (0.38)	-0.004* (-1.67)
R&D_dum	-0.001 (-0.18)	0.007 (1.03)	-0.004 (-0.69)	0.012* (1.85)
SoE	-0.009 (-0.77)	-0.038*** (-3.50)	-0.159*** (-4.57)	-0.053 (-1.48)
Constant	-0.168*** (-5.12)	0.059 (1.06)	-0.159*** (-4.57)	-0.067** (-2.32)
Ind#Year	控制	控制	控制	控制

续表

变量	被解释变量：ΔMDR$_{t+1}$			
	GDP 增长率高低分组		货币松紧年份分组	
	GDP 增长率>中位数	GDP 增长率<中位数	货币宽松年	货币收紧年
Observations	992	724	1035	681
Adj_R^2	0.470	0.307	0.477	0.292

注：***、**、*分别表示系数在1%、5%与10%的水平上显著。括号内为 t 值。

基于上述两个融资约束的分组检验，本书发现相比于融资约束低的企业，在融资约束高的企业中，信用评级下降将会显著影响企业杠杆率，这个结论在一定程度上支持了信用评级调整的融资约束假说。

2. 基于管理层主动降低杠杆以恢复评级的机制分析

在理论分析中，面对信用评级的下降，由于信用评级对于监管与融资成本的影响，管理层有动机主动降低杠杆率来恢复之前的评级。然而，这个机制实现的前提有两个假定：一是杠杆率是决定信用评级的重要影响因素；二是在信用评级降低时，调整杠杆率的确能够导致后续评级提高。为此，本书对这两个假定进行分析，以此来判断该机制是否成立。

表 4.17 给出了主体信用评级决定因素的回归结果。借鉴 Benmelech (2017) 的研究，本书选择 Pro、Size、Lev、Cash、Fix_as、Capex、EV 以及 SoE 为解释变量进行回归分析。回归结果如表 4.17 所示。从第（1）列回归结果可以发现，盈利能力越高、杠杆率越低、企业规模越大、盈利波动越小的国有企业主体信用评级越高，所以杠杆率是影响信用评级的一个因素。另外，本书也进一步对各个解释变量的解释力度进行分解，第（2）列为相应的分解结果。本书发现杠杆率的解释作用仅次于企业规模与股权性质。然而，企业对于规模与股权性质的调整难度相当大，另外，如果企业能够自如地提高规模或者从民营企业转变为国有企业，这说明企业资质较好，也不可能被降级。因此，企业在评级调低时，调低企业的杠杆率可能是有作用的。

表 4.17　　　　　　　　企业杠杆率对信用评级的影响

变量	(1) Credit$_{t+1}$	(2) 贡献度
Pro	0.810** (2.03)	0.006
Lev	-1.939*** (-6.86)	0.028
Size	0.705*** (22.90)	0.50
Cash	-0.007 (-0.04)	0.04
Fix_as	0.169 (0.88)	0.011
Capex	-0.016 (-0.05)	0.002
EV	-0.381* (-1.78)	0.005
SoE	0.342*** (5.25)	0.12
Constant	18.339*** (26.40)	
Ind#Year	控制	
Observations	1716	
Adj_R^2	0.617	

注：***、**、*分别表示系数在1%、5%与10%的水平上显著。括号内为 t 值。

本书也对第二个机制成立条件进行了验证，即在信用评级调整时，管理层通过主动调整杠杆率能够使评级机构改变之前的评级，继而实现企业的利益。因此，本书构建了滞后一期信用评级为因变量的模型进行回归，相应的回归结果见表4.18，结果显示 Downcredit×MDR 系数在两个回归中不显著，同时 Upcredit×MDR 系数也不显著，这说明当信用评级调整时，企业对杠杆率的调整对企业后续评级没有影响。所以，当企业面对信用评级调整时，调整杠杆率对于后续评级影响不大。因此，由于这个假说条件的不成立,信用评级调整使得管理层主动降低杠杆的假设不成立。综合融资约束与管理层主动调整的两个实证结果,本书有理由相信信用评级调整主要体现了融资约束假说,继而实现企业降杠杆。

表 4.18　　　　　　　　　　杠杆率调整与企业后续评级

变量	被解释变量:Credit	
	(1)	(2)
Downcredit	-0.869***	-0.872***
	(-6.38)	(-6.72)
Upcredit	0.348***	0.412***
	(3.84)	(4.60)
MDR×Downcredit	-0.449	0.099
	(-0.29)	(0.07)
MDR×Upcredit	-0.754	-0.819
	(-0.82)	(-0.87)
D.MDR	0.705	0.267
	(1.61)	(0.62)
MB		-0.392***
		(-4.30)
Depreciation		0.682
		(1.43)
Fix_as		0.187
		(0.70)
Z		0.064
		(1.48)
R&D_dum		0.246***
		(2.93)
SoE		0.684***
		(9.50)
Ind#Year	不控制	控制
Constant	6.860***	7.212***
	(12.58)	(12.13)
Observations	1710	1710
Adj_R^2	0.255	0.343

注:***、**、*分别表示系数在1%、5%与10%的水平上显著。括号内为t值。

（四）进一步分析

1. 信用评级调整与财务决策

企业降低杠杆存在两种方式，降低债务水平与增加发行权益，杠杆率的降低可能是由于所有者权益增加导致，而并不是降低企业债务水平导致。因此，为了进一步分析信用评级调整对于企业杠杆率的影响。本书构建了债务融资的虚拟变量。借鉴 Kisgen（2009）的研究，以 5% 为阈值，当新增负债率大于（小于）5%时，则为增大（减小）负债融资决策。在构建上述变量的基础上，构建相应的 Logit 模型进行回归，回归结果见表 4.19。发现当信用评级调低时，企业会采用减少负债的方式进行融资，而信用评级调高时，企业会选择增大负债的方式进行融资。所以，上述结果进一步证实了信用评级调整会影响企业杠杆率的结论，而不是通过提高所有者权益降低杠杆率。

表 4.19　　信用评级调整对企业财务决策的影响

变量	减少负债	增大负债
Downcredit	0.969** (2.44)	−0.435* (−1.64)
Upcredit	0.158 (0.45)	0.396** (2.09)
SoE	−0.317 (−1.26)	−0.379** (−2.44)
Lev	0.067 (0.04)	0.278 (0.36)
D.Lev	−0.017 (−0.01)	1.979 (1.51)
Size	−0.039 (−0.17)	0.267** (2.09)
D.Size	−2.155** (−2.07)	2.094*** (3.88)
Ebitda	0.000 (0.21)	−0.000 (−1.01)

续表

变量	减少负债	增大负债
D. Ebitda	-0.000 (-1.17)	-0.000 (-0.32)
MB	0.607* (1.69)	-0.061 (-0.31)
D. MB	-0.586 (-1.33)	-0.002 (-0.01)
Z	-0.263 (-1.40)	0.045 (0.53)
D. Z	0.221 (0.79)	0.067 (0.59)
Credit	0.036 (0.29)	-0.161** (-2.12)
Constant	-0.656 (-0.14)	-6.223** (-2.37)
Ind#Year	控制	控制
Observations	1265	1313
Adj_R^2	0.100	0.114

注：***、**、*分别表示系数在1%、5%与10%的水平上显著。括号内为 t 值。D.变量表示变量的差分项。

2. 内生性考虑

主体信用评级的调整极可能不是外生的，所以本书采用了滞后一期回归进行分析。后续尽管控制了行业—年度的固定效应，也不能完全控制相应的内生性。因此，本书采用工具变量法进行相应的回归分析。首先，本书采用企业平均信用评级（MC）以及地区的 GDP 指数（GDP）作为信用评级的工具变量。表 4.20 给出了相应的工具变量回归结果，第（1）、第（2）列是一阶段的回归结果，本书发现信用评级越高（越低），企业信用评级调增（调低）的概率越大，另外地区 GDP 增长率越大（越小），企业信用评级调增（调低）的概率越大，这说明本书的工具变量有一定的解释力。第（3）列是二阶段的回归结果，结果表明信用评级调低将导致企业杠杆率降低，信用评级调高并不影响企业的杠杆率。所以，总体上，工具变量的回归结果与本书主结论大体一致。

表 4.20　　　　　　　　　　　工具变量回归

变量	(1) Downcredit	(2) Upcredit	(3) ΔMDR_{t+1}
MC	-0.036*** (-5.63)	0.027** (-2.37)	
GDP	-0.008*** (-2.81)	0.022*** (-2.99)	
Downcredit			-0.015* (-1.79)
Upcredit			0.005 (0.07)
控制变量	控制	控制	控制
Constant	1.169*** (3.33)	-2.123*** (-2.55)	0.085*** (-6.61)
Ind#Year	Yes	Yes	Yes
Observations			1657
Pseudo/Adj_R^2			0.269

注：***、**、*分别表示系数在1%、5%与10%的水平上显著。括号内为t值。

五　结论与政策建议

在面对产能过剩、贸易争端的形势下，虽然"去杠杆"必要且紧迫，但不当的"去杠杆"政策同样会带来经济和金融风险。所以如何进行"去杠杆"是政府部门面临的难题。在当前经济环境下信用风险递增，如何发挥资本市场信息中介的作用，实现去杠杆十分重要。信用评级作为资本市场中的一个信息中介，它对于企业行为有着重要影响。然而，随着债券刚性兑付的打破，债券违约大规模出现，信用评级受到越来越多的质疑。由于中国债券信用评级普遍存在虚高现象，所以信用评级是否存在新的信息含量的争论一直存在。以往研究主要从信用评级调整的信息效应进行相关检验，然而从企业财务决策角度的检验文献较少，因此本书从企业资本结构这一视角检验信用评级调整的效应。基于2007—2016年交易所债券数据，本书研究发现企业存在最优的资本结构，且存在一定的均值回复现象，这种回复速度大概为17.3%；相比于信用评级没有改变的企业，信用评级调低的企业杠杆率会下降，资本结构的调整速度会增大5%。另外，本书也发现相比于信用评级没有改变的企业，信用评级下降（上升）的企业杠杆率会降低（增大）。通过进一步的机制检验，本书发现信用评级调整影响资本结构的机制主要是信用评级调整影响了企业的融资约束，而不是管理层为了恢复评级而主动改变企业杠杆率水平。由于评级的变化不是外生的，为了更好地控制内生性，本书采用了工具变量进行回归，发现本书的结论仍然成立。

对于信用评级调整经济效应的了解有着重要的现实意义：一方面，对于信用评级机构来说，信用评级在市场中能够得到相应的认可，可以成为银行或者信贷部门对于企业违约风险参考依据，继而实现信用评级的信息效应与功能效应。另一方面，在"去杠杆"、深化金融体系改革以及提高市场资源配置效率的背景下，市场信息中介在此过程中起到了重要作用，它们通过收集与释放信息调整市场参与者行为进而提高资源配置效率。因此，政府部门应进一步加强信息中介的培育，尤其对信用评级机构的监管，使得信用评级充分反映企业的基本面信息，从而提高市场中的信息透明度，引导投资者行为，降低业绩不佳企业的杠杆率，促进"去杠杆化"改革政策落地。

第五章 信用评级虚高：来自评级付费模式的分析

第一节 "投资者付费"模式对"发行人付费"模式评级的影响：基于中债资信评级的实验证据

一 引言

信用评级机构在资本市场起到了两个作用：一是它们向市场参与者提供等级信息，扮演着一个信息传递与估值的角色；二是为金融监管服务，企业的评级信息能够为相关监管机构所用，继而对相关企业进行监管（Beaver等，2006）。然而，安然的崩溃和近期违约事件凸显了信用评级制度存在的问题。在金融危机以及中国债券市场违约潮的外生冲击下，信用评级机构受到了政治家、监管者和学术界的批判，其原因是信用评级机构在面对市场风险时，没有及时做出信用评级调整，甚至还给予较高的信用评级。

相比于美国债券的信用评级，中国债券信用评级存在严重的偏高（何平和金梦，2010）。据彭博社报道，在中国债券市场中，高信用评级的债券与其他国家高风险的垃圾债券具有相似的特征，甚至高达57%的AAA级债券可能存在违约风险。另外，寇宗来等（2015）认为当前信用评级膨胀严重，高评级未能真正降低企业融资成本。基于此，本书对中国债券信用评级偏高的原因进行了总结：第一，中国公司债券的发行上市对信用评级有一定要求。比如，《深圳证券交易所公司债券上市规则》（2009、2012、2015）都要求公司债的信用评级需达到AA级以上才能公开发行。第二，评级付费模式也可能推高信用评级。发债主体对评级机构进行付费，这种付费制度下的合谋行为导致信用评级机构缺乏一定的独立性。在评级市场竞争压力下，评级机构为了迎合发行人，给予发行人向上扭曲的评级，从而造成了中国债券评级的偏高（周宏等，2013）。相关研究也证实了这一点，Jiang 等（2014）研究认为相比于"投资者付费"模式下的信用评级，"发行人付费"模式下的信用评级较高。Bonsall IV（2014）研究也发现，相比于"投资者付费"模式下的信用评级，"发行人付费"模式下的信用评级更乐观。

中国公司债券市场最早开始于 2007 年。现阶段，国内公司债券市场的信用评级机构主要有中诚信、联合、鹏元、大公和上海新世纪五家。这五家信用评级机构都采用"发行人付费模式"。2010 年 9 月，中债资信评估有限责任公司成立，成为中国首家"投资人付费"模式的信用评级公司。虽然中债资信的评级对象是银行间债券市场发行主体，但是债券市场的信息是可以相互流通的[①]，银行间债券市场发行主体的评级信息会传递到公司债市场。基于上述背景，本书利用中债资信评级公司对银行间债券市场的发行主体进行评级的契机，研究公司债发债主体被中债资信评级后，"发行人付费"评级机构后续主体信用评级的调整情况以及信用评级质量的变化。研究发现，如果公司债发行主体被中债资信评级后，后续"发行人付费"评级机构将降低主体后续信用评级，同时"发行人付费"评级机构后续的主体评级质量有着显著提高。当"发行人付费"模式的评级机构与企业存在严重的利益合谋时，上述调低作用更显著。

本书的研究贡献在于：第一，国外文献关于"投资者付费""发行人付费"两种模式下信用评级准确性与评级质量的结论尚存在分歧，比如，Berwart 等（2019）认为"发行人付费"模式下的信用评级存在虚高现象，然而 Cheng 和 Neamtiu（2009）却发现"发行人付费"模式下的信用评级的及时性更强、精确度更高以及波动更小。基于上述结论的不一致性，本书较早以"投资者付费"模式（中债资信评级机构）为研究对象，检验发行主体被中债资信评级机构评级后，"发行人付费"评级机构给出的后续主体评级是否发生改变，以此丰富评级付费模式的文献研究。第

---

① 对于中国债券市场，债券可以进行跨市场发行；另外，同一个发债主体既可以在银行间发债，也可以在证券交易所发债。所以不同市场的信息是可以相互借鉴的。

二，与国内研究收费模式与评级关系不同的是，本书首次检验了在"投资者付费"模式存在的压力下，"发行人付费"评级机构评级质量是否发生变化，从而为"投资者付费"模式的引入提供一定的经验证据。第三，通过子样本分析，本书发现"投资者付费"模式的作用在"发行人付费"评级机构与企业利益合谋严重的企业中更显著，从而为监管的改革提供了一个方向。

二 文献综述与假设提出

信用评级收费制度最早开始于 20 世纪初。在当时，信用评级机构免费为企业进行评级，但是投资者需要付费购买评级报告。所以，最早的信用评级付费模式为"投资者付费"模式。在此模式下，Hickman（1958）以 1900—1943 年美国债券市场为样本分析信用评级机构的作用。研究表明，由于早期的信用评级机构收入来自投资者，所以评级的可靠性较高。到了 20 世纪 70 年代，有些信用评级机构的付费模式开始向"发行人付费"模式进行转变。比如，穆迪评级机构与标准普尔评级机构分别于 1970 年 10 月和 1974 年 7 月从"投资者付费"模式转变为"发行人付费"模式。在这种转化模式背景下，国外研究开始分析两种模式对于信用评级的影响。Xia 和 Strobl（2012）以伊根—琼斯评级机构（投资者付费）与标准普尔评级机构（发行人付费）为研究对象，分析两种付费模式下信用评级的差异，研究发现两个机构对于同一企业的信用评级存在显著性差异，"发行人付费"模式下的信用评级较高。Xia（2014）进一步又发现，随着伊根—琼斯评级机构（投资者付费）对主体进行评级后，标准普尔评级机构（发行人付费）的评级质量变得更高。类似地，Jiang 等（2014）以标准普尔在 1974 年从"投资者付费"转化为"发行人付费"为背景，研究发现"发行人付费"模式会增大主体的信用评级。同时 Ponce（2012）进一步证实了"发行人付费"模式下的信用评级信息含量比"投资者付费"模式下低，即"投资者付费"模式下的信用评级质量更高。

尽管如此，也存在一些文献认为"发行人付费"模式下的信用评级质量更高。Bonsall IV（2014）研究发现，"发行人付费"模式会使得信用评级能够很好地预测企业未来的盈利情况。这是因为评级公司与发行主体之间存在某种经济联系，能够获得关于企业额外的信息。一系列研究也证实了"发行人付费"模式的信用评级机构能够从发行主体获得私有信息（Griffin 和 Sanvicente，1982），相关调查研究也证实了这一点

(McDaniel, 2009; Walker, 2010)。比如，Walker（2010）认为在"发行人付费"模式下，为了给某些客户提供特权以及公司战略规划，发行人向评级机构提供私有信息。另外，随着评级技术的发展，评级机构需要提供高质量评级来维持它们良好的声誉（高声誉评级机构的评级能够作为认证标志），所以声誉也将对评级机构行为产生重大影响。相关文献也证实了这一点，Chemmanur 和 Fulghieri（1994）认为经济租金与评级机构的声誉高度相关，所以评级机构有很强的动机进行信息采集，获得高质量的评级。Bar-Isaac 和 Shapiro（2013）也发现信用评级机构有动机提高评级的预测性，减小评级错误的产生，以此获得更多的利益。基于上述分析，"发行人付费"模式下的信用评级的评级质量也可能更高，这正如 Cheng 和 Neamtiu（2009）所发现的"发行人付费"模式下的信用评级及时性较强、精确度较高以及波动较小。

国外文献关于"投资者付费""发行人付费"模式下的评级结论还存在一定分歧。然而，国内对于评级付费制度的研究还处于起步阶段。2010 年 9 月，中债资信评级公司的成立，标志着中国信用评级出现了"投资者付费"模式[①]。那么，一旦发行主体被"投资者付费"的评级机构评级后，"发行人付费"模式下的后续信用评级将会发生怎样的变化，这将有待我们去检验。理论上，一方面，"发行人付费"评级机构会学习"投资者付费"评级机构的评级方法，或者模仿"投资者付费"评级机构的程序去更新它们的估值模型。在"学习效应"下，"发行人付费"评级机构对于"投资者付费"评级机构的评级（高评级或低评级）体现出一种对称效应[②]，不存在任何压力。另一方面，"投资者付费"机构的评级

[①] 一方面，"投资者付费""发行人付费"模式下的评级机构的评级标准是相似的。"投资者付费""发行人付费"模式下的评级机构有着相似的评级符号与定义，这些评级机构都把主体评级划分为三等九级，符号表示分别为 AAA、AA、A、BBB、BB、B、CCC、CC、C。除 AAA 级、CCC 级以下等级外，每一个信用等级可用"+""-"符号进行微调，表示略高或略低于本等级。信用评级定义也是相似的，比如：AAA 被认为偿债能力极强，BBB 被认为偿债能力一般。中债资信评级机构，它是由中国银行间市场交易商协会出资成立，负责对银行间债券市场的企业进行评级，这是一个相对中立的评级机构。在银行间市场交易商协会的压力下，"投资者付费"机构也可以深入发行人内部获得私有信息，同时"投资者付费"机构也可以从投资者人群获取企业的私密信息。所以总体上，两种评级机构获取信息的能力是接近的。

[②] 这里的对称效应主要是指中债资信评级机构给予高评级与低评级对于"发行人付费"模式的评级机构的影响是相同的，"发行人付费"模式的评级机构都会学习中债资信评级机构的评级方法进行改进。

会影响"发行人付费"机构的声誉，使得"发行人付费"机构有较强的动机去提高它们的评级质量。在"声誉效应"下，"发行人付费"评级机构对于"投资者付费"评级机构低评级的反应要强于高评级。这是因为如果"投资者付费"机构给予发行人较低的信用评级，而"发行人付费"机构没有给出相应的低评级，这说明"发行人付费"机构未能充分揭示主体的负面信息，即存在评级过高现象，从而导致"发行人付费"机构声誉受到影响，即降低了机构的声誉（Kisgen，2007；Ellul 等，2011）[1]。所以，当"投资者付费"机构给予发行人低评级时，面对这种压力，"发行人付费"的评级机构将更加谨慎，不会盲目给予高的信用评级。基于上述分析，本书提出第一个研究假设：

H1：当发行主体被"投资者付费"机构评级后，"发行人付费"机构将降低发行主体的信用评级。

对于"发行人付费"模式，目前中国已有 7 家信用评级机构具备给发债企业评级的资格，这将造成企业债券评级领域过度竞争。为了迎合发行人获取相应的评级业务，评级机构不得不给出较高的信用等级，因此造成评级质量下降。所以过度竞争降低了评级机构的经济租金，同时也降低了它们给予高质量评级的声誉激励（Klein 和 Leffler，1981），因此它们的评级质量较低。相关研究也证实了这一点，Becker 和 Milbourn（2011）发现惠誉评级机构（发行人付费）给出的主体评级质量与信息含量较低。Bongaerts 等（2012）认为"发行人付费"机构给出的评级只对发行人的状况进行总体描述，而没有提供额外有关信用质量的任何信息。随着"投资者付费"模式的评级机构进入市场，这些评级机构收入来自投资者，他们不与"发行人付费"机构进行直接竞争，所以它们能够提供更及时和更有效的评级，更可能真实披露发行人的真实评级。所以说"投资者付费"模式下的评级信息含量、评级质量较高。Milidonies（2013）发现"投资者付费"模式下的评级调整较快，具有相当丰富的信息含量。Beaver 等（2006）研究发现伊根—琼斯评级公司（投资者付费）

---

[1] 在"发行人付费"模式下的评级机构，它们至少每年会对发债公司跟踪评级，即使降低了发行人的信用评级，评级机构也会把这种降低行为归因为发行人当年基本面的糟糕，并不会损害这些评级机构的声誉。相反，投资者直觉上会比较"投资者付费""发行人付费"两个模式下信用评级的差异，如果差异太大，那么投资者会认为"发行人付费"下的信用评级是虚高的。

的评级信息与评级质量高于穆迪公司（发行人付费）。Cornaggia 和 Cornaggia（2013）分析了上述差异的原因，"发行人付费"机构往往为了迎合发行人，低估发行人的信用风险；然而"投资者付费"机构为了满足投资者的要求，将提供更及时的评级。

基于上述分析，由于评级行业竞争压力的存在，"发行人付费"评级机构为了获得更多的评级业务，它们会迎合发行人的需要，给予低质量、虚高的评级。但是随着"投资者付费"模式的出现，在声誉效应假说下，当发行主体被"投资者付费"机构评级后，"发行人付费"机构不仅会降低主体的信用评级，并且会提高主体信用评级的评级质量，以此来提高自身的声誉效应，获得更高的经济租金。所以，本书提出第二个研究假设：

H2：当发行主体被"投资者付费"机构评级后，"发行人付费"机构评级的评级质量显著上升。

三 研究设计

（一）数据来源与样本选择

为了研究评级付费制度对于发债公司主体信用评级以及评级信息含量的影响，本书采用2008—2014年上市公司发债数据为研究样本。在本书中，上市公司财务数据与公司债券的特征数据都来自于Wind数据库。评级相关数据则是笔者对Wind数据库中的评级资料进行手工整理获得。本书删除了可转债、金融公司发债以及城投债等样本，经过整理、删除缺失值与重复值后，得到本书的研究样本数为1179个。相应的财务数据等连续变量进行1%的缩尾处理。

（二）研究模型与变量定义

$$\begin{aligned}Credit_{it+1} =& \beta_0 + \beta_1 Paystake_{it} + \beta_2 Size_{it} + \beta_3 Leverage_{it} + \beta_4 Cur\_ass_{it} + \\& \beta_5 Eps_{it} + \beta_6 Roe_{it} + \beta_7 SoE_{it} + \beta_8 Growth_{it} + \beta_9 Ebit_{it} + \\& Option + Industry + Year + \varepsilon\end{aligned} \quad (5.1)$$

模型（5.1）为本书的主要回归模型，具体的变量如下所示：

因变量：模型（5.1）的因变量为发行债券主体的信用评级。定义当主体的信用评级为BBB-、BBB、BBB+、A-、A、A+、AA-、AA、AA+、AAA-、AAA时，相应的 Credit 值分别为1、2、…、11。

主要自变量：

Paystake，发债主体在一年中受到中债资信评级公司评级的次数。该次数反映了"发行人付费"的评级机构受到"投资者付费"模式的影响程度。即 *Paystake* 越大，受到"投资者付费"模式的压力也越大。

控制变量：

表 5.1 给出了本书相关控制变量的定义、符号与预期符号。表 5.1 中列示了本书主回归中将会使用的控制变量，这些变量可以分为两大类：第一类变量为发债企业特征变量，包括企业盈利能力、规模、杠杆率、流动资产比例、每股盈利、营业收入增长率、利息保障倍数、企业性质；第二类为相应的虚拟变量，包括审计意见、行业与年度变量。

根据以往的研究结论，借鉴林晚发等（2013）、钟辉勇等（2016）的研究，本书对上述变量的符号进行分析，具体见表 5.1 的最后一列。

表 5.1　　　　　　　　　　控制变量列示

变量名称	定义	符号	预期符号
发债企业特征变量			
企业盈利能力	净利润与股东权益的比率	Roe	+
企业规模	企业期末总资产的对数	Size	−
企业杠杆率	企业负债与期末总资产的比率	Leverage	−
流动资产比例	现金与期末资产的比率	Cur_asset	+
每股盈利	净利润与流通股股数的比率	Eps	+
营业收入增长率	（营业收入−上期营业收入）/上期营业收入	Growth	+
企业性质	当企业为国有企业时，则为 1，反之为 0	SoE	+
利息保障倍数	息税前利润与利息费用的比率	Ebit	+
虚拟变量			
审计意见	虚拟变量	Option	
行业变量	虚拟变量	Industry	
年度变量	虚拟变量	Year	

四　实证分析

（一）单变量分析

1. 样本描述统计分析

表 5.2 中提供了各主要变量的描述性统计结果。发债主体的信用评级（Credit）的均值为 8.82，说明大部分发债主体信用评级较高，且主要集中在 AA 级与 AA+级。相较于美国公司债券，中国公司债券的信用评级存

在偏高的现象。主要自变量中债资信评级公司对于发债主体的评级次数（Paystake）的均值为0.182，这说明中债资信评级公司对发债公司的评级次数较低。在本书所使用的控制变量中，发债企业规模（Size）的均值为14.8，企业杠杆率（Lev）的均值为58.8%，企业绩效（Roe）的均值为8.08%，企业流动资产比例（Cur_asset）的均值为5%，企业营业收入增长率比例（Growth）的均值为12.2%，企业每股收益（Eps）的均值为0.386，国有企业（SoE）占比67.7%，利息保障倍数（Ebit）的均值为9.19。控制变量结果与以往林晚发等（2013）文献相似。

表5.2　　　　　　　　主要变量的描述性统计分析

变量	样本量	均值	中位数	标准差	极小值	极大值
Credit	1179	8.82	8	1.5	5	11
Paystake	1179	0.182	0	0.532	0	4
SoE	1179	0.677	1	0.468	0	1
Eps	1179	0.386	0.31	0.412	−0.675	2.27
Roe（%）	1179	8.08	8.3	8.11	−24.7	46.8
Growth（%）	1179	12.2	8.32	25.9	−53.2	166
Cur_asset	1179	0.05	0.047	0.062	−0.216	0.236
Lev（%）	1179	58.8	59.4	14.6	9.56	89.5
Size	1179	14.8	14.5	1.69	11.6	18.9
Ebit	1179	9.19	3.11	26.9	−4.27	257

2. 不同模式下，信用评级差异性比较

国外一系列文献已经证实了在"发行人付费"模式下，评级机构容易给出乐观的评级，即较高的信用评级（Bonsall IV, 2014; Xia, 2014）。所以，本书以国内债券市场数据做了一个简单的单变量统计分析，表5.3为相应的统计结果。我们发现，"投资者付费"模式下的信用评级无论是均值还是中位数都显著小于"发行人付费"模式。这个结论对本书有两个意义：一是支持了国外文献关于"发行人付费"模式评级高的结论；二是对本书的研究假设提供了数据支持。本书认为"投资者付费"对"发行人付费"评级机构有着一定的压力，这种压力来自于中债资信给出低评级。根据描述性统计，中债资信给出的评级较低。

表 5.3　　　　　　　　不同模式下信用评级统计分析

付费模式	样本量	均值	T 检验	中位数	秩和检验
发行人付费	6028	8.914	14.421***	9	12.407***
投资者付费	486	7.823		8	

注：***、**、*分别表示系数在1%、5%与10%的水平上显著。

（二）多元回归分析

1. "投资者付费"模式与发债主体信用评级

为了分析"投资者付费"对"发行人付费"主体评级的影响，本书在控制企业层面以及年份、行业因素基础上，对模型（5.1）进行回归。表5.4中的第（1）、第（2）列报告了因变量为主体信用评级与评级波动的回归结果，在因变量为主体信用评级（Credit）的第（1）列回归结果中，Paystake变量系数在5%的水平上显著为负，这说明当发债主体受到中债资信评级次数越多时（压力较大时），来自投资者监管越强，"发行人付费"的评级机构为了减小自身的声誉损失，会及时降低发债主体的信用评级。在因变量为主体信用评级波动［发债主体前二年、前一年与当年评级的标准差（Credit_sd）］的第（2）列回归结果中，Paystake变量系数在1%的水平上显著为正，这说明当存在中债资信评级时，"发行人付费"评级机构对于主体评级的调整较大，以致评级波动较大，进一步证实了"投资者付费"模式对于"发行人付费"评级机构的影响。上述结论证实了假设H1的成立，即当发行主体被"投资者付费"机构评级后，在此压力下，"发行人付费"评级机构将显著降低发债主体的信用评级。另外，在企业控制变量层面，当企业的规模越大，杠杆率越小时，发行主体的信用评级越大。

表 5.4　　　　　投资者付费模式与主体信用评级的关系

变量	(1) F. Credit	(2) Credit_sd
Paystake	−0.011** (−2.03)	0.073*** (3.19)
SoE	0.037*** (5.06)	−0.006 (−0.21)

续表

变量	(1) F. Credit	(2) Credit_sd
Eps	-0.016 (-1.34)	0.003 (0.06)
Roe	0.001 (0.90)	0.002 (1.02)
Growth	-0.000*** (-3.67)	-0.001 (-1.62)
Cur_asset	-0.166*** (-2.85)	-0.508** (-2.44)
Lev	-0.002*** (-9.72)	0.002** (2.19)
Size	0.081*** (27.62)	-0.011 (-1.23)
Ebit	-0.000 (-0.12)	-0.001** (-2.26)
Constant		0.218 (1.38)
Option	Yes	Yes
Industry	Yes	Yes
Year	Yes	Yes
样本量	1177	809
Adj/Pseudo_R^2	0.493	0.112

注：***、**、*分别表示系数在1%、5%与10%的水平上显著。第(1)、第(2)列括号内为系数的z值与t值，来源于怀特异方差调整。

2. "投资者付费"模式与后续主体评级的评级质量

为了进一步检验发债主体被中债资信评级后，"发行人付费"评级机构给出的评级质量是否发生改变。本部分以企业未来两期的业绩（Roe）以及投资者所要求的风险溢价（CS）为因变量[①]，以Paystake×Credit交叉

---

① Bonsall Ⅳ (2014) 认为假如评级是有质量的，那么评级将会含有较高的信息，评级也将会更好地预测企业未来业绩。信用利差（CS）被用来衡量投资者要求的违约风险溢价，如果评级含有丰富的信息，那么知情交易将会减少，企业与投资者之间的信息不对称降低，投资者将会要求较低的CS (Kim 和 Verrecchia, 1991)。

项为自变量进行回归。如果交叉项系数显著,则说明在被"投资者付费"模式评级后,主体信用评级的评级质量发生改变。通过表 5.5 的回归结果,我们发现,在第(1)列以 CS 为因变量的回归中,Paystake×Credit 系数在 10% 的水平上显著为负,这说明一旦发债主体被中债资信评级,投资者认为"发行人付费"评级机构给出的信用评级更能预测企业未来的违约风险。类似地,在第(2)列以 Roe 为因变量的回归中,Paystake×Credit 系数在 1% 的水平上显著为正,这说明一旦发债主体被中债资信评级,投资者认为"发行人付费"评级机构给出的信用评级更能预测企业未来的业绩。上述两个结论都说明当在"投资者付费"模式的压力下,"发行人付费"模式下的信用评级的质量更高,即证实了假设 H2 的正确性。

表 5.5　　投资者付费模式与信用评级质量

变量	(1) F2. CS	(2) F2. Roe
Paystake	2.461* (1.87)	−39.292*** (−2.81)
Credit	−0.098 (−0.91)	0.062 (0.13)
Paystake×Credit	−0.328* (−1.91)	4.978*** (2.95)
SoE	−0.449*** (−2.81)	−4.549*** (−4.68)
Lev	0.018** (2.38)	−0.068* (−1.88)
Size	−0.167 (−1.31)	0.407 (0.75)
Ebit	−0.002 (−1.64)	0.005 (0.58)
Eps		7.976*** (5.76)
Growth		−0.005 (−0.48)

续表

变量	(1) F2. CS	(2) F2. Roe
Cur_asset		6.381 (0.85)
Z	−0.078* (−1.71)	
Matunie	−0.023 (−0.39)	
QX	−0.008 (−0.14)	
Lnvol	−0.084 (−0.44)	
Danbao	0.028 (0.19)	
Constant	7.492*** (4.91)	16.859*** (3.14)
Option	Yes	Yes
Industry	Yes	Yes
Year	Yes	Yes
样本量	321	468
Adj_R^2	0.520	0.396

注：***、**、*分别表示系数在1%、5%与10%的水平上显著。括号内为系数的 z 值，来源于怀特异方差调整。在以 CS 为因变量的回归模型中，加入了预警指数 Z、债券的剩余期限 Matunie、债券发行期限 QX、债券发行规模 Lnvol，以及债券是否存在担保条款 Danbao。

3. 不同企业特征下，"投资者付费"模式与发债主体信用评级关系

2010年以前，由于不存在"投资者付费"模式，"发行人付费"的评级机构给出的评级受到外在监管较小，评级机构为了获得较多的业务，给予企业较高的信用评级，然而2010年以后，"投资者付费"模式的评级机构进入市场，投资者会参考"投资者付费"评级机构的评级，来辨别"发行人付费"评级的精确度与可信度，以此来评价这些机构的声誉。所以，一旦发行主体被"投资者付费"评级机构评级（一般评级较低），

那么"投资者付费"评级的影响作用在与企业存在利益合谋严重的评级机构中更加显著（Jiang 等，2014）。为了检验这个推论，我们使用两个变量来衡量利益合谋的大小。

第一个变量主要基于债券发行主体往往花费较多的费用来获得较高的信用评级，以此降低自身的融资成本。所以我们使用评级费用来衡量评级机构与企业之间的利益合谋。穆迪等其他评级机构往往按照发行的规模来计算发行费用（Smith 和 Walter，2002）。在中国债券市场中，发行费用没有明确给出，但是可以按照发行费率与发行规模的乘积（Fee）进行简单的替代。因此，本书构建 Paystake×Fee 变量，如果该变量系数显著为负，则说明"投资者付费"模式更能降低与企业存在利益合谋的评级机构评级。

第二个变量为发行人的违约风险。由于"发行人付费"模式的存在，作为发行人的企业有着很高的谈判能力。当发行人违约风险较高时，企业往往通过这种谈判能力，迫使评级机构给予该企业向上扭曲的评级。然而，这些发行主体一旦被"投资者付费"评级机构评级，那么在"投资者付费"模式压力下，"发行人付费"评级机构将下调这些发行人的信用评级。所以"投资者付费"模式的压力作用在发行人风险较高的企业中更显著。基于上述分析，我们选择企业的预警 Z 指数来作为发行人风险的替代变量[①]。预警 Z 指数能够对企业的违约概率进行预测，也是评级机构参照的指标之一。Z 指数越大，说明企业违约可能越小。所以本书构建 Paystake×（1/Z）变量进行分析。如果该变量系数显著为负，则说明"投资者付费"模式更能降低高风险企业的评级。

表 5.6 给出了相应的回归结果，我们发现，Paystake×Fee 系数在 1% 的水平上显著为负，Paystake×（1/Z）系数也在 5% 的水平上显著为负，与我们的预期一致。这说明"投资者付费"模式能够显著降低与"发行人付费"评级机构存在利益合谋严重的企业主体信用评级。

[①] Altman（1968）利用企业相关指标构建了一个 Z 值计算公式来衡量企业的破产风险，一般情况下，Z 值越小，企业发行破产风险的概率越大。计算公式为：$Z = 0.065 \times X_1 + 0.0326 \times X_2 + 0.01 \times X_3 + 0.0672 \times X_4$，其中：X1 =（营运资金÷资产总额）×100；X2 =（留存收益÷资产总额）×100；X3 =（息税前利润÷资产总额）×100；X4 =（企业账面价值/负债账面价值）×100。

表 5.6　　　　子样本下，投资者付费评级与主体信用评级的关系

变量	(1) F. Credit	(2) F. Credit
Paystake	0.002 (0.29)	0.004 (0.56)
SoE	0.038*** (5.28)	0.040*** (5.48)
Fee	−0.000 (−0.40)	
Paystake×Fee	−0.000*** (−4.62)	
1/Z		−0.003* (−1.71)
Paystake×(1/Z)		−0.008** (−2.18)
Eps	−0.019 (−1.58)	−0.015 (−1.22)
Roe	0.001 (1.15)	0.001 (0.96)
Growth	−0.000*** (−3.73)	−0.000*** (−3.62)
Cur_asset	−0.180*** (−3.04)	−0.176*** (−2.96)
Lev	−0.002*** (−9.84)	−0.002*** (−7.64)
Size	0.082*** (26.81)	0.081*** (27.75)
Ebit	0.000 (0.77)	0.000 (0.60)
Option	Yes	Yes
Industry	Yes	Yes
Year	Yes	Yes
样本量	1129	1129
Pseudo_R^2	0.495	0.502

注：***、**、*分别表示系数在1%、5%与10%的水平上显著，括号内为系数的z值，来源于怀特异方差调整。

4. 稳健性检验

为了进一步证实本书结论的稳健性，本书采用 PSM 匹配方法①，按照同年度、同行业、同规模、同杠杆率、同业绩的原则进行配对，之后采用模型（5.1）进行回归。另外，本书也构建了相应的 DID 模型检验"投资者付费"模式进入市场后，"发行人付费"模式评级机构评级的变化。由于"投资者付费"开始于 2010 年，中债资信评级机构并不是对银行间债券市场所有公司进行评级。为了研究需要，本书首先对 Post 定义如下：公司被中债资信评级后的年份，则 Post=1，反之 Post=0；其次利用上面的 PSM 方法寻找匹配样本，构建相应的 DID 模型。上述稳健性检验结果见表 5.7。

表 5.7 的第（1）列是匹配样本的回归结果，由于 Paystake 变量系数显著为负，这个符号与主结果一致。第（2）列是 DID 回归结果，由于 Treat×Post 变量系数显著为负，说明相比没有被中债资信评级的公司，被中债资信评级过的公司后续的评级会存在显著的下降。所以上述结论都证实了本书研究结论的稳健性。

表 5.7　　稳健性检验回归结果

变量	（1）F. Credit	（2）F. Credit
Paystake	-0.014*** (-2.59)	
Treat		0.042 (1.53)
Post		0.145*** (4.36)
Treat×Post		-0.060** (-2.17)
SoE	0.059*** (5.69)	0.061*** (6.01)

---

① 这里有一个假定：只要被"投资者付费"评级机构评级过的公司，后续一直存在"投资者付费"的影响。

续表

变量	(1) F. Credit	(2) F. Credit
Eps	−0.015 (−1.04)	−0.037** (−2.48)
Roe	0.001 (0.61)	0.001 (1.35)
Growth	−0.001*** (−3.38)	−0.001*** (−2.95)
Cur_asset	−0.258*** (−3.15)	−0.264*** (−3.28)
Lev	−0.002*** (−8.02)	−0.003*** (−9.25)
Size	0.077*** (19.17)	0.082*** (21.53)
Ebit	0.000 (0.07)	0.000 (0.46)
Option	Yes	Yes
Industry	Yes	Yes
Year	Yes	Yes
样本量	858	858
Pseudo_R^2	0.511	0.541

注：***、**、*分别表示系数在1%、5%与10%的水平上显著，括号内为系数的 z 值，来源于怀特异方差调整。

五 结论

在中国债券市场中，信用评级一直存在偏高现象，国外有研究表明，评级付费模式可能是导致信用评级偏高的一个原因。鉴于国内此领域研究的空白，以及结合中国债券市场背景（2010年"投资者付费"模式进入市场），分析在"投资者付费"模式出现后，"发行人付费"的评级机构对发债主体后续信用评级的调整情况，以及信用评级质量的变化。本书的研究结论如下：第一，"发行人付费"模式下的主体信用评级偏高。第二，在"投资者付费"模式压力下，"发行人付费"模式的评级机构会调低发行主体的信用评级，从而导致后续评级波动增大。第三，在"投资者付费"模式压力下,"发行人付费"的评级机构后续调整的评级质量更高。第四,在与企业存在利益合谋严重时,"发行人付费"模式的评级机构的调低作用更显著。第五,在进行配对与 DID 实验后,上述结论仍然成立。

综上所述,"发行人付费"模式的确推高了发行主体的信用评级,但是在"投资者付费"模式的声誉压力下,"发行人付费"评级机构会及时调低主体信用评级。所以,在目前"发行人付费"模式下,引入其他模式的评级机构,可以提高评级质量,更有利于实现信用评级机构"看门人"的角色。

第二节 金融中介机构竞争的市场反应：来自信用评级机构的证据

一 引言

信用评级机构的权威性是债券市场正常发展的重要基础,也是投资者识别和规避风险以及实施与其风险偏好相匹配投资组合的必要条件(吴晓求等,2018)。从 20 世纪 80 年代开始,按照党中央和国务院决策部署,在人民银行、证监会和发改委等监管部门的共同推动下,国内信用评级行业迅速发展起来,有力促进了债券市场发展,国内债券市场也发展成为全球第二大债券市场。在新发展阶段,为进一步促进债券市场信用评级行业的规范发展,提升我国信用评级质量和竞争力,推动信用评级行业更好地服务于债券市场健康发展的大局,监管部门在 2021 年 8 月发布《关于促进债券市场信用评级行业健康发展的通知》,通知在提升信用评级机构的评级质量和区分度、坚守评级独立性、强化市场约束机制、优化评级生态、严格对信用评级机构监督管理等方面都提出了更为明确的要求。国内债券市场从 2014 年"超日债"作为首只违约的公募债以来,违约债券的规模和数量都逐年递增。截至 2019 年底,已有 540 只债券发生违约,涉及金额超过 4260 亿元。在债券违约剧增的背景下,国内信用评级机构的评级结果仍然调整缓慢,不能对企业违约风险的变化做出非常及时的应对,甚至还存在给予较高信用评级误导市场投资者决策的现象①，这加剧了市场参与者对信用评级机构独立性的质疑。意识到上述问题尤其是评级机构与被评级对象利益冲突问题的严重性，银行间市场交易商协会代表全体会员出资设立了国内首家"投资者付费"模式的评级机构，其作为人民银行探索评级行业业务模式创新的试点单位，为投资者提供债券再评级、双评级等服务。国务院办公厅在2020年3月《关于贯彻实施修订后的证券法有关工作的通知》中，明确提到在全面推行注册制改革之后，需要"压实中介机构责任"，进一步提高信用评级的质量。中共中央和国务院在2020年4月《关于构建更加完善的要素市场化配置体制机制的意见》中也提到要"加强债券市场评级机构统一准入管理，规范信用评级行业发展"。而如何进一步提高国内信用评级机构评级结果的独立性和真实性，并同时提高评级质量和评级机构的国际认可度，也就成为维护国内债券市场健康良好发展亟须解决的问题②。

　　截至2017年底，国内债券市场共有6家"发行人付费"的评级机构，评级机构之间为了获得更多的评级业务进行着激烈的竞争③。自2017年以来，人民银行与证监会等多个部门也逐步推进信用评级行业的对外开放，允许境外评级机构申请开展境内相关评级业务④。这也意味着，随着未来外资评级机构的全方位进入国内市场，国内评级行业的竞争将会更加激烈，这会对国内评级行业带来什么样的影响是一个需要研究的重要问题。

---

　　① 一个有代表性的案例是在2020年4月14日，由于债务偿还困难，海航集团在"13海航债"到期的前夜仓促召集债券持有人开会，要求投资者在极短时间内表决该期债券本息延期一年的议案。然而，向其提供信用评级的上海新世纪资信评估投资服务有限公司在4月15日仍对海航集团的主体信用评级及债项评级维持在最高信用等级的AAA级。具体可见媒体报道：https://finance.sina.com.cn/stock/s/2020-04-16/doc-iirczymi6720514.shtml。

　　② 2021年8月6日，央行等五部委联合发布《促进债券信用评级行业健康发展的通知》，规范信用评级行业发展，提升信用评级质量，其中鼓励信用评级机构开展主动评级、投资者付费评级并披露评级结果，发挥双评级、多评级以及不同模式评级的交叉验证作用。

　　③ 截至2021年7月，国内债券市场共有14家获得监管部门评级资质认证的评级机构，包括投资者付费评级机构（4家）与发行人付费评级机构（10家），其中发行人付费评级机构中有2家外资评级机构。

　　④ 2020年1月，中美两国签订的《中华人民共和国政府和美利坚合众国政府经济贸易协议》中提到"中国承诺继续允许美国服务提供者（包括美国独资信用评级服务提供者）对向国内外投资者出售的所有种类的国内债券进行评级"，并且该协议约定在2020年4月1日之后，"中国应审核和批准美国服务提供者已提交的尚未批准的任何信用评级服务牌照申请"。相关协议的内容可以参考财新网的报道：http://finance.caixin.com/2020-01-16/101504775.html。

在理论上，金融中介机构的竞争加剧有助于提高中介机构的内部管理效率与声誉关注，降低金融中介机构的道德风险行为。对银行业的相关经验研究表明，银行业的充分竞争会降低银行的道德风险行为与风险承担水平，继而提高银行的信贷质量与效率（Berger 和 Hannan，1998；张大永和张志伟，2019），促进经济增长与企业创新（Jayaratne 和 Strahan，1996；蔡竞和董艳，2016）。信用评级机构作为债券市场上最重要的中介机构，由于其提供评级服务的专业性和评级行业付费模式的特殊性，评级机构的竞争加剧对评级结果是否也会存在积极的影响？一方面，在声誉机制下，评级机构竞争的加剧能够提高评级机构的声誉关注，改进内部控制质量，降低道德风险行为，从而提高评级质量；另一方面，与银行业竞争模式不同的是，在"发行人付费"模式占据主导地位的评级行业中，评级机构的收入主要来自于发行人，评级机构因此存在迎合发行人的动机，可能会根据发行人需要调整评级。当评级机构的竞争加剧时，这就会进一步导致评级机构为了争夺客户而给出更高的评级，从而降低本就不高的评级质量，提高债券市场的隐含风险。

为了研究评级机构竞争对债券市场评级结果的影响，本书将要回答如下问题：评级机构之间的竞争对信用评级的结果存在什么样的影响，以及是否会同时导致评级质量的下降？进一步地，这种评级质量的下降是否会对股票市场存在溢出效应，降低股票市场的信息效率？针对上述问题，是否有改进的方案？在具体的实证研究中，我们利用2012—2017年交易所债券市场的公司债发行数据，同时结合评级行业的一个特殊制度背景：一家新的信用评级机构东方金诚国际信用评估有限公司成立所带来的评级机构竞争加剧这一外生事件，研究评级机构竞争对信用评级结果和质量的影响。我们的实证结果表明：第一，在以"发行人付费"模式为主的评级市场中，竞争加剧将会导致评级机构给出的信用评级结果更高，同时信用评级对债券信用利差的影响和对企业未来违约的预测能力都在下降。经过一系列稳健性检验后，上述结论仍然成立。这说明，评级机构竞争加剧的确会提高信用评级的结果和降低信用评级的质量。第二，"发行人付费"模式的评级机构竞争提高信用评级结果的影响在评级机构与发行人利益冲突越严重的企业（累计发行规模越大）中越大。这说明，在评级机构声誉机制不健全的市场环境中，"发行人付费"模式的评级机构会给有较多业务往来的发行人进一步放松评级标准，给予这些企业更高的信用评级。第三，在异质性分析中，我们的研究也发现在有外资参股的国内评级机构、声誉较高的承销商以及较多的媒体关注中，评级市场竞争并不会提高信用评级结果。这说明，外资参股评级机构、高声誉承销商以及媒体关注能够有效减小对评级市场竞争的负面影响。第四，进一步研究发现，评级竞争的加剧还导致了股票市场信息效率的下降，具体表现为提高了股票错误定价程度、股价同步性与分析师预测偏误。

本书的研究贡献主要体现在以下三个方面：

第一，本书从债券市场角度丰富了金融中介竞争的文献。以往关于银行业竞争的研究主要发现：银行业竞争能够提高银行内部治理，降低银行的道德风险与逆向选择问题，继而提高银行信贷质量，最终提升银行效率（Berger 和 Hannan，1998；张大永和张志伟，2019）。然而，由于评级行业"发行人付费"模式的特殊性，已有文献普遍发现"发行人付费"模式会带来评级结果虚高（钟辉勇等，2016；钟辉勇等，2017；林晚发等，2017），同时"发行人付费"模式评级机构之间的市场声誉也存在差异（寇宗来和千茜倩，2021），而"投资者付费"模式的评级机构可以显著改善评级结果（吴育辉等，2020；陈关亭等，2021）[①]。我们利用债券市场的数据研究评级机构竞争的经济后果，发现以"发行人付费"模式下的评级机构竞争加剧会导致评级结果膨胀和评级质量下降。这说明金融中介机构竞争也会带来负面影响，进而从债券市场的角度丰富了金融中介机构竞争研究的文献。

第二，本书在进一步考虑内生性问题基础上丰富了评级机构竞争的相关研究。Becker 和 Milbourn（2011）利用美国债券市场的数据发现评级竞争会导致评级结果提高，Bae 等（2015）在控制了一系列行业特征变量之后，发现评级竞争并不会导致评级结果的提高。徐晓萍等（2018）关于国内企业债的研究发现鹏元评级机构的进入会导致其他评级机构给予企业较高的评级。上述研究由于对模型遗漏变量所产生的内生性问题考虑不足，从而使相关结论并不一致。为此，在研究中，我们一方面尽可能全面地控制年份、行业、省份以及评级机构的固定效应，以减小遗漏

---

① 除此之外，史永东等（2021）的研究也发现中债估值能够识别债券的信用风险。

变量问题对系数估计的影响。同时，我们也使用直接检验、安慰剂检验、工具变量估计等方法进行稳健性检验，尽量保证研究结论的可信性。更为重要的是，我们还进一步讨论了如何应对评级机构竞争所带来的负面影响，发现外资参股评级机构、高声誉承销商以及媒体关注能够有效减小评级机构竞争所带来的负面影响。这也为如何减小评级机构竞争的负面影响提供了直接的研究证据。

第三，本书进一步扩展了股票市场与债券市场之间联动性的研究。已有文献从波动率与流动性角度证实了两个市场之间的联动性（Gebhardt 等，2005；Kim 等，2006；史永东等，2013；龚玉婷等，2016），也有文献发现两个市场之间的信息是相互流通的（Batta 和 Muslu，2017；林晚发等，2020）。但较少有文献分析债券市场信用评级质量下降对股票市场信息效率的影响。为此，本书利用债券市场竞争导致信用评级质量下降这一外生冲击，研究了其对股票市场的经济后果，结果表明：债券市场评级质量的下降同时也对股票市场的信息效率带来负面影响，这也弥补了目前金融市场溢出影响研究的不足。

二 制度背景与相关文献综述

（一）国内债券市场和信用评级行业发展的制度背景

截至 2019 年底，国内债券市场存量规模已超过 97 万亿元，远远超过同期股票市场的市值 59 万亿元，成为支持实体经济发展至关重要的金融市场。国内债券市场发展到现在，出现了两方面重要的变化：一方面是债券市场逐渐开始全方位对外开放。2005 年，国际金融公司和亚洲开发银行两家国际开发性机构在银行间债券市场发行了 21.3 亿元的熊猫债券，这是外资首次在国内债券市场上融资，标志着国内债券市场开始对外开放。而从 2017 年开始，随着金融业进一步扩大开放，国内债券市场也逐渐开始对外资全面开放，具体开放措施包括：进一步引入境外发债和投资主体、全球主要债券指数将国内债券市场纳入其指数、实现内地与香港互联互通合作以及允许外资评级机构对国内债券市场所有种类债券进行评级等。另一方面是债券市场违约加剧，并逐渐常态化。从 2014 年"11 超日债"的违约开始，国内债券市场的刚性兑付被打破。违约债券的规模也从 2015 年的 122 亿元增加到 2019 年的 1424 亿元，增长超过 10 倍。同时需要重视的是，在目前所有违约债券中，民营企业发行的债券占 76.85%，这也引发了目前民营企业在债券市场融资的困难①。

　　由于债券发行人和投资者之间存在着信息不对称，投资者很难独立对发行主体风险进行准确评估。而评级机构拥有专业团队、评级技术以及详细的发行人信息，可以提供发行主体风险的专业意见。随着债券市场全面对外资开放和债券违约的常态化，信用评级机构作为债券市场上最重要的中介机构，其评级结果在债券发行与定价中扮演着越来越重要的角色。目前国内提供公司债评级的信用评级机构主要有中诚信证券评估有限公司（中诚信证券）、联合信用评级有限公司（联合信用）、上海新世纪资信评估投资服务有限公司（新世纪）、大公国际资信评估有限公司（大公资信）、中证鹏元资信评估股份有限公司（中证鹏元）和东方金诚国际信用评估有限公司（东方金诚）六家，这六家评级机构的股东构成和获得公司债评级资格的时间均不相同。作为本书重点研究对象的东方金诚评级机构是一家中资评级机构，其成立时间是2005年，但直到2011年6月才获得证监会许可的公司债评级资格，而其真正开始有公司债的评级业务则是在2012年②。中诚信证券、中证鹏元、大公资信与新世纪都在2007年取得公司债评级资格，联合信用在2008年取得公司债评级资格。2018年，随着金融业的扩大开放，外资评级机构可以独立进入国内债券市场进行评级，标准普尔等已经在国内成立了独资评级机构。可以预期，随着未来外资评级机构的独立进入，评级行业的竞争将会更加激烈。

　　目前，国内债券评级行业存在诸多问题，包括发行人付费模式导致的评级结果虚高、评级技术有待改进、高评级债券屡次违约等（钟辉勇等，2017）。这些问题也引起了监管部门的高度重视，对相关评级机构的违规行为也进行了公开通报或处罚，比如银行间市场交易商协会在2017年公开通报批评了五家主要评级机构未充分履行客观评级职能，证监会和交易商协会更是在2018年给予大公国际严重警告处分，责令其限期整

---

① 相关数据截至2019年底。

② 东方金诚的具体信息可参见该公司官方网站：https://www.dfratings.com/，东方金诚获得证监会许可从事证券市场资信评级业务的通知可见：http://www.csrc.gov.cn/pub/zjhpublic/G00306205/201107/t20110727_198154.htm?keywords=。其他评级机构的详细信息也可见各公司官网，其中中证鹏元在中证信用增进股份有限公司入股后，于2018年11月改名为"中证鹏元资信评估股份有限公司"。

改，并暂停债务融资工具市场相关业务一年的严重处罚①。

(二) 文献综述与假设提出

目前关于金融中介机构竞争的文献主要集中在研究银行业竞争所带来的影响：发现银行竞争能够促进银行效率的提升（Berger 和 Hannan，1998；张大永和张志伟，2019），促进经济增长（Jayaratne 和 Strahan，1996；Dehejia 和 Lleras-Muney，2007），提高企业的信贷可得性和创新水平等（Chong 等，2013；Love 和 Pería，2015；Cornaggia 等，2015；蔡竞和董艳，2016）。

关于"发行人"付费模式下的信用评级机构之间竞争对信用评级的影响，存在两种不同的观点：一是市场竞争不会导致评级膨胀；二是市场竞争导致评级膨胀。具体而言，前一种观点认为在声誉机制下，对评级机构来说，如果想要在评级行业中长期生存下来，评级机构的声誉非常重要。评级机构会有强烈的动机提供可信的评级结果，这会为评级机构带来长期的收益。相关实证研究也从评级标准角度说明评级机构的确会重视自己的声誉（Blume 等，1998；Jorion 等，2009；Baghai 等，2014）。比如 Blume 等（1998）发现信用评级标准在不断地收紧，即信用评级随着时间的推移有一个稳定的下降，这个结论也得到了 Jorion 等（2009）和 Baghai 等（2014）的支持。在竞争是否影响信用评级的直接检验文献中，Bae 等（2015）在控制了一系列行业特征后，利用惠誉在各行业市场份额的差异，发现评级竞争并不会导致评级膨胀。Xia（2014）研究了随着投资者付费评级机构（EJR）进入，标准普尔（S&P）评级的质量有了显著改善，即标准普尔的评级水平下调。上述分析表明，评级机构之间的竞争加剧，实际上提高了现有评级机构的评级质量。

然而，鉴于发行人付费模式中固有的利益冲突，评级机构之间的竞争将造成评级机构的生存压力增大，评级机构为了获得更多的业务，会尽量给予发行人高的评级，从而降低了评级质量。相关理论研究证实了上述推论，评级机构在面临竞争压力时更有可能发布夸大的评级（Bar-Isaac 和 Shapiro，2010；Bolton 等，2012）。比如，Bar-Isaac 和 Shapiro

---

① 大公资信在 2018 年被中国新控股有限责任公司进行战略重组之后，2019 年 11 月重新恢复债券市场评级的业务。

(2010)通过构建声誉模型发现,由于评级行业竞争加剧,该行业的声誉损失降低,那么提供准确评级的动机就会减弱。在直接检验的实证研究中,Becker 和 Milbourn(2011)采用惠誉成立时间为切入点,利用惠誉在各行业市场份额的差异研究评级竞争对评级结果的影响,发现评级竞争会导致评级结果提高。在关于中国债券市场评级竞争的研究中,寇宗来等(2015)采用 HHI 指数作为市场竞争程度的替代指标,研究发现市场竞争越激烈,信用评级越高。另外,徐晓萍等(2018)对企业债评级的研究中,发现由于鹏元评级机构的进入导致其他评级机构给予企业较高的评级[1]。

总体而言,由于评级行业竞争与评级质量之间的关系还存在分歧,信用评级机构之间的竞争对评级质量的影响仍然是一个重要的实证问题。一方面,由于中国债券市场起步较晚,评级机构声誉机制尚未完全建立,对评级机构的处罚也不规范,所以声誉机制对于评级机构约束较小;另一方面,在国内评级行业中,东方金诚进入之前已有五家评级机构提供公司债的评级业务。在东方金诚进入之后,这会对已有评级机构业务形成外生冲击,进一步提高评级行业竞争程度。随着竞争的加剧,评级机构出于利益考虑将有更强的动机迎合发行人的高评级要求,继而导致信用评级虚高与评级质量下降。基于上述分析,本书提出相应的研究假设:

H1:"发行人"付费模式下的评级市场竞争将会导致信用评级虚高。

信用评级作为债券市场中的一个重要信息中介,它的基本功能是向投资者与监管者提供关于企业未来的违约信息,在二级交易市场中,投资者往往依据企业信用评级对债券进行定价,相关文献也证实

---

[1] 上述实证结果不一致可能由于如下三个方面的原因:①以往实证研究以 HHI 指数度量评级竞争可能存在严重的内生性。HHI 作为市场充分竞争后的均衡,受到评级机构声誉以及评级结果的影响,这种反向因果导致的内生性会严重影响到实证结果的估计。②遗漏变量导致的内生性。正如 Bae 等(2015)控制了一系列行业特征变量后,评级竞争并不会影响评级结果。这说明评级机构是否选择进入某一行业和信用评级结果之间可能受到一些行业特征的共同影响。③国内债券市场的分割也会影响实证结果。国内债券市场主要分为银行间与交易所两个债券市场,两个市场的监管主体并不相同,评级机构需要向不同市场的监管部门申请相应牌照才可以进行评级业务。徐晓萍等(2018)利用鹏元从 2009 年进入不同行业形成的竞争来进行研究,但鹏元早在 1997 年已经获得银行间市场企业债评级的许可牌照,而在 2009 年才被允许开展交易所企业债券的评级业务。因此鹏元在交易所的债券评级业务选择会受到之前银行间市场业务的影响,这也会影响评级结果的不一致。

了信用评级越高,债券信用风险越小,债券信用利差越低(沈红波和廖冠民,2014;孟庆斌等,2018;吴育辉等,2020),继而说明信用评级的信息含量对于投资者相当关键。如果东方金诚评级机构进入市场会造成评级行业竞争加剧,从而使得其他评级机构给予债券更高的评级,这意味着信用评级并未完全反映企业的违约风险,即低估了企业违约风险,从而导致信用评级对于企业未来风险的预测能力减弱。理性的投资者如果能够意识到信用评级膨胀现象,那么信用评级降低信用利差的作用也将会减弱。事实上,与股票市场投资者不同的是,债券市场投资者都以机构投资者为主,他们有较强的分析能力,继而能在一定程度上识别竞争导致的评级虚高现象。基于上述分析,本书提出第二个研究假设:

H2:"发行人"付费模式下的评级市场竞争将会减弱信用评级的信息质量。

三 样本与研究设计

(一)样本与数据来源

本书采用交易所债券市场发行债券的公司作为研究样本,样本区间为2012—2017年。以2012年作为研究起点的原因是:一方面,东方金诚虽然在2011年已经取得公司债评级的资质,但其首单评级业务发生在2012年。另一方面,2018年8月大公资信被银行间与交易所债券市场处罚,继而导致其他未被处罚的评级机构的评级行为将会发生根本性的变化,继而影响评级质量。因此,本书把样本截至2017年,以此避免大公资信被处罚事件对于本书研究的影响。本书也按照如下过程对样本进行筛选:①由于我们研究东方金诚进入导致的评级竞争加剧对其他评级机构评级的影响,因此我们将东方金诚的评级样本予以剔除;②剔除可转债和金融行业公司样本;③剔除主体评级与控制变量存在缺失的样本,最后得到4372个企业年度观测值。另外,对于相同发行人在一年中有多个信用评级的情况,本书选择以离12月31日最近的评级作为观测评级。相关财务数据和债券数据均来自于Wind数据库与CSMAR数据库,财务数据等连续变量均进行了上下1%的缩尾处理。

(二)模型设定与变量定义

为了考察评级竞争对信用评级的影响,本书借鉴Becker和Milbourn(2011)和钟辉勇等(2016)的模型设计,构建模型(5.2)进行检验:

$$Rating_{ijkt} = \beta_0 + \beta_1 Share_{it} + \gamma Controls_{ijkt} + \delta_i + \theta_k + \rho_l + \mu_t + \varepsilon_{ijkt} \tag{5.2}$$

其中，i 代表行业，j 代表企业，k 代表省份，l 代表评级机构，t 代表年份。

模型（5.2）中的被解释变量 $Rating$ 为企业信用评级，具体定义如下：当评级为 AAA 级时，$Rating=7$；当评级为 AA+级时，$Rating=6$；依次赋值，当信用评级为 BBB 级时，则 $Rating=1$。$Share$ 是代表市场竞争程度的变量，参考 Becker 和 Milbourn（2011）的研究，我们用东方金诚评级数量在该行业评级数量的占比作为市场竞争程度度量指标。东方金诚作为评级行业的新进入者，其行业市场份额越高，则该行业评级机构之间的竞争程度也就越大。$Controls$ 为模型的控制变量，包括公司规模（$Size$）、负债水平（Lev）、盈利能力（Roe）、流动资产比例（Cur_as）、固定资产占比（PPE）、利息保障倍数（ICR）、股权性质（N_SoE）与是否城投债（Gov_Bond）等变量。最后，我们还在模型（5.2）中控制了行业、年度、评级机构与省份固定效应。

进一步地，为了研究评级竞争对信用评级质量的影响，借鉴 Xia（2014）的做法，我们通过信用评级与债券信用利差、预警 Z 值的相关性来进行考察，具体见模型（5.3）：

$$CS_{ijkt}/Z_{ijkt} = \beta_0 + \beta_1 Share_{it} + \beta_2 Rating_{ijkt} + \beta_3 Share_{it} \times Rating_{ijkt} + \gamma Controls1_{ijkt} + \delta_i + \theta_k + \rho_l + \mu_t + \varepsilon_{ijkt} \tag{5.3}$$

在模型（5.3）中，CS 为年度平均债券信用利差，定义为一年中债券到期收益率与相同剩余期限国债收益率差的均值。大量研究已经证实信用评级越高，债券违约风险越低，CS 会越小，因此 β_2 系数应该为负。而如果评级竞争加剧降低了信用评级质量，那评级对信用利差的影响将会减弱，这会反映在 $Share \times Rating$ 交互项的系数上，也就是说 β_3 系数应该为正。$Controls1$ 为模型（5.3）的控制变量，由于模型（5.3）的被解释变量是债券层面变量，因此 $Controls1$ 在模型（5.2）控制变量的基础上，加入了债券发行规模（$Amount$）、是否存在担保（$Guarantee$）以及是否含有提前偿还契约条款（$Contract$）等变量。另外，本书也使用企业的预警 Z 值[1]作为企业未来违约风险的替代变量，以此进一步检验评级竞争是否降低了信用评级的信息含量。Z 值越大，企业违约风险越小，因此如

---

[1] 预警 Z 值的计算来自 Altman（1968）的公式。

果 β_3 系数为负,则说明评级竞争降低了信用评级与预警 Z 值之间的正向关系,也意味着评级竞争加剧会导致信用评级质量的下降。

本书模型中所用到的主要变量及其具体定义如表 5.8 所示。

表 5.8　　　　　　　　　　主要变量定义说明

变量名称	变量符号	变量定义
主体评级	Rating	AAA 级为 7,AA+级为 6,AA 级为 5,AA-级为 4,A+级为 3,A 级为 2,BBB 级为 1①
信用利差	CS	企业债券到期收益率与相同剩余期限国债到期收益率之差的年度均值(%)
预警 Z 值	Z	Z=0.012×(营运资本/期末总资产)+0.014×(期末留存收益/期末总资产)+0.033×(息税前利润/期末总资产)+0.006×(期末股东权益市场价值/期末总负债)+0.999×(本期销售收入/总资产)
市场竞争	Share	东方金诚评级占每个行业评级业务数量的占比
公司规模	Size	总资产的自然对数
负债水平	Lev	总负债/总资产
盈利能力	Roe	净利润/净资产(%)
流动资产比例	Cur_as	流动资产/总资产(%)
固定资产占比	PPE	固定资产/总资产
利息保障倍数	ICR	息税前利润/利息
股权性质	N_SoE	民营企业取值为 1,否则为 0
是否城投债	Gov_Bond	城投债为 1,否则为 0
发行规模	Amount	(债券发行总额+1)的自然对数
是否有担保	Guarantee	有担保取值为 1,否则为 0
是否有提前偿还	Contract	有提前偿还契约为 1,否则为 0
行业固定效应	Ind	取证监会 2001 年代码首字母

---

① 在对评级结果排序时,由于样本中没有 A-级评级样本,因此我们直接对 BBB 级赋值为 1。为了进一步证实本书研究结论的稳健性,按照审稿专家的建议,以及借鉴黄小琳等(2017)的方法,笔者采用《中国人民银行信用评级管理指导意见》信用评级三级九等模式进行稳健性检验。

续表

变量名称	变量符号	变量定义
年度固定效应	Year	2013—2017 年度虚拟变量
评级机构固定效应	Agence	评级机构虚拟变量
省份固定效应	Province	省市（直辖市）虚拟变量

（三）样本分布分析

表 5.9 给出了本书研究样本的年度分布，可以看到，东方金诚在 2011 年获得交易所债券市场评级资质以来，业务量从 2012 年的 3 家上升到 2017 年的 97 家，市场占有率也从 0.7% 上升到 4.3%。随着东方金诚市场份额的增大，必然会挤出其他评级机构的市场份额。

表 5.9　　　　　　　　评级机构业务年度分布

机构＼年份	2008	2009	2010	2011	2012	2013	2014	2015	2016	2017
新世纪	19	27	49	82	92	128	159	214	254	271
东方金诚	0	0	0	0	3	5	22	73	93	97
中诚信	14	33	50	81	111	130	148	342	562	706
大公	31	56	79	94	127	155	179	269	328	360
联合	0	3	15	29	59	72	103	355	554	676
鹏元	1	3	9	21	39	54	65	92	117	128

表 5.10 进一步统计了东方金诚在每个行业中的评级业务分布。尽管如表 5.10 所示，东方金诚由于进入时间较晚，其相对市场份额并不高。但从表 5.10 可以看到，东方金诚在不同行业之间的市场份额存在较大的差别，这为本书的研究提供了有利条件。如表 5.10 所示，东方金诚评级业务比例排名前三的行业分别为传播与文化产业（25%）、房地产业（15.4%）和农、林、牧、渔业（7.7%）。另外，东方金诚在某些行业还没有开展业务，除去这些没有业务量的行业，东方金诚在电力、煤气及水的生产和供应业的业务量最小，占比只有 0.9%。

表 5.10　　　　　　　东方金诚评级机构业务行业分布

行业代码	行业名称	东方金诚市场占有率
A	农、林、牧、渔业	0.077
C	制造业	0.042
D	电力、煤气及水的生产和供应业	0.009
E	建筑业	0.038
G	信息技术业	0.045
H	批发和零售贸易	0.027
J	房地产业	0.154
K	社会服务业	0.111
L	传播与文化产业	0.250
M	综合类	0.015

四　实证结果与分析

（一）主要变量描述性统计

表 5.11 给出了本书主要变量的描述性统计。从结果我们可以看出，Rating 变量的均值为 5.880，这说明债券发行主体评级大部分集中在 AA 级与 AA+级。如果与美国企业的评级相比，国内企业的评级结果的确普遍偏高。CS 变量均值为 2.090，说明企业普遍存在风险溢价。Z 值的均值为 2.240，说明大部分企业的违约风险较小，但最小值为 0.247，这也说明部分企业的违约风险较高。东方金诚市场份额（Share）的均值为 5.7%，最大值为 25%，说明东方金诚的进入的确加剧了评级市场的竞争。对于其他控制变量，企业规模（Size）的均值为 24.60，企业杠杆率（Lev）的均值为 63.8%，盈利能力（Roe）的均值为 850%，流动资产（Cur_as）的均值为 148%，利息保证倍数（ICR）的均值为 5.700，固定资产比例（PPE）的均值为 17.7%，民营企业占比 46.1%，城投债占比 18.4%。对于债券契约变量，发行规模（Amount）的均值为 2.410，有 15.6%的债券存在担保，77.9%的债券有提前偿还条款。

表 5.11　　　　　　　变量描述性统计分析

变量	样本量	均值	中位数	标准差	最大值	最小值
Rating	4372	5.880	6	0.935	7	1

续表

变量	样本量	均值	中位数	标准差	最大值	最小值
CS	2846	2.090	1.770	1.550	5.21	0.230
Z	1416	2.240	1.700	1.880	24.70	0.247
Share	4372	0.057	0.047	0.044	0.250	0.009
Size	4372	24.60	24.60	1.350	28.50	21.90
Lev	4372	0.638	0.661	0.138	0.885	0.247
Roe	4372	8.500	7.320	7.290	33.70	−11.70
Cur_as	4372	1.480	1.340	0.811	4.920	0.231
ICR	4372	5.700	4.830	26.10	111	−135
PPE	4372	0.177	0.100	0.189	0.763	0.001
N_SoE	4372	0.461	0	0.499	1	0
Gov_Bond	4372	0.184	0	0.387	1	0
Amount	4372	2.410	2.400	0.715	4.620	0.405
Guarantee	4372	0.156	0	0.363	1	0
Contract	4372	0.779	1	0.415	1	0

(二) 基本回归分析

1. 评级市场竞争与企业信用评级

表5.12为评级市场竞争对企业信用评级影响的回归结果，第（1）列与第（2）列分别是使用OLS和Ologit回归的结果。在第（1）列中，Share的回归系数为0.773，在1%的水平下显著，这意味着市场竞争程度提高一个标准差，信用评级的均值将提高0.04，占信用评级均值的0.6%。这与Becker和Milbourn（2011）研究美国评级机构竞争对评级结果影响的结论相似，当市场竞争程度提高一个标准差，信用评级的均值将提高0.11，占信用评级均值的0.6%。在第（2）列中，Share的回归系数为5.427，并且在1%的水平下显著，这也进一步说明了评级机构竞争和评级结果有正相关关系。这些回归结果表明当东方金诚市场份额提高带来竞争程度加剧时，其他评级机构会倾向于给出更高的评级，继而支持了假设H1。

在其他控制变量部分，企业规模越大、盈利能力越强、流动资产比例越大、杠杆率越小的国有企业，其信用评级越高，上述结论与钟辉勇等（2016）的结论一致。

表 5.12　　　　　　　　评级市场竞争与企业信用评级

变量	Rating (1) OLS	Rating (2) Ologit
Share	0.773*** (3.27)	5.427*** (4.44)
Size	0.538*** (65.70)	2.875*** (39.82)
Lev	-1.783*** (-20.78)	-8.643*** (-18.91)
Roe	0.009*** (6.37)	0.035*** (5.12)
Cur_as	-0.089*** (-6.17)	-0.430*** (-6.12)
ICR	-0.001*** (-3.82)	-0.002* (-1.74)
PPE	0.078 (1.17)	1.607*** (4.32)
N_SoE	-0.456*** (-21.75)	-2.156*** (-18.88)
Gov_Bond	0.066** (2.39)	0.084 (0.62)
Ind	Yes	Yes
Year	Yes	Yes
Agency	Yes	Yes
Province	Yes	Yes
Constant	-5.914*** (-17.71)	
样本量	4372	4372
Adj/Pseudo_R^2	0.723	0.537

注：***、**、*分别表示在1%、5%与10%的水平上显著，括号内为经过异方差调整后的 t 值。

2. 评级市场竞争、信用评级与信用利差

表 5.13 的回归结果表明评级机构竞争会导致评级机构提高企业信用

评级，而企业信用评级的提高是否意味着评级质量的下降是我们需要进一步研究的问题。接下来，我们对模型（5.3）进行回归分析，相应的回归结果见表5.13。表5.13的第（1）、第（2）、第（3）列分别为核心解释变量、加入相关控制变量和固定效应回归的结果。从第（3）列的回归结果，我们可以看到Rating变量系数显著为负，这说明企业的信用评级越高，债券违约风险越小，从而投资者要求较低的风险溢价，也就是信用利差（CS）越小。我们这里重点关注的Share×Rating交互项变量，其系数为正且在5%的水平上显著，这说明随着评级机构竞争的加剧，信用评级降低信用利差的作用在减小。这也意味着，当评级竞争加剧的时候，不仅会带来评级结果的膨胀，同时也导致了信用评级质量的下降，继而支持了假设H2。

表5.13　　　　　　　　评级机构竞争与信用利差

变量	CS		
	（1）	（2）	（3）
Share×Rating	1.401** (1.97)	1.299* (1.88)	1.411** (2.06)
Share	-7.524* (-1.86)	-9.946** (-2.52)	-7.578* (-1.95)
Rating	-0.847*** (-17.14)	-0.874*** (-14.57)	-0.845*** (-14.18)
Amount		-0.117*** (-3.13)	-0.000 (-0.01)
Guarantee		-0.119* (-1.89)	-0.051 (-0.81)
Contract		0.018 (0.30)	-0.061 (-1.06)
Size		0.206*** (5.85)	0.125*** (3.54)
Lev		0.825*** (3.54)	0.991*** (4.08)
Roe		-0.023*** (-6.80)	-0.019*** (-5.71)

续表

变量	CS		
	(1)	(2)	(3)
Cur_as		0.006 (0.15)	-0.000 (-0.01)
ICR		0.000 (0.48)	0.001 (1.53)
PPE		0.122 (0.82)	-0.036 (-0.19)
N_SoE		0.903*** (14.66)	0.801*** (13.00)
Gov_Bond		-0.249*** (-3.27)	-0.307*** (-3.74)
Ind	Yes	No	Yes
Year	Yes	No	Yes
Agence	Yes	No	Yes
Province	Yes	No	Yes
Constant	5.505*** (13.90)	1.802*** (2.70)	1.960*** (2.74)
样本量	2769	2769	2769
Adj_R²	0.363	0.362	0.433

注：***、**、*分别表示在1%、5%与10%的水平上显著，括号内为经过异方差调整后的t值。

五 稳健性检验

为了进一步验证上述回归结果的稳健性，本部分将分别从以下八个方面进行稳健性检验。

（一）改变信用评级度量方法

本书采用《中国人民银行信用评级管理指导意见》三级九等的赋值方式，把信用评级的等级按照高低进行赋值。具体地，最低级C赋值为1，CC赋值为2，依次递增，最高级AAA+赋值为21，并以Rating_21变量进行表示。以此变量按照模型（5.2）与模型（5.3）进行回归，相应的回归结果见表5.14。在第（1）列以信用评级为因变量的回归中，Share变量系数在1%的水平上显著为正，这说明市场竞争程度越大，债券信用评级越高。另外，在第（2）列以信用利差为因变量的回归中，我们也发现 Share×Rating_21 变量系数也在 5% 的水平上显著为正。因此，上述结论进一步支持了假设 H1 与 H2。

表 5.14　　　　　　　　　信用评级等级的重新赋值检验

变量	Rating_21 （1）	CS （2）
Share	5.164*** (4.18)	-25.915** (-2.04)
Rating_21		-0.845*** (-14.18)
Share×Rating_21		1.411** (2.06)
Amount	0.169*** (2.83)	-0.000 (-0.01)
Guarantee	-1.105*** (-9.02)	-0.051 (-0.81)
Contract	-0.211** (-2.12)	-0.061 (-1.06)
Size	2.749*** (36.15)	0.125*** (3.54)
Lev	-8.478*** (-18.47)	0.991*** (4.08)
Roe	0.033*** (4.81)	-0.019*** (-5.71)
Cur_as	-0.447*** (-6.43)	-0.000 (-0.01)
ICR	-0.002* (-1.72)	0.001 (1.53)
PPE	1.610*** (4.31)	-0.036 (-0.19)
N_SoE	-2.221*** (-18.91)	0.801*** (13.00)
Gov_Bond	0.065 (0.48)	-0.307*** (-3.74)

续表

变量	Rating_21	CS
	(1)	(2)
Ind	Yes	Yes
Year	Yes	Yes
Agence	Yes	Yes
Province	Yes	Yes
Constant		12.947***
		(12.54)
样本量	4372	2769
Adj/Pseudo_R^2	0.546	0.433

注：***、**、*分别表示在1%、5%与10%的水平上显著，括号内为经过异方差调整后的 t 值。

（二）评级竞争、信用评级与预警 Z 值

我们用企业未来的违约风险来考察信用评级质量。由于公司债违约样本较少，我们选择使用预警 Z 值作为债券违约的替代变量。具体地，以预警 Z 值的中位数作为临界值度量企业是否违约，即当预警 Z 值低于中位数，则为违约样本，该种情况下，定义 Z_dum=1，相反则 Z_dum=0。进一步地，以 Z_dum 变量为因变量按照模型（5.3）进行回归分析，相应的回归结果见表 5.15。从表 5.15 的回归结果我们可以发现，Rating 变量系数在1%的水平上显著为负，这说明信用评级越高，债券违约风险越低。然而，Share×Rating 变量系数在5%的水平上均显著为正，这说明随着竞争的加剧，信用评级越高，未来的违约风险也越大，继而说明信用评级对未来违约风险的预测能力在下降。表 5.15 的结果可以进一步说明，随着评级竞争的加剧，信用评级质量的确在下降。

表 5.15　　　　　　评级机构竞争与违约预测能力

变量	Z_dum		
	(1)	(2)	(3)
Share×Rating	8.688***	6.181***	7.879**
	(2.94)	(3.33)	(2.53)

续表

变量	Z_dum		
	(1)	(2)	(3)
Share	-53.821***	-23.375**	-56.040***
	(-3.22)	(-2.32)	(-3.23)
Rating	-0.747***	-0.937***	-0.548***
	(-4.81)	(-5.62)	(-2.65)
Size		0.580***	0.060
		(5.88)	(0.42)
Lev		1.369**	-0.572
		(2.12)	(-0.62)
Roe		-0.015*	-0.072***
		(-1.90)	(-5.65)
Cur_as		0.511***	-0.106
		(4.90)	(-0.75)
ICR		0.001	0.002
		(0.55)	(0.36)
PPE		0.737	-0.241
		(1.62)	(-0.33)
N_SoE		-0.002	0.600***
		(-0.01)	(2.73)
Gov_Bond		3.565***	3.055***
		(6.38)	(6.85)
Ind	Yes	No	Yes
Year	Yes	No	Yes
Agence	Yes	No	Yes
Province	Yes	No	Yes
Constant	6.744***	-11.179***	5.270*
	(4.84)	(-6.01)	(1.93)
样本量	1360	1360	1360
Pseudo_R^2	0.468	0.158	0.501

注：***、**、*分别表示在1%、5%与10%的水平上显著，括号内为经过异方差调整后的t值。

（三）替换评级变量回归

为了进一步验证回归结果的稳健性，我们重新用债券信用评级来替代主体评级进行回归分析。虽然主体评级与债券评级有很强的正相关关系，但债券信用利差（CS）变量可能与债券评级相关性更强。因此，我们按照与主体评级相同的定义，也对债券评级（Rating_bond）进行量化。在回归中，我们以 Rating_bond 为因变量，并在模型（5.2）基础上加入了债券发行规模（Amount）、债券是否存在担保（Guarantee）以及债券是否提前偿还（Contract）变量进行回归，相应回归结果见表 5.16。

从表 5.16 的结果可知，在以 Rating_bond 为因变量的 OLS 与 Ologit 回归中，Share 变量系数在1%的水平上显著为正，这说明评级竞争会提高债券信用评级。而在以 CS 为因变量的回归中，Rating_bond 变量系数在1%的水平上显著为负，这说明信用评级越高，债券信用利差越低。而 Share×Rating_bond 变量系数在10%的水平上显著为正，这说明随着评级竞争的加剧，债券评级越高，信用利差也越大，也就意味着信用评级的信息含量在降低。相似地，在以 Z_dum 为因变量的回归中，Share×Rating_bond 变量系数在10%的水平上显著为正，这说明随着评级竞争的加剧，信用评级越高，企业的违约概率越大，同样说明信用评级预测未来违约风险的能力在降低。

表 5.16　　债券信用评级替代变量回归

变量	Rating_bond		CS	Z_dum
	OLS	Ologit	OLS	Logit
Share	1.095*** (3.08)	6.094*** (4.03)	-9.010* (-1.77)	-70.276** (-2.58)
Share× Rating_bond			1.470* (1.95)	7.840* (1.92)
Rating_bond			-0.832*** (-13.49)	-0.358 (-1.49)
Size	0.441*** (29.63)	2.169*** (24.63)	0.062* (1.78)	-0.003 (-0.02)
Lev	-1.829*** (-12.89)	-8.165*** (-13.14)	1.045*** (4.01)	0.594 (0.47)

续表

变量	Rating_bond		CS	Z_dum
	OLS	Ologit	OLS	Logit
Roe	0.003 (1.59)	0.016** (1.97)	-0.020*** (-5.57)	-0.070*** (-4.32)
Cur_as	-0.091*** (-4.66)	-0.400*** (-4.91)	-0.040 (-1.00)	0.030 (0.17)
ICR	-0.001 (-1.62)	0.000 (0.10)	0.002** (2.05)	0.001 (0.18)
PPE	-0.356*** (-3.57)	-0.764* (-1.73)	-0.396* (-1.96)	-0.525 (-0.54)
N_SoE	-0.465*** (-14.34)	-1.991*** (-13.65)	0.800*** (12.20)	0.706** (2.48)
Gov_Bond	0.010 (0.25)	-0.233 (-1.43)	-0.321*** (-3.76)	4.020*** (5.76)
Amount	0.009 (0.50)	0.051 (0.62)	-0.033 (-0.82)	
Guarantee	0.515*** (13.98)	2.599*** (14.31)	0.481*** (6.77)	
Contract	-0.044* (-1.66)	-0.333*** (-2.73)	-0.026 (-0.43)	
Ind	Yes	Yes	Yes	Yes
Year	Yes	Yes	Yes	Yes
Agence	Yes	Yes	Yes	No
Province	Yes	Yes	Yes	No
Constant	-2.717*** (-4.68)		4.834*** (6.34)	3.823 (1.11)
样本量	2675	2675	2401	902
Adj_R²	0.617	0.452	0.435	0.546

注：***、**、*分别表示在1%、5%与10%的水平上显著，括号内为经过异方差调整后的t值。由于债券信用评级样本较少，为了使Z_dum为因变量的Logit回归收敛，在此回归模型中不对评级机构与省份固定效应进行控制。

(四) 替换评级机构行业市场竞争变量回归

本书借鉴文献关于行业集中度赫芬达尔—赫希曼指数（Herfindahl-Hirschman Index，HHI）的计算方法，计算在一个行业中各个评级机构的市场业务占比（HHI_A）①进行回归分析，相应的回归表格见表 5.17。在以 Rating 为因变量的回归中，HHI_A 变量系数在第（1）列中均显著为正，这说明在一个行业中，评级业务越竞争，评级机构为了获取业务而给予高评级。另外，在以 CS 为因变量的回归中，HHI_A×Rating 变量系数在第（2）列中也显著为正，而 Rating 变量则显著为负，这个结果也说明评级市场越竞争，评级质量越差。

表 5.17　　　　市场竞争替代变量回归

变量	Rating （1）	CS （2）
HHI_A×Rating		0.906*** （2.83）
HHI_A	2.925*** （3.92）	-6.158*** （-3.24）
Rating		-0.891*** （-9.10）
Size	2.875*** （39.77）	0.084*** （2.86）
Lev	-8.683*** （-19.03）	1.040*** （5.13）
Roe	0.035*** （5.08）	-0.016*** （-5.74）
Cur_as	-0.443*** （-6.30）	0.011 （0.36）
ICR	-0.003** （-2.06）	0.001* （1.73）
PPE	1.784*** （4.74）	-0.148 （-0.91）

---

① 具体计算公式为：$HHI\_A = \sum_{i=1}^{n}(X_i/X)^2$，其中 X_i 表示 i 评级机构在某一行业中业务数量，X 为某一行业中总的业务数量，n 为评级机构数量。

续表

变量	Rating (1)	CS (2)
N_SoE	-2.132*** (-18.79)	0.818*** (15.88)
Gov_Bond	0.093 (0.69)	-0.276*** (-4.03)
Amount		-0.049 (-1.57)
Guarantee		-0.022 (-0.41)
Contract		-0.053 (-1.10)
Constant		3.719*** (4.36)
样本量	4372	2769
Pseudo/Adj_R^2	0.537	0.498

注：***、**、*分别表示在1%、5%与10%的水平上显著，括号内为经过异方差调整后的t值。

（五）基于评级机构区域市场竞争的考虑

评级机构竞争不仅存在于行业层面，也可能存在于地区层面。如果不考虑地区竞争影响，可能会影响回归结果的稳健性。为此，本书对区域竞争因素也进行了控制。具体地，本书使用东方金诚评级数量在该地区评级业务总数量的占比（Share_Pro）作为区域市场竞争程度指标，加入模型（5.2）进行回归分析，相应的回归结果见表5.18。以Rating为因变量的回归结果第（1）列与第（2）列中，我们控制了Share_Pro变量，发现Share变量系数仍然在1%的水平上显著为正，与主回归结果一致，同时Share_Pro变量系数也显著为正。在以CS为因变量的回归结果第（3）—（5）列中，我们发现在控制Share_Pro与Share_Pro×Rating变量后，Share×Rating变量系数仍然显著为正，与主回归结果一致，同时Share_Pro×Rating系数不显著。在控制区域内竞争指标之后，行业内竞争对评级结果和评级质量的影响保持不变，这也说明了主回归结果的稳健性。

表 5.18　　　　　　　　评级机构地区层面竞争指标控制

变量	Rating (1)	Rating (2)	CS (3)	CS (4)	CS (5)
Share	0.696*** (2.88)	5.148*** (4.15)	-11.005*** (-2.78)	-8.179** (-2.10)	-8.157** (-2.09)
Rating			-0.894*** (-14.84)	-0.857*** (-14.30)	-0.864*** (-10.40)
Share×Rating			1.461** (2.11)	1.510** (2.20)	1.507** (2.19)
Size	0.534*** (65.16)	2.872*** (39.85)	0.203*** (5.76)	0.125*** (3.55)	0.125*** (3.54)
Lev	-1.765*** (-20.68)	-8.594*** (-18.61)	0.798*** (3.43)	1.005*** (4.14)	1.006*** (4.14)
Roe	0.009*** (6.48)	0.036*** (5.22)	-0.023*** (-6.83)	-0.019*** (-5.69)	-0.019*** (-5.68)
Cur_as	-0.083*** (-5.74)	-0.397*** (-5.69)	0.011 (0.31)	0.006 (0.16)	0.006 (0.16)
ICR	-0.001*** (-3.84)	-0.002* (-1.74)	0.000 (0.47)	0.001 (1.48)	0.001 (1.48)
PPE	0.091 (1.37)	1.726*** (4.62)	0.128 (0.86)	-0.025 (-0.13)	-0.024 (-0.13)
N_SoE	-0.457*** (-21.77)	-2.150*** (-18.74)	0.900*** (14.64)	0.795*** (12.90)	0.795*** (12.87)
Gov_Bond	0.068** (2.45)	0.090 (0.67)	-0.259*** (-3.41)	-0.307*** (-3.74)	-0.307*** (-3.74)
Amount			-0.112*** (-3.00)	0.004 (0.11)	0.004 (0.11)
Guarantee			-0.108* (-1.71)	-0.046 (-0.72)	-0.045 (-0.72)
Contract			0.014 (0.24)	-0.063 (-1.09)	-0.063 (-1.09)
Share_Pro	0.312*** (4.28)	1.660*** (4.42)	0.592*** (3.24)	0.396* (1.81)	0.261 (0.22)
Share_Pro×Rating					0.024 (0.11)

续表

变量	Rating		CS		
	（1）	（2）	（3）	（4）	（5）
Ind	Yes	Yes	No	Yes	Yes
Year	Yes	Yes	No	Yes	Yes
Agence	Yes	Yes	No	Yes	Yes
Province	Yes	Yes	No	Yes	Yes
Constant	-5.989*** (-23.84)		1.826*** (2.74)	1.910*** (2.67)	1.952** (2.43)
样本量	4372	4372	2769	2769	2769
Pseudo/Adj_R^2	0.724	0.539	0.364	0.434	0.446

注：***、**、*分别表示在1%、5%与10%的水平上显著，括号内为经过异方差调整后的 t 值。

（六）基于信用评级调整的分析

由于信用评级差分变量（当期信用评级与上期信用评级的差值，Diff_Rating）能够有效捕捉信用评级的变化，因此我们使用企业信用评级差分变量来直接检验东方金诚进入后带来的评级竞争加剧是否会让已有评级机构上调评级结果。我们预期如果 Share 系数显著为正，则说明东方金诚进入某行业后导致的评级竞争加剧会让已有评级机构上调评级结果。相应的回归表格见表5.19，从表5.19中我们可以看到，Share 变量系数在10%的水平上显著为正，这说明评级竞争加剧的确会让已有评级机构上调评级结果。

表5.19　　　　　　　　　评级竞争与评级结果的调整

变量	Diff_Rating	
	（1）	（2）
Share	0.333* (1.71)	2.686* (1.74)
Size	0.024*** (4.04)	0.249*** (4.06)
Lev	-0.111* (-1.78)	-0.944 (-1.54)

续表

变量	Diff_Rating	
	(1)	(2)
Roe	0.006*** (5.26)	0.052*** (5.44)
Cur_as	0.011 (0.97)	0.084 (0.69)
ICR	0.001** (2.49)	0.004** (1.99)
PPE	−0.044 (−0.86)	−0.327 (−0.56)
N_SoE	0.054*** (3.51)	0.639*** (3.61)
Gov_Bond	0.043** (2.14)	0.600** (2.46)
Ind	Yes	Yes
Year	Yes	Yes
Agence	Yes	Yes
Province	Yes	Yes
Constant	−0.637*** (−3.93)	
样本量	3141	3141
Adj_R^2	0.072	0.112

注：***、**、*分别表示在1%、5%与10%的水平上显著，括号内为经过异方差调整后的 t 值。

（七）安慰剂检验

为了进一步验证评级竞争导致的信用评级膨胀，我们同时也采用了安慰剂检验的方法：让东方金诚随机进入每个行业，考察这种随机的进入是否会带来评级结果的提高。如果相关系数不显著，则说明信用评级提高的确是由于东方金诚进入引起评级竞争加剧所导致的。在具体的安慰剂检验中，我们采取了两种不同的检验思路：第一种思路是假定东方金诚在每个行业的真实业务比例不变，但将这种比例随机地分配给所有行业。按照上述过程随机 300 次，会得到 300 组随机样本，分别对这些样本进行回归。相应变量 t 值的核密度图如图 5.1 和图 5.2 所示。图 5.1 是模型（5.2）中

Share 变量 t 值分布，我们发现随机给出的 Share 变量的 t 值分布接近以 0 为轴呈对称的倒"U"形，从而说明随机样本下的评级竞争对信用评级结果没有影响。相似地，图 5.2 是模型（5.3）中 Share×Rating 变量 t 值分布，我们也同样发现这个 t 值分布是接近以 0 为轴对称的倒"U"形，这个结果说明随机样本下的评级竞争对评级质量没有影响。这个安慰剂检验进一步说明，东方金诚的进入的确导致了信用评级的膨胀与评级质量的下降。

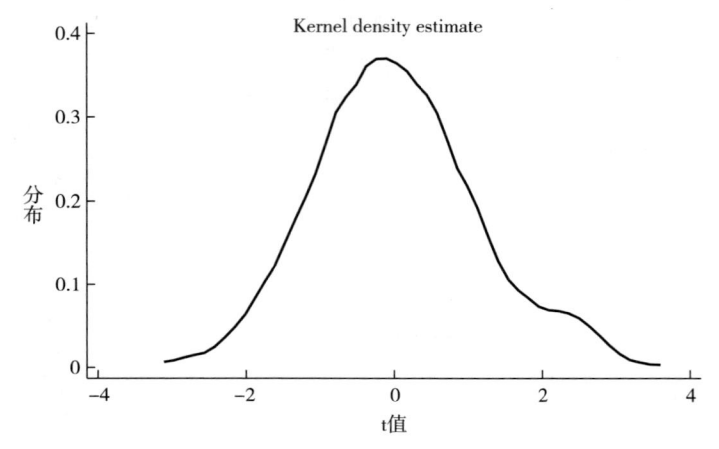

图 5.1 模型（5.2）中 Share 变量系数

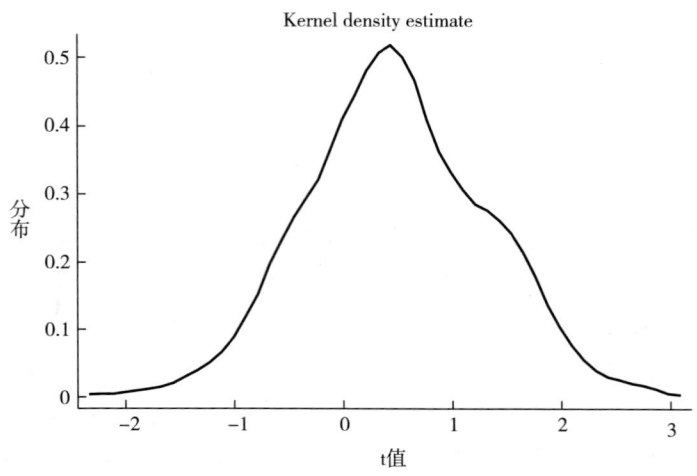

图 5.2 模型（5.3）中 Share×Rating 变量系数

第五章 信用评级虚高：来自评级付费模式的分析 / 203

第二种思路是在保证东方金诚评级企业数量与基准回归相同（293 个评级企业），但可以让东方金诚随机选择企业进行评级。此时，东方金诚的行业业务比例是一个随机值。按照上述过程随机 300 次，得到 300 组随机样本进行分别回归。相应变量 t 值的核密度图如图 5.3 和图 5.4 所示。图 5.3 是模型（5.2）中 Share 变量 t 值分布，图 5.4 是模型（5.3）中 Share×Rating 变量 t 值分布，与图 5.1 和图 5.2 类似，t 值分布都是接近

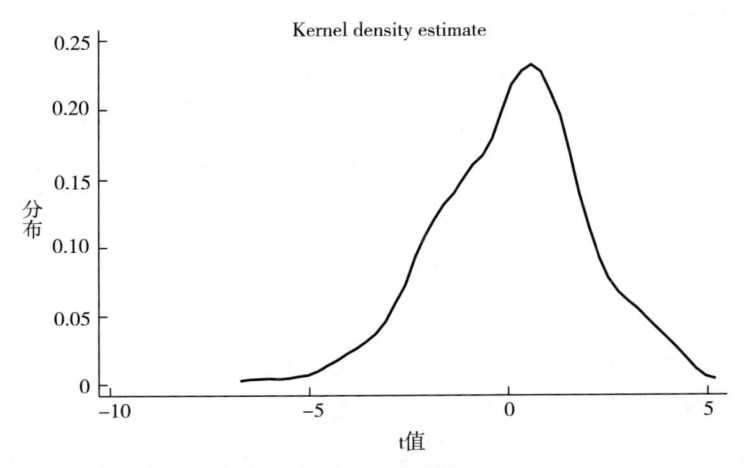

图 5.3 模型（5.2）中 Share 变量系数

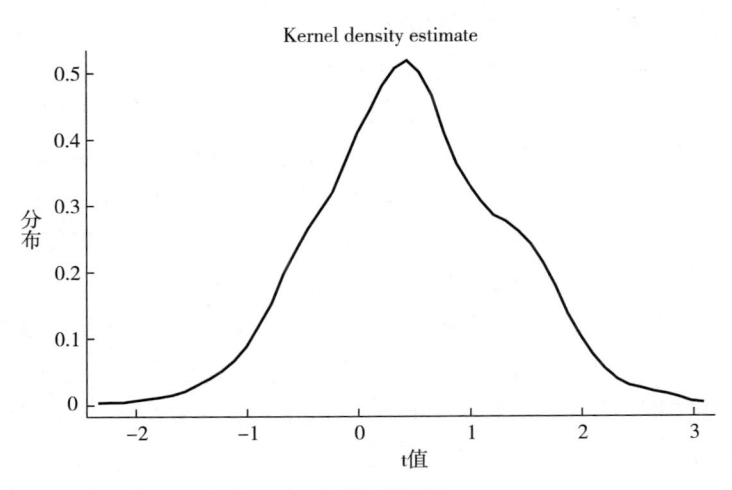

图 5.4 模型（5.3）中 Share×Rating 变量系数

以 0 为轴呈对称的倒"U"形，因此也说明随机样本下的评级竞争对评级结果和评级质量没有影响。这个安慰剂检验也进一步说明，东方金诚的进入的确导致了信用评级的膨胀与评级质量的下降。

最后，我们也对相应的变量系数与 t 值取均值，并对其进行检验，相应的结果见表 5.20。从表 5.20 中，我们发现无论是第一种还是第二种安慰剂检验的方法，从 t 值大小来看，回归结果中的 Share 与 Share×Rating 变量系数都不显著。

表 5.20　　　　　　　随机样本下的变量系数与 t 值

变量	第一种安慰剂检验结果		第二种安慰剂检验结果	
	Share	Share×Rating	Share	Share×Rating
系数	0.005	0.124	0.011	0.124
t 值	0.236	0.253	0.154	0.253

（八）内生性问题的考虑

在现实中，虽然东方金诚的成立对已有的评级机构来说是外生的，但东方金诚选择进入不同行业开展评级业务可能并不是完全外生的。尽管我们已经在回归中对行业、年度、评级机构以及省份固定效应进行了控制，但仍可能存在某些会影响评级结果的遗漏变量会与评级竞争程度指标相关。为了尽可能缓解内生性问题对回归结果的影响，我们进一步采取两个不同的工具变量做回归分析。

（1）Share 变量的滞后一期作为工具变量

我们首先采用东方金诚行业份额的滞后一期作为工具变量进行回归。第一阶段回归的 F 统计量均大于 10，说明不存在弱工具变量问题，具体的回归结果见表 5.21 中第（1）至第（3）列：从第（1）列的结果可知，Share 变量系数在 1% 的水平上显著为正，这说明竞争程度加剧会提高主体信用评级；从第（2）列结果，我们发现 Rating 变量系数在 1% 的水平上显著为负，而 Share×Rating 变量系数在 1% 的水平上显著为正，这说明评级竞争加剧会降低评级质量；最后，在以 Z_dum 为因变量的工具变量回归结果即第（3）列中，Share×Rating 变量系数也在 5% 的水平上显著为正，也说明评级竞争会降低评级质量。

（2）行业新增发债主体发行债券的比例作为工具变量

进一步地，我们使用行业中新增发债主体当年的债券发行数量与该行业当年所有债券发行数量的比例（New_Issue）作为工具变量进行回归。其中的理论逻辑是，对于新增发债主体而言，由于之前没有发行过债券，在第一次发债时，按照监管部门要求选择评级机构评级。而其他评级机构的成立时间都早于东方金诚，其他评级机构与已有的发行人都建立起了相对稳定的关系，东方金诚成为这些企业评级机构的可能性相对要低一些。而对于从来没有发行过公司债的企业来说，这些企业在选择评级机构时，选择东方金诚作为评级机构的可能性相对要高一些。因此，从理论上来说，新增发债主体当年发行债券数量占行业发债数量的比值越高，东方金诚当年在该行业的市场份额占比也会越高，这也就满足了工具变量的相关性条件。同时因为这个工具变量是行业层面的指标，与回归方程中企业层面的扰动项并不直接相关，满足外生性条件。第一阶段回归结果显示 F 值都大于 10，也说明不存在弱工具变量问题。

具体的回归结果见表 5.21 中第（4）、第（5）列。从第（4）列结果可知，Share 变量系数在 10% 的水平上显著为正，即评级市场竞争将会提高信用评级；在第（5）列以 CS 为因变量的回归结果中，Rating 变量系数在 5% 的水平上显著为负，而 Share×Rating 在 10% 的水平上显著为正，该结果说明随着竞争程度的加剧，信用评级对债券信用利差的影响在减弱。最后，在以 Z_dum 为因变量的第（6）列结果中，Share×Rating 变量在 10% 的水平上显著为正，这也说明评级竞争导致信用评级预测违约风险的作用在下降。

表 5.21　　　　　　　　　工具变量的回归

变量	Share 变量滞后一期			行业新增发行主体发行债券数量比例		
	（1）	（2）	（3）	（4）	（5）	（6）
	Rating	CS	Z_dum	Rating	CS	Z_dum
Share	1.062*** (3.30)	-16.139*** (-3.08)	-7.293*** (-3.01)	2.926* (1.83)	-170.030* (-1.66)	-47.048** (-1.97)
Rating		-1.000*** (-13.35)	-0.093** (-2.50)		-2.634** (-2.56)	-0.608** (-2.09)
Share×Rating		3.090*** (3.37)	1.044** (2.38)		32.286* (1.79)	9.175* (1.94)
Size	0.551*** (52.50)	0.154*** (3.58)	0.019 (0.92)	0.536*** (70.71)	0.164*** (3.18)	0.034 (1.58)

续表

变量	Share 变量滞后一期			行业新增发行主体发行债券数量比例		
	(1)	(2)	(3)	(4)	(5)	(6)
	Rating	CS	Z_dum	Rating	CS	Z_dum
Lev	-1.889*** (-17.02)	0.930*** (3.08)	0.009 (0.06)	-1.787*** (-22.75)	1.414*** (3.69)	-0.061 (-0.43)
Roe	0.009*** (4.80)	-0.022*** (-5.43)	-0.008*** (-4.42)	0.009*** (7.60)	-0.032*** (-3.34)	-0.007*** (-3.84)
Cur_as	-0.079*** (-4.29)	-0.005 (-0.11)	-0.022 (-0.83)	-0.092*** (-7.18)	0.041 (0.79)	0.034 (1.09)
ICR	-0.002*** (-4.60)	0.002* (1.82)	0.001 (1.61)	-0.001*** (-3.03)	0.006** (2.40)	-0.000 (-0.17)
PPE	0.159* (1.84)	0.127 (0.54)	-0.035 (-0.29)	0.076 (1.13)	-0.165 (-0.62)	-0.011 (-0.10)
N_SoE	-0.412*** (-15.72)	0.780*** (10.45)	0.065** (2.17)	-0.463*** (-22.98)	0.752*** (7.85)	-0.001 (-0.02)
Gov_Bond	0.092*** (2.59)	-0.261** (-2.58)	0.202*** (4.17)	0.058** (2.10)	-0.125 (-0.63)	0.132* (1.68)
Amount		0.032 (0.70)			0.060 (0.87)	
Guarantee		0.025 (0.32)			0.079 (0.76)	
Contract		-0.085 (-1.22)			-0.162 (-1.61)	
Ind	Yes	Yes	Yes	Yes	Yes	Yes
Year	Yes	Yes	Yes	Yes	Yes	Yes
Agence	Yes	Yes	Yes	Yes	Yes	Yes
Province	Yes	Yes	Yes	Yes	Yes	Yes
Constant	-6.335*** (-21.50)	2.185** (2.47)	0.970** (2.44)	-6.067*** (-25.48)	11.215* (1.83)	3.097** (1.97)
样本量	2706	2029	925	4338	2769	1405
Adj_R^2	0.711	0.411	0.490	0.719	0.341	0.245

注：***、**、*分别表示在1%、5%与10%的水平上显著，括号内为经过异方差调整后的t值。

六 市场竞争影响的进一步分析

(一) 评级机构利益冲突差异的检验

由于"发行人付费"模式导致评级机构独立性缺失,从而导致评级机构与发债主体之间存在利益冲突。一旦评级机构在面临高业务竞争压力时,与企业存在利益冲突较大的评级机构将有更大的动机给企业更高的评级。相关研究也证实了这一点,Bolton 等(2012)的研究在理论上说明了评级机构在对与自身利益冲突较大的企业评级时,会倾向于放松评级标准,给予这些企业更高的评级。He 等(2011)也证实了这个理论预测,发现企业的债券发行规模越大时,评级机构从该企业获得评级费用越多,信用评级膨胀的程度越大。为了对此进行验证,我们采用两个指标来度量评级机构与发债企业之间的利益冲突:一是借鉴 He 等(2011)的研究,以企业累计发债规模进行衡量。其原因是发债规模越大,潜在评级费用也越高,发行人与评级机构之间潜在的利益冲突也越大;二是采用企业累计发债只数进行衡量,这是因为发债只数越多的时候,潜在的评级费用也会越高(Xia 和 Strobl,2012)。在两个度量指标的基础上,我们按照变量的 3/4 分位点把样本分为利益冲突高(大于 3/4 分位点)与利益冲突低(小于 3/4 分位点)组进行回归分析,相应的回归结果见表 5.22。

表 5.22 利益冲突差异下的回归结果

变量	累计发债规模 (1) 小	累计发债规模 (2) 大	发债数量 (3) 少	发债数量 (4) 多
Share	0.847*** (2.77)	2.029*** (4.55)	0.833*** (3.22)	1.683** (2.55)
组间 Share 系数差异检验	4.94***		1.49*	
Size	0.554*** (49.74)	0.508*** (19.70)	0.553*** (54.00)	0.417*** (22.55)
Lev	-1.813*** (-18.98)	-1.284*** (-7.93)	-1.720*** (-18.14)	-1.786*** (-8.73)
Roe	0.009*** (5.45)	0.003 (1.01)	0.009*** (5.50)	0.004 (1.45)

续表

变量	Rating			
	累计发债规模		发债数量	
	（1）	（2）	（3）	（4）
	小	大	少	多
Cur_as	-0.093***	0.046	-0.081***	-0.115***
	(-5.76)	(1.32)	(-4.89)	(-3.53)
ICR	-0.000	-0.003***	-0.000	-0.003***
	(-1.36)	(-4.54)	(-1.32)	(-7.59)
PPE	0.067	1.466***	0.130*	-0.143
	(0.91)	(7.86)	(1.65)	(-1.18)
N_SoE	-0.502***	-0.207***	-0.472***	-0.431***
	(-21.07)	(-4.45)	(-19.69)	(-8.96)
Gov_Bond	0.057**	-0.292**	0.060*	0.091*
	(1.98)	(-2.40)	(1.82)	(1.73)
Ind	Yes	Yes	Yes	Yes
Year	Yes	Yes	Yes	Yes
Agence	Yes	Yes	Yes	Yes
Province	Yes	Yes	Yes	Yes
Constant	-7.072***	-7.015***	-6.648***	-2.351***
	(-25.45)	(-9.33)	(-22.76)	(-4.55)
样本量	3360	1012	3115	1257
Adj_R²	0.699	0.694	0.699	0.687

注：***、**、*分别表示在1%、5%与10%的水平上显著，括号内为经过异方差调整后的t值。

表5.22的第（1）、第（2）列与第（3）、第（4）列分别给出了在累计发债规模与发债数量分组下的回归结果。在以总发债规模作为分组的回归结果中，Share变量系数在1%的水平上均显著为正，而在累计发债规模大组中系数较大，在累计发债规模小组中的系数较小，且Share变量系数在两组中的差异在1%的水平上显著。相似的结论也在以发债数量作为分组的回归结果中存在，同时也发现Share变量系数在两组中的差异也在10%的水平上显著。上述结果说明，与企业存在利益冲突较大的评级机构将有更大的动机给企业更高的评级。

(二) 如何减小评级机构竞争所带来的负面影响

1. 评级机构的异质性

相关研究发现,来自国外的评级机构比本土评级机构更加重视自身声誉,从而会使得评级结果更为可信(Shin 和 Moore,2008;林晚发和陈晓雨,2018)。Li 等(2006)、Korkeamaki 等(2014)研究发现日本企业股票价格对国际评级机构的评级下调反应比日本本土评级机构的反应更强烈,从而得出本土评级机构与国外评级机构在技术以及声誉上存在显著的不同。因此,在评级机构竞争加剧时,有外资背景的评级机构是否能够维持相对客观的评级结果是一个值得进一步研究的问题。

我们以新世纪作为外资背景的评级机构①,以大公国际与鹏元作为本土评级机构进行分组回归,相应的回归结果见表 5.23。从表 5.23 结果可知,Share 变量在外资评级机构组中显著为负,而在本土评级机构组中显著为正,这说明在面对市场竞争时,本土评级机构将会给出更高的信用评级。基于上述分析,面对市场竞争加剧时,本土评级机构基于自身利益会提高相应的信用评级,而有外资背景的评级机构在自身声誉机制约束下,能够保持相对的独立性。

表 5.23 评级机构竞争与信用评级:评级机构视角

变量	Rating	
	本土评级机构	外资评级机构
Share	1.790***	-1.186**
	(4.30)	(-2.22)
Size	0.509***	0.554***
	(30.72)	(26.40)
Lev	-0.513***	-1.336***
	(-3.20)	(-6.83)

---

① 外资背景评级机构是指境外评级机构对本土评级机构进行参股或技术合作,使得本土评级机构有着外资背景。本书剔除了中诚信证券与联合信用两个评级机构样本。其原因是:第一,2006 年,中诚信国际信用评级有限公司(中诚信国际)出让 49%的股权给予穆迪,而中诚信证券是中诚信国际的子公司;第二,2008 年,惠誉持有联合资信评估股份有限公司(联合资信)49%的股权,而联合信用是联合资信的子公司。因此,虽然中诚信国际与联合资信有外资背景,但是难以说清交易所债券市场中的中诚信证券与联合信用这两个评级机构是否有外资背景,因此本书进行剔除。

续表

变量	Rating	
	本土评级机构	外资评级机构
Roe	0.011*** (4.05)	0.004 (1.09)
Cur_as	-0.015 (-0.48)	-0.079** (-2.30)
ICR	0.000 (0.27)	-0.001 (-1.15)
PPE	0.366*** (2.62)	0.558*** (3.43)
N_SoE	-0.426*** (-9.84)	-0.767*** (-14.96)
Gov_Bond	0.002 (0.03)	0.019 (0.33)
Ind	Yes	Yes
Year	Yes	Yes
Agence	Yes	Yes
Province	Yes	Yes
Constant	-5.635*** (-12.34)	-6.809*** (-13.35)
样本量	1149	639
Adj_R^2	0.811	0.744

注：***、**、*分别表示在1%、5%与10%的水平上显著，括号内为经过异方差调整后的 t 值。

2. 承销商声誉的异质性

证监会在2009年实施了《证券公司分类监管的规定》，其中以证券公司风险管理能力（具体包括资本充足率、公司治理、风险控制、信息安全、客户权益保护以及信息披露）为基础，再综合考虑市场竞争力以及合规情况确定了证券公司的级别。证监会每年对外公布基于上一年券商表现的评级分类结果，该评级结果可以作为券商申请增加业务种类、新设营业网点、发行上市等事项的审慎性条件，其目的在于对证券公司实施有效的监管，提高资源配置效率以及监管效率，促进市场的健康发展。

随着债券违约的常态化，承销商也面临行政、民事以及刑事方式的责任，更为重要的是债券违约也会给承销商后续的业务开展产生重大影响。一旦承销商受到相关处罚或者承销的债券违约，将会影响承销商的声誉以及评级。因此，在评级竞争加剧时，高评级的承销商为了维持自身的高评级，一方面，会选择承销高质量发行人的债券；另一方面，高评级的承销商也有可能监督评级机构的评级过程。基于此，我们预计评级机构竞争导致高评级的现象在承销商声誉高组中会不显著。为此，我们按照证监会每年对券商的评级结果对承销商声誉进行赋值（林晚发等，2019）。具体地，本书定义当券商评级为 AA 级以上时，则承销商为高声誉组，其他情况时，承销商为低声誉组。最后，按照上述分组进行回归，相应的结果见表 5.24 前两列。从结果中我们可以看到 Share 变量在承销商声誉高组中不显著，而在承销商声誉低组中显著为正。

表 5.24　　　　评级竞争与信用评级：承销商声誉视角

变量	Rating 声誉高	Rating 声誉低	CS 声誉高	CS 声誉低
Share	0.629 (1.41)	0.922*** (2.63)	4.825 (0.79)	-13.032** (-2.09)
Share×Rating			-0.469 (-0.46)	2.668** (2.48)
Rating			-0.549*** (-5.90)	-0.974*** (-10.43)
Size	0.540*** (36.38)	0.512*** (37.84)	0.089* (1.72)	0.104* (1.91)
Lev	-1.862*** (-11.71)	-1.602*** (-11.75)	0.830** (2.24)	0.798** (2.08)
Roe	0.003 (1.23)	0.014*** (5.82)	-0.013** (-2.53)	-0.028*** (-4.92)
Cur_as	-0.126*** (-4.73)	-0.052** (-2.34)	-0.102* (-1.78)	-0.059 (-1.01)

续表

变量	Rating 声誉高	Rating 声誉低	CS 声誉高	CS 声誉低
ICR	-0.001*** (-2.74)	-0.003*** (-5.68)	0.002** (2.12)	0.001 (0.98)
PPE	0.020 (0.16)	0.162* (1.73)	-0.476 (-1.52)	-0.131 (-0.47)
N_SoE	-0.476*** (-12.74)	-0.442*** (-13.40)	0.593*** (6.20)	0.895*** (9.31)
Gov_Bond	0.070 (1.50)	-0.007 (-0.16)	-0.020 (-0.17)	-0.271** (-2.25)
Amount			-0.109** (-2.00)	0.070 (1.19)
Guarantee			-0.120 (-1.19)	-0.011 (-0.11)
Contract			-0.070 (-0.84)	-0.144 (-1.58)
Ind	Yes	Yes	Yes	Yes
Year	Yes	Yes	Yes	Yes
Agence	Yes	Yes	Yes	Yes
Province	Yes	Yes	Yes	Yes
Constant	-6.116*** (-13.12)	-5.722*** (-11.36)	2.899** (2.54)	3.962*** (3.26)
样本量	1616	1875	914	1194
Adj_R^2	0.707	0.728	0.393	0.482

注：***、**、*分别表示在1%、5%与10%的水平上显著，括号内为经过异方差调整后的t值。

为了更好地从实证上检验高声誉承销商对评级机构评级过程的监督作用，我们进一步按照如下思路来进行检验：理论上，如果高声誉承销商对评级机构的评级过程存在监督作用，那么高声誉承销商承销债券的评级质量会更高。按照这个理论分析，我们应该可以预期在高声誉承销商样本组的回归结果中，信用评级与信用利差之间的关系可能就不会受评级机构竞争所带来的负面影响。因此，我们按照这一理论进一步实证检验，按照承销商声誉高低分组检验评级机构竞争对评级质量的影响，相应的回归结果见表 5.24 后两列。从结果可以看到，Share×Rating 系数在高承销商声誉组中不显著，在低承销商声誉组中显著为负。这也意味着高声誉承销商承销债券的评级质量并没有因为评级机构竞争的原因而下降，而低声誉承销商承销债券的评级质量会因为评级机构竞争的原因而下降。上述结论验证了我们的理论分析，即高声誉承销商通过对评级机构评级过程的监督，进而避免了评级机构竞争带来的评级质量下降。

3. 媒体关注的影响

由于国内对评级机构监管的机制还不完善，导致评级机构对发行人给出高评级结果时，评级机构获得的收益高，而成本低。如果评级机构受到外部监督增强时，是否会改善评级机构竞争对评级结果的影响？为了对此进行验证，本书以企业的媒体报道数量作为企业外部监督的代理变量进行检验（孔东民等，2013；周开国等，2016）。相关的媒体报道数据库来自于 datago 新闻媒体数据库，同时按照媒体报道次数的 3/4 分位点把样本分为媒体报道少（小于 3/4 分位点）与媒体报道多（大于 3/4 分位点）两组。基于上述分组按照模型（5.2）进行回归分析，相应的回归结果见表 5.25。

表 5.25　　　　　　评级竞争与信用评级：媒体关注视角

变量	Rating 媒体报道少	Rating 媒体报道多
Share	1.052* (1.76)	-1.851* (-1.72)
Size	0.614*** (31.37)	0.601*** (16.94)
Lev	-1.887*** (-12.09)	-2.093*** (-4.70)
Roe	0.004 (1.48)	-0.007 (-1.27)
Cur_as	-0.030 (-1.24)	0.172** (1.99)
ICR	0.001** (2.18)	-0.000 (-0.75)

续表

变量	Rating	
	媒体报道少	媒体报道多
PPE	-0.178 (-1.52)	0.820* (1.86)
N_SoE	-0.293*** (-8.14)	-0.087* (-1.79)
Gov_Bond	0.145** (2.14)	0.499*** (2.95)
Ind	Yes	Yes
Year	Yes	Yes
Agence	Yes	Yes
Province	Yes	Yes
Constant	-7.031*** (-14.72)	-6.791*** (-7.83)
样本量	1221	406
Adj_R^2	0.699	0.881

注：***、**、*分别表示在1%、5%与10%的水平上显著，括号内为经过异方差调整后的 t 值。

从表5.25的结果得出，在媒体报道少（多）组中，Share变量系数在10%的水平上为正（负）。这说明在媒体报道较少时，评级机构在面临竞争加剧时会提高企业的评级。而随着媒体关注的加强，评级机构提高评级的动机在减弱。因此，在外部监督机制较强时，有助于让评级机构保持独立性，减少其与企业进行合谋。

七 评级竞争对股票市场的溢出效应

随着近年来交易所债券市场大力发展公司债，对公司债评级机构竞争及其对股票市场溢出影响的研究可能就更为重要。就我们的文献阅读范围，目前还没有文献研究评级机构竞争对股票市场的溢出影响。从目前的文献来看，债券市场与股票市场不仅波动率存在联动性（Gebhardt等，2005；史永东等，2013），流动性之间也存在负向相关性（Kim等，2006；龚玉婷等，2016）。相关研究也分析了债券市场和股票市场之间的信息共享现象，研究发现债券市场的评级信息能够影响股票市场参与者行为。比如，债券市场的信用评级被下调之后，股市会出现负面反应

（林晚发和陈晓雨，2018；Amin 等，2020）。信用评级信息也能够提高股市分析师的预测表现（Batta 和 Muslu，2017；林晚发等，2020），其原因是债券市场的信用评级信息扮演了信息传递与估值的角色，能够有效降低企业与投资者之间的信息不对称，继而影响投资者决策。在有限关注假说下，信用评级与分析师对企业信息关注点存在一定的差异，信用评级主要体现企业风险信息，而分析师更加关注企业盈利与发展机会，因此两个信息中介提供的信息存在互补性。

尽管如此，上述结论成立的前提是债券市场信用评级信息是真实可靠的。在本书的研究中，评级机构竞争会导致评级结果的膨胀和评级质量降低。按照信息传递机制，这种低质量的评级信息一旦传递到股票市场，且投资者无法识别这种膨胀现象，将会导致股票市场信息效率的降低。基于此背景，本书进一步研究评级机构竞争负面影响对股票市场的溢出效应。具体而言，我们进一步研究评级机构竞争导致的信用评级质量下降是否同时也降低了股票市场的信息效率。

在有效市场假说下，股票价格特征能够体现出市场信息效率。为此，我们构建了三个指标来反映股票市场的信息效率：一是借鉴 Polk 和 Sapienza（2008）的研究，采用可操控性应计利润来度量股票错误定价程度；二是借鉴 Durnev 等（2003）、黄俊和郭照蕊（2014）的方法计算股价同步性（SYN），具体地，将个股收益率方差分解为市场收益率方差和公司特质因子方差：

$$r_{it,w} = \alpha_{it} + \beta_{it} \times r_{mt,w} + \varepsilon_{it,w} \tag{5.4}$$

其中，$r_{it,w}$ 表示股票 i 在 t 年度 w 周的收益率，$r_{mt,w}$ 表示市场指数的周收益率，$\varepsilon_{it,w}$ 为残差。上述模型的拟合优度 R^2 表示市场冲击对个股收益率变动的影响，$1-R^2$ 则反映了公司特有信息对个股收益率变动的影响。基于此，本书定义股价同步性 $SYN = Ln((1-R^2)/R^2)$；三是借鉴林晚发等（2020）研究，以分析师预测偏误来度量股票市场信息含量。分析师预测偏误来衡量市场信息环境是基于有效市场假说，在此假说下，分析师预测偏误受市场中信息总量水平的影响，因此分析师预测偏误可以用来衡量市场信息环境水平。

基于上述分析，股票错误定价越小、股价同步性越小以及分析师预测偏误越小，股票市场的信息效率也就越高。我们以上述三个变量作为因变量代入回归方程进行回归，回归结果见表 5.26。第（1）列是以股票错误定价为因变量的回归结果，我们发现 Share×Rating 系数在 1% 的水平上显著为正，这个结果说明评级机构竞争导致的评级质量下降提高了股票市场错误定价的程度。类似地，在股价同步性回归中，我们发现 Share×Rating 系数在 5% 的水平上显著为正，说明评级机构竞争导致的评级质量下降提高了股价同步性。最后，在分析师预测偏误的回归中，Share×Rating 系数同样显著为正，也说明评级机构竞争导致的评级质量下降提高了分析师预测偏误。上述结论说明了债券评级机构竞争加剧所导致的评级质量下降的确对股票市场的信息效率带来负面影响。

表 5.26　　基于股票市场信息效应的分析

变量	错误定价 (1)	股价同步性 (2)	分析师预测偏误 (3)
Share	-1.380*** (-3.15)	-1.514* (-1.87)	-9.383** (-1.99)
Share×Rating	0.300*** (3.96)	0.289** (2.00)	1.504** (2.23)
Rating	-0.010 (-1.59)	-0.030** (-2.37)	-0.392*** (-4.89)
Size	0.001 (0.30)	0.033*** (4.50)	0.085*** (3.54)
Lev	-0.049 (-1.43)	-0.056 (-1.32)	1.124*** (5.43)
Roe	0.003*** (8.17)	-0.002*** (-2.87)	-0.040*** (-5.90)
SoE	0.005 (0.90)	-0.050*** (-4.45)	-0.153* (-1.95)
Ind	Yes	Yes	Yes
Year	Yes	Yes	Yes
Province	Yes	Yes	Yes
Constant	-0.049 (-0.47)	0.365** (2.33)	1.580*** (2.88)
样本量	1537	1546	1423
Adj_R^2	0.088	0.351	0.376

注：***、**、*分别表示在 1%、5% 与 10% 的水平上显著，括号内为经过异方差调整后的 t 值。

八 主要结论与政策含义

金融中介机构在国内金融体系中发挥着至关重要的作用。本书通过债券市场的微观数据研究信用评级机构竞争对评级结果和质量的影响。在考虑了潜在内生性问题的基础上，本书的研究发现："发行人付费"模式下的信用评级机构竞争使得评级机构给出了虚高的信用评级，表现为信用评级对债券信用利差的影响和对企业未来违约的预测能力都在下降。同时，信用评级质量的下降也会使得股票市场信息效率的降低。进一步分析表明，评级机构竞争与评级结果之间的关系还会受评级机构与发行人之间利益冲突大小的影响：即当竞争加剧时，评级机构会对有较多业务联系的企业放松评级标准，给更高的信用评级，从而降低了评级质量。最后，本书的研究也发现有外资背景的评级机构、高声誉承销商和较高的媒体关注，有助于降低评级竞争对评级结果的负面影响。

本书的研究结论有着如下政策含义：首先，由于评级行业"发行人付费"模式为主导的特殊性，"发行人付费"模式下评级机构的过度竞争会损害资本市场信息效率，因此监管部门对国内"发行人付费"模式的评级机构数量可以适度控制，以此减小评级竞争带来的不利影响。同时，可以进一步发挥债券市场上双评级、多评级以及不同模式评级的交叉验证作用，以此来提高信用评级行业的评级质量。其次，本书研究结论对评级行业的对外开放提供了理论与实证支持。本书的研究结论发现面临评级竞争时，外资参股评级机构能够降低评级竞争所带来的负面效应。这意味着对于"发行人付费"模式带来的潜在利益冲突问题，外资评级机构的进入能够帮助改善国内评级机构的评级质量，进而促进债券市场的发展。最后，为了避免评级市场过度竞争带来的负面影响，一方面，可以通过相关中介机构监督来约束评级机构不负责任的评级行为，以此提高承销商监督评级机构的动力，提高评级质量。另一方面，可以完善债券市场的外部监督机制，尤其是加强媒体对评级机构行为的舆论监督，以此来提高评级机构独立性。

第六章 信用评级虚高：来自监管要求的分析

第一节 债券评级包装与"担保正溢价"之谜

一 引言

随着中国经济的高速发展与金融体制改革的深化，截至 2020 年，中国债券市场余额已达到 117 万亿元人民币，位居世界第二。2020 年，企业信用债直接融资规模达到 12.2 万亿元，为股票一级市场融资规模的 26 倍。与此同时，债券市场也暴露出严重的信用危机。自 2014 年 3 月 "11 超日债"发生违约以来，截至 2020 年底，已有 689 只债券发生违约，涉及金额达到 5570 亿元。大规模的债券违约使得投资者开始质疑信用评级的精确性，继而追求高信用评级债券或者国有企业债券。然而，在 2020 年 11 月，华晨汽车与永煤集团两个国有企业所发行的 AAA 级债券违约，打破了 AAA 级国有企业债券"刚性兑付"信仰，债券市场的信用体系受到了严重冲击，凸显了中国信用评级存在的失真问题，继而导致评级机构又一次被推到风口浪尖①，被指责没有为市场提供及时有效的信息，评级膨胀现象严重（林晚发等，2017；孟庆斌等，2018；宋敏等，2019；吴育辉等，2020；寇宗来等，2020）。针对债券市场信用的缺失，2020 年 11 月 21 日，国务院金融稳定发展委员会第四十三次会议专门要求建立良好的地方金融生态和信用环境来促进债券市场发展与维持债券市场稳定。

现有研究基于评级付费模式（Jiang 等，2014；Xia，2014；Cornaggia

---

① 2018 年 8 月 20 日，大公国际评级机构被监管部门处罚，暂停新增评级业务一年；2020 年 12 月 14 日，东方金诚被禁评级三个月；2020 年 12 月 30 日，中诚信国家被监管部门处罚，暂停新增评级业务三个月。评级机构被处罚与评级业务暂停事件都凸显了评级市场存在的问题。

等，2016）与市场竞争结构（Becker 和 Milbourn，2011；Bolton 等，2012；Griffin 等，2013）发现信用评级市场存在"评级购买"（Rating Shopping）与"评级迎合"（Rating Catering）现象，从而导致信用评级膨胀与信息失真。"评级购买"强调企业主动行为，指发行人可向多个评级机构征求评级，然后选择最高的评级（Skreta 和 Veldkamp，2009；Faure-Grimaud 等，2009）。而"评级迎合"强调评级机构的主动行为，即在市场竞争压力下，评级机构为了吸引客户可能不会严格遵守评级标准，通过夸大信用评级来获得当前和未来的收入与市场份额（Becker 和 Milbourn，2011；Bolton 等，2012）。但上述两种解释都没有考虑债券契约条款（如担保条款）如何影响评级。理论上，如果不在评级框架下考虑债券契约设计，那么限制性债券契约可以通过信号和缓解道德风险等方式降低债券的风险溢价（Smith 和 Warner，1979），许多基于国外数据的研究也发现了限制性债券契约与风险溢价的负相关性（Roberts 和 Sufi，2009；Bradley 和 Roberts，2015）。一方面，中国信用债市场广泛存在债券担保这一契约条款（本书样本中有担保债券比例为 17.8%）；另一方面，图 6.1 表明，近年来我国的交易所市场债券发行信用利差在有担保债券中明显更高。并且，担保正溢价现象在低评级（AA 级）债券和高评级（AAA 级）债券中都存在[1]，与标准理论预测形成鲜明对比[2]。

为了解释"担保正溢价"之谜，本书在事前信息不对称的借贷理论框架下，提出了一种新的信用评级理论机制，即企业和评级机构讨论在债券发行中加入更多的限制性条款[3]为更高的评级提供基础，从而达到一定的债券评级水平，本书将其定义为"评级包装"（Rating Dressing）。与"评级购买""评级迎合"只反映企业或评级机构单方面行为不同的是，"评级包装"这一种解释侧重于企业和评级机构之间通过合作来"包装"

---

[1] 沪深交易所要求企业债券评级需不低于（大于或等于）AA 级才能发行，从而使得低质量债券发行人具有很高的激励通过担保条款提高评级，是一个符合本书识别条件的样本。

[2] 给定发行人违约风险，担保越高，违约偿付率越高，债券风险溢价越低，即发行利率越低。

[3] 债券的限制性条款类型很多，包括可赎回条款、可转换条款、可提前偿还条款、交叉违约条款、再融资限制条款等。而本书主要集中讨论了担保条款，因为债券投资者主要关心下行风险，担保能够在违约实际发生时提供补偿，因此这一条款是对债券基本面影响最大也是投资者最为关注的条款之一。

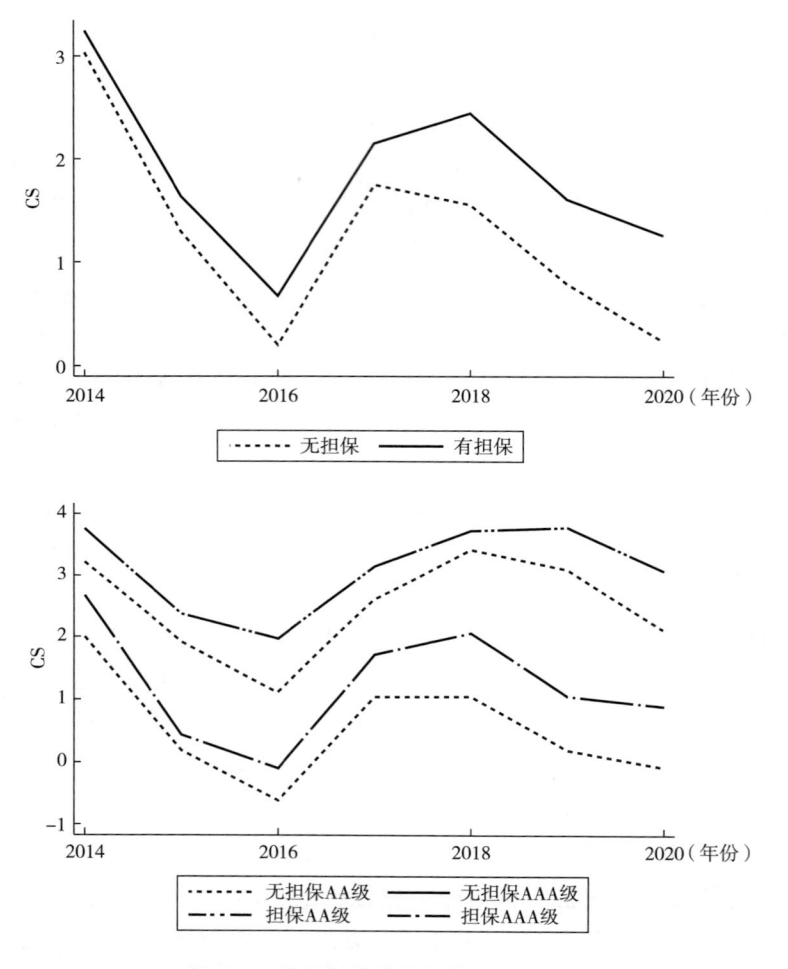

图 6.1 担保与债券发行信用利差均值

某一水平的评级，强调的是企业与评级机构之间的交流与协商过程[①]。具

---

① 在真实的评级过程中，"评级购买""评级包装"是同时进行的。债券发行人通过"评级购买"拿到期望的评级，如果未能实现，那么发行人将会进一步通过"评级包装"来实现。因此"评级包装""评级购买"存在互补关系。笔者在其他的工作论文中发现，评级购买与评级包装是一种互补关系，即资质差的企业会选择评级标准松的评级机构，同时评级标准松的机构也会让资质差的企业采用更多的担保，继而提高资质差企业债券的评级。进一步地，在现有发行人付费模式下，如果"评级购买""评级包装"同时存在，"评级购买"将会减少"评级包装"的使用，那么担保的风险对冲效应将会得到体现。换言之，基准结果会进一步证实"评级包装"的存在性。而且，由于"评级购买"不涉及企业策略性的使用担保等增信手段的行为，因此无法解释担保与债券溢价的关系，而这正是本书关注的核心问题。

体地，发行人在基本面不变（发行主体评级一定）的情况下，为了获得高评级，评级机构会与企业进行协商，按照评级体系要求企业提供相应的补充资料与增信措施，从而调高债券评级。这种包装出来的高评级，一方面不会过分增加发行成本，从而满足发行人债券发行需求；另一方面也使得债券高评级存在一定的真实性（相比于评级购买与迎合而言），为债券发行通过监管部门的审批和得到市场投资者的认可创造条件。更为重要的是，此种"评级包装"具有一定的信号意义，即投资者可以通过债券担保条款与评级结果推断发行人风险。此条件下进行债券定价，则可能导致出现"担保正溢价"现象。

为了系统说明这一机制，本书首先参考 Bolton 等（2012）的债券评级理论框架，结合中国债券市场现实特征，构建了一个含有担保条款内生选择的债券发行与评级模型[①]。不同于 Bolton 等的基础模型，由于担保行为的引入，扩展后的模型具有信号博弈的特征，相应的均衡结构与求解方式也与基础模型不同。对本书模型的均衡进行求解分析，可获得如下三个重要结论：第一，在事前信息不对称的市场环境中（投资人不知道项目的真实好坏情况），存在唯一的分离均衡：评级机构所识别出的事前质量较差的债券发行人会通过提供担保保证自己成功发行，而评级机构所识别出的事前质量较好的债券发行人不会提供担保。第二，在理性的投资者眼中，担保事实上成为了事前债券质量较差的一个信号；当担保质量不够好（当违约实际发生且能够补偿投资者的比例不够大）时，投资者对有担保债券要求正溢价。担保正溢价也伴随着评级膨胀：在评级时，评级机构将担保的全部价值都计算进入模型来确定评级，但当实际违约发生时，由于种种原因，担保会存在折价，因此担保债券的事前价值小于考虑实际违约发生的事后实际价值，即评级膨胀来源于评级时使用的担保价值和违约实际发生时投资者所能获得偿付的担保价值的差异。第三，比较静态分析表明，担保溢价与三个参数相关：①事前债券整体质量分布中差债券比例提高会导致担保溢价提高；②债券个体违约概率的提高会导致担保溢价提高；③违约时投资人实际获得的担保价值

[①] Bolton 等（2012）模型中只考虑了债券评级及定价，未考虑债券担保行为。中国债券市场的一个重要特征是债券担保被广泛使用（本书样本中担保债券比例为 17.8%），且本书实证结果也表明担保的使用显著提高了债项评级。因此，为刻画中国的实际情况，须对 Bolton 等的框架进行拓展，内生化债券担保这一选择。

越低，则担保溢价越高。

为了验证"评级包装"的理论假说，本书以2009—2020年交易所发行的公司债与企业债为样本进行实证检验①，得到的结果如下：

第一，当控制债券评级与一系列债券和企业特征时，拥有债券担保条款的债券发行信用利差提高了50.9bps，约为企业平均债券成本（300bps）的17%。上述结果在考虑企业发行债券次数、控制企业主体评级、进行PSM匹配分析以及使用工具变量与政策冲击后都保持稳健。担保正溢价现象与传统理论下的两者负相关关系相悖，因此，债券担保可能是"评级包装"的工具，继而导致债券评级虚高。

第二，实证结果证实了理论模型的比较静态预测结果。①违约率较高的行业与省份、本土评级机构评级与声誉低的承销商承销的债券担保溢价更高，说明先验分布中差企业比例的提高会导致投资者要求更高的担保溢价；②研发支出比例较低、预警Z值较大以及发行主体信用评级越高的企业所发行的债券担保溢价越低，表明企业个体违约风险的下降会带来担保正溢价的下降；③当担保为抵质押而非第三方担保、担保人为国有企业以及担保人评级更高时，投资者对有担保债券要求的溢价下降。这表明担保品质量的上升有助于缓解"担保正溢价"现象。

第三，我们进一步分析了企业策略性使用担保进行评级包装的经济后果及其动机：①资质较差的企业更多地选择了担保条款；②无论是债券还是主体评级，违约样本的初始评级都集中在AA级，同时在主体评级低于AA级的违约债券中约有40%的债券存在担保，远远大于AA+级等级的7%。这意味着低质量发行人有更强的动机通过更多的担保将评级包装到AA级，并伴随着更多的债务违约；③担保与债项评级正相关，与主体评级负相关，意味着较差的企业通过使用担保提高了债项评级；④企业使用担保能提高债券发行成功率，这一现象在低主体评级债券更显著；⑤通过比较银行间市场无担保债券与交易所市场的有担保债券，企业使用担保能降低总融资成本（考虑业界通行的担保成本和债券发行利率成本）约30bps。

---

① 选择这一样本的原因在于交易所具有发行债券必须达到"AA"级要求，这为企业通过担保来获取一个较高的评级提供了强烈的激励。

第四，本书对我国以评级为基准的监管政策（Rating-Based Regulation）进行了评估。现实中我国存在大量依托信用评级水平作为基准的监管政策，而且都是对高评级债券实行更为宽松的监管。我们选取了2015年的对公募债券评级必须达到AAA级的政策以及2017年AAA级债券可进行质押的政策进行了分析。我们发现，政策实施后AAA级债券使用了更多的担保，同时，AAA级评级中的担保溢价在政策实施后显著提高。这意味着依托评级的监管导致了企业使用更多担保进行评级包装，加剧了企业的监管套利行为。

本书潜在的研究贡献在于以下四个方面。

第一，本书针对中国债券市场实际情况，建立了一个统一的理论框架，对担保、评级与债券定价三者间的关系进行定性解析，丰富了企业债券契约设计与定价的文献。早期文献对企业债务融资中内生担保行为的讨论，主要从信贷配给视角出发（Coco，2000）。其基本结论又分为两类：①在事前信息不对称（逆向选择）的环境下，低风险企业通常选择提供更多的担保，其原因在于投资者可以透过担保这一信号，识别低风险企业并降低其融资成本，缓解信贷配给压力（Bester，1985；Besanko和Thakor，1987）；②在事后信息不对称（道德风险）环境下，高风险企业通常选择提供更多的担保（Boot等，1991）。这些早期文献的不足之处同样明显：前者很难直接对担保正溢价现象进行直观解释，原因在于理论预测低风险企业提供担保的同时，应当获得更低的融资成本；而后者一般仅给出高风险企业提供担保这一结论，并未进一步分析其定价效应。与此不同，本书的理论模型虽然基于事前信息不对称，但在考虑债券评级后，所得结论表明高风险企业愿意提供担保，并且模型的简洁性保证了可以对出现担保债券发行利率高于非担保债券——担保正溢价的条件进行详细的理论刻画[1]。此外，近十年的文献还从公司治理的角度分析了企业策略性债券契约设计的动机（Roberts和Sufi，2009；Bradley和Roberts，2015），但该类文献尚未考虑债券评级问题，也无法对担保正溢价

---

[1] 本书模型的一个优势在于均衡时担保溢价可正可负，具体情况取决于若干有经济含义的参数取值。与此不同，在Boot和Thakor（1994）的道德风险模型中，担保债务尽管具有正溢价特征，但其融资利率总是高于无担保债务。此外，John等（2003）在一个道德风险（在职消费）设定下分析了企业担保债务与无担保债务的差异，但其关注点是在职消费引起的两类债务偿付变化，而没有以融资成本为直接目标。

现象给出直接的解释；限制性条款会给企业带来额外的成本，如果这些条款不能降低直接融资成本，理性的企业一定不会使用限制性条款（Smith 和 Warner，1979）。

第二，本书的理论与实证分析进一步深化了对担保品在债券发行与定价中所起作用的认识。与理论文献对债务担保行为存在多重互不一致的解释类似，实证文献长期以来对担保选择及其定价影响，也存在矛盾的理解（Berger 等，2011，2016）。本书的核心理论预测（命题 2 和命题 3）说明，如果担保对投资者的折价超过一个界限，那么担保债券的发行利率反而会超过市场中的无担保债券，并且担保正溢价随着折价加剧而提高。这不但与新近实证文献的发现一致（Benmelech 和 Bergman，2009；Berger 等，2016；Cerqueiro 等，2016），也与本书基于中国信用债担保类型的实证检验一致[①]。

第三，本书提出了评级包装这一评级膨胀的一种新解释。事实上，以往的评级购买和评级迎合都没考虑到评级机构的声誉损失。虚高的评级事实上在增加评级机构的当期收益的同时，会降低评级机构的声誉和特许价值（chartered value）。因此理性的评级机构并不会不顾债券基本面盲目提高评级；而评级包装则刻画了评级机构如何提供有一定基本面支撑的膨胀评级。此外，本书也丰富了企业策略性操纵信用评级手段的相关研究。现有研究主要分析了企业通过策略性操纵信息披露质量（Biddle 和 Hilary，2006；Bharath 等，2008；Chin，2016；Bozanic 和 Kraft，2015）、策略性避税（Bonsall，2014）与企业社会责任定性信息的选择性披露（Bae 等，2015）来影响主体信用评级，以及采用分层设计来提高资产证券化产品评级（Stanton 和 Wallace，2010）。本书进一步指出企业可以利用更多的良性债券契约（尤其是债券担保条款），以此拉升债券评级，造成评级"虚高"以及担保"失效"。

第四，本书评估了基于评级的监管政策的影响。这类监管政策由于有利于高评级债券，可能放大企业进行评级包装的动机，并会造成担保"失效"，违约率提高等经济后果，加剧了企业通过债券契约设计进行监管套利的行为。因此，在政策意义上，一方面基于评级的差异化监管

[①] 齐天翔等（2012）首先注意到中国的城投债存在担保正溢价的现象，但并未深入阐述其理论机制，也未控制债券评级的作用。

需要进行审慎地设计；另一方面需要出台增强担保真实性的相关监管措施。

二 理论模型

由于发达经济体的公司债（corporate bond）通常为无担保债券（debenture），因此，既有的债券评级与定价理论分析鲜少考虑债券担保对债券发行市场均衡的影响（Skreta 和 Veldkamp，2009；Bolton 等，2012；Sangiorgi 和 Spatt，2017）。然而在中国的企业信用债市场中，相当比例的债券含有担保条款。因此，本书中我们将首先构建一个简单的债券发行评级与定价模型，从理论上系统考察债券担保所带来的影响。

（一）基本设定

本书以 Bolton 等（2012）基于事前信息不对称的债券市场评级模型为参考，构建一个包含内生担保选择、债券评级与定价的理论模型，以刻画中国信用债市场的现实情况[①]。模型包括两期 $t=0$ 及 $t=1$，有三类决策主体：发债企业（发行人）、评级机构与债券市场投资者。各决策主体均为风险中性。每个发债企业在 $t=0$ 时，有一个投资项目需要融资。这个投资项目可能有好、坏两种类型，分别用 $\theta=g$ 与 $\theta=b$ 表示。企业需要在 $t=0$ 时为项目付出一单位投资。好项目以 100% 成功率在 $t=1$ 时，带来 $Y>1$ 的产出；坏项目以 $1-p<1$ 的概率成功并得到产出 Y，而以 $p>0$ 的概率失败且产出为零[②]。从 $t=0$ 到 1，投资者要求的单位资金（总）回报率为 $R_f>1$，满足 $R_f<Y$。与 Bolton 等（2012）一致，我们假设包括企业自身在内的决策者，事前只知道好、坏项目的先验概率分别为 $\Pr(\theta=g)=\mu$ 与 $\Pr(\theta=b)=1-\mu$，且 $\mu\in(0,1)$。评级机构的作用，就是部分地化解这一信息不对称问题。

具体而言，评级机构的作用体现在可以通过评级调查等一系列工作，产生一个关于项目类型 θ 的评级信号 $\phi\in\{G,B\}$，且 ϕ 的信息含量由如下条件概率所确定：

[①] Bolton 等（2012）的模型重点在于分析评级机构对客户的竞争如何影响评级膨胀，但并未考虑发行人的担保选择行为。与此不同，本书的重点在于分析债券担保带来的"评级包装"问题。为此，我们简化了 Bolton 等基础框架中的评级机构竞争设定，考虑单一评级机构，略去"信任型"投资者而只考虑"精明型"投资者，但同时增加了债券发行人内生的担保选择行为。

[②] 好企业投资项目 100% 成功是一个简化假设，我们可以设定好项目也有失败的可能性，只要失败概率比坏项目低即可。同样，坏企业项目失败是产出为 0 也是简化假设，我们可以假设此时产出为正，但只需要足够小即可。

$$\Pr(\phi=G\mid\theta=g)=\Pr(\phi=B\mid\theta=b)=e\in\left(\frac{1}{2},\ 1\right) \tag{6.1}$$

上式的含义为，好项目获得好信号的概率与坏项目获得坏信号的概率一样，均为 e 且介于 1/2 与 1。考虑两个极端情形：$e=1$ 意味着评级信号 ϕ 是项目类型 θ 的完美信号；而 $e=1/2$ 意味着评级信号 ϕ 完全无法提供项目类型 θ 的任务信息。当 e 的取值介于二者时，ϕ 是 θ 的一个不完美但有信息的信号。发债企业如果同意评级机构直接公布评级信号，那么各方将根据 ϕ 的取值，可以计算项目类型的后验概率：

$$\Pr(\theta=g\mid\phi=G)=\frac{e}{e+(1-e)\frac{1-\mu}{\mu}},\ \Pr(\theta=b\mid\phi=B)=\frac{e}{e+(1-e)\frac{\mu}{1-\mu}} \tag{6.2}$$

在 $e>1/2$ 的条件下，可以验证 $\Pr(\theta=g\mid\phi=G)>\mu$，$\Pr(\theta=b\mid\phi=B)>1-\mu$，故给定好（坏）的评级结果，项目分别为好（坏）类型的条件概率高于先验概率。在此基础上，市场参与各方可以进一步计算不同评级信号下，项目的后验失败概率：

$$p^G\equiv\Pr(\text{失败}\mid G)=\frac{(1-e)p}{e\frac{\mu}{1-\mu}+(1-e)},\ p^B\equiv\Pr(\text{失败}\mid B)=\frac{ep}{e+(1-e)\frac{\mu}{1-\mu}} \tag{6.3}$$

定义项目的先验失败概率 $\bar{p}=(1-\mu)p$，则可直接验证：$p^G<\bar{p}<p^B$。这说明，评级行为有助于市场参与者发掘项目信息，减轻信息不对称的影响。

我们假设企业在 $t=0$ 时，需要依靠发行债券为其项目进行融资。考虑到现实情形并做适当简化，模型中债券发行市场在 $t=0$ 的活动时间线如下：

（1）发行人联系评级机构，产生评级信号 $\phi\in\{G,\ B\}$；

（2）发行人与评级机构讨论是否通过设置债券担保 C 进行评级包装（rating dressing），为所发行债券提供增信[①]，并提升评级结果；

（3）发行人选择是否公布最终评级结果 $m\in\{G,\ B\}$，且若选择公布 m，则需支付评级费 τ；

[①] 现实中，承销商在债券合约的设计中起到关键作用，并且在评级机构的选择及沟通中具有决定性作用。模型中，发行人可以理解为企业与承销商的组合。这样的设定避免了额外引入承销商这一参与者，从而突出了评级机构的作用。

（4）投资者根据评级结果 m 及债券担保 C，推断项目类型并对债券发行利率 R 进行竞争性定价；

（5）发行人按照担保条款 C 与定价结果，发行债券。

上述时间线设定意味着模型中的债券发行市场可以看作发行人及评级机构为一方，投资者为另一方的一个信号发送博弈（signaling game）：投资者根据评级机构提供的评级结果 m 以及债券担保 C 两个可观测信号，推断发行人的类型 ϕ，并进行债券定价。与 Bolton 等（2012）等相关理论文献一致，我们使用贝叶斯完美均衡（Bayesian Perfect Equilibrium，BPE）这一概念，来刻画债券发行市场的均衡特征[①]。

企业在考虑是否发行债券时，将综合考虑发行定价 R、担保价值 C、评级费用 τ 以及成功发债所带来的私人非金钱收益（private benefit）η。特别地，我们假设评级费用 τ 是一个常数[②]。由于本书的重点在于内生的担保选择 C 如何影响发行定价 R，因此与 Bolton 等（2012）不同，我们不考虑多个评级机构竞争以及评级费用内生决定的问题。

现实中发行人总是在知晓初步评级结果的基础上，再决定是否实际发行。相应地，模型中发行人的预期回报是在知晓项目评级信号 ϕ 和给定评级结果 m 基础上的事后预期回报 $U^{\phi,m}$。给定债券定价 $R^{m,C}$，其表达式如下：

$$U^{\phi,m} = (1-p^{\phi})(Y-R^{m,C}) - p^{\phi}C - \tau + \eta \tag{6.4}$$

上式含义如下：首先，当且仅当项目成功时，发行人能够足额偿付债券本息并获得剩余回报；若项目失败，发行人将损失其所提供的担保 C。与 Boot 等（1991）的经典设定一致，尽管发行人可以提供担保 C，但担保本身并不能够为项目投资提供自融资（self-financing）[③]。一方面发行人成功发债后会获得一个非金钱（non-pecuniary）收益 $\eta>0$，例如维持其在债权市场的声誉并确保其他债务凭证的流动性等[④]。在本书的分析

[①] Bolton 等的模型中未考虑担保，故只有评级公告 m 一个信号；但在本书模型中，评级公告 m 与担保 C 均具有信号功能，因此本书模型的求解与 Bolton 等模型有重要区别。

[②] 国内信用债券评级的价格相对统一，一次评级的费用通常在 25 万元左右。

[③] 可以有很多理由解释为何担保无法提供自融资。例如在抵质押担保中，担保品本身可能流动性不足，无法在当期解决项目融资需求；见 Boot 等（1991）的讨论。而在第三方担保中，担保行为本身只是增信，而非直接提供信用。

[④] 近年来，兴起的信用债"结构化"发行现象也部分反映了发债企业有维持其市场"存在感"的动力。在"结构化"发行中，发行人会自行配置资金，申购自己发行的债券。抛开可能存在的不当利益问题，这一现象的合理经济解释必然导致类似 η 这样非金钱发行收益的存在。

中，总假设 η 足够大，即发行人总是偏好债券成功发行。

另一方面，投资者在发行人及评级机构公布的评级结果 m 与债券担保 C 之下，会推断发行人的真实类型 φ，进而判断项目失败概率。为简化记号，我们用 $p^{m,C}$ 来表示投资者推断的发行人类型所对应的失败概率。与现实情况类似，模型中的投资者对担保账面价值有一个单位折价 $\lambda<1$，因此对发行人而言，账面价值为 C 的担保，在投资者处的价值为 λC。投资者对担保进行折价的原因可能有多方面，如担保品相关的诉讼风险及成本，抵质押品专用性带来的流动性折价（Shleifer 和 Vishny，1992），或者第三方担保的偿付意愿与能力不确定性等。如下文所示，担保折价是造成担保债券发行利率更高的主要原因之一。给定 $p^{m,C}$ 和担保折价，投资者认购评级为 m、担保为 C 的债券所获回报为：

$$W^{m,C} = (1-p^{m,C})R^{m,C} + p^{m,C}\lambda C - R_f \tag{6.5}$$

现实中，评级机构对发行人和所发行债券分别给出主体与债项评级，其中债项评级是本书关注的焦点。相应地，模型中评级机构给出的评级结果 m 是针对待发行债券，因此 m 与发行人类型的信号 ϕ 并不需要一一对应。现实中评级机构进行债项评级时，会参考多方面的风险因素，结合复杂的风险模型来确定最终评级。为了理论分析的简明，并与模型风险中性偏好保持一致，我们假设模型中评级机构关心的核心是债券的 NPV。特别地，若发行人可以补充足够的账面担保 C，则评级机构可以给一个 $\phi=B$ 类发行人出具 $m=G$ 评级。这也是本书所指评级包装的实质：通过提供足够担保，使资质较差的发行人获得好评级[①]。下一小节，我们将具体刻画发行人选择多少担保以实现评级包装。

（二）债券评级与发行市场的均衡

在进一步求解市场均衡问题前，我们给出一组基准参数假设，从而剔除经济含义平凡的冗余情形。首先定义三种基本情况下项目的 NPV 表达式：①项目类型为 $\phi=G$ 时，定义 $V^G \equiv (1-p^G)Y - R_f$；②项目类型为 $\phi=B$ 时，定义 $V^B \equiv (1-p^B)Y - R_f$；③若无项目类型信息，则定义 $V^0 \equiv (1-\bar{p})Y -$

[①] 这里暗含了一个假设，即评级机构不会协助发行人直接"伪造"高评级。现实中，一方面，评级机构是受监管的持牌金融机构，其不当行为易受到监管处罚。另一方面，严格的准入限制保证了评级机构可以获得超额收益，形成类似商业银行的特许权价值，但这一价值的实现以评级机构的持续经营为前提，促使评级机构考虑其评级声誉。

R_f。我们在全文分析中，始终保持如下参数假设①：

假设：$V^B < V^0 < 0 < V^G$ (6.6)

由于 $p^B > \bar{p} > p^G$，自然有 $V^B < V^0 < V^G$，因此上述假设的关键在于 $V^0 < 0 < V^G$。换言之，这一参数假设表示，如果没有评级产生的项目类型信息且无任何增信（如提供担保）的话，按照项目先验失败概率计算的平均项目 NPV 为负，故投资者不会购买一个先验平均项目发行的债券。类似地，如果没有任何增信，投资者也不会购买 $\phi = B$ 类项目发行的债券。而企业类型为 $\phi = G$ 时，这个投资项目的 NPV 为正，投资者会有意愿认购该项目的债券。

在上述假设下，我们可以证明基准模型存在一个分离均衡（separating equilibrium），其中 $\phi = G$ 类发行人选择零担保并从评级机构获得 $m = G$ 评级，而 $\phi = B$ 类发行人选择严格大于零的担保 $C^* > 0$ 以获得评级机构的 $m = G$ 评级，并且这还是唯一的分离均衡②。该均衡的具体刻画如命题 1 所示。

模型存在唯一的分离均衡。其中 $\phi = G$ 类发行人选择零担保，获得 $m = G$ 评级，并以 $R^G = R_f/(1-p^G)$ 的利率发行债券；而 $\phi = B$ 类发行人选择提供 $C^* = (1-p^G/p^B)Y$ 的担保，同样获得 $m = G$ 评级，并以 $R^{G,C} = R_f/(1-p^B) - p^B/(1-p^B)\lambda C^*$ 的利率发行债券。

该命题证明思路如下：首先，在一个分离均衡中，投资者可以通过发行人的信号 (m, C) 正确判断其类型 ϕ，故此时债券定价是准确的，满足 $(1-p^\phi)R^{m,C} + p^\phi \lambda C = R_f$。将此式代入发行人收益表达式(6.4)可知：

$$U^{\phi, m} = (1-p^\phi)Y - R_f - (1-\lambda)p^\phi C - \tau + \eta = V^\phi - (1-\lambda)p^\phi C - \tau + \eta$$

给定 V^ϕ、τ 及 η 的取值，且注意到 $\lambda < 1$，上式说明发行人总是偏好尽可能避免担保的使用。其原因在于投资者对担保存在折价，在分离均衡中这会反映在使用担保的债券定价 $R^{m,C}$ 中。换言之，$\lambda < 1$ 意味着担保的

---

① 这一参数假设的实质，在于 p^G 足够小而 p^B 足够大。
② 事实上，我们可以证明这个分离均衡是模型唯一的均衡。换言之，基准模型中不存在合并均衡（pooling equilibrium）。限于篇幅，详细证明请联系笔者索取。证明的基本思路如下：若在某个债券评级 m 及非零担保 $C > 0$ 下，$\phi = G, B$ 两类发行人以同样的利率 $R^{m,C}$ 发行债券，那么因为投资者依然获得 R_f 的期望回报可知，$\phi = G$ 发行人在此利率下一定向 $\phi = B$ 投资者让渡了部分预期收益。因此 $\phi = G$ 类投资者有动机降低 C，实现与 $\phi = B$ 的分离，从而获得公允定价，增加期望回报。

使用存在死成本（deadweight cost），投资者会将这一成本通过债券定价转嫁给发行人。对于 $\phi=G$ 类发行人，由于 $V^G>0$，因此其最优策略是避免使用担保，故均衡时 $\phi=G$ 类发行人选择零担保发行，相应地，债券发行利率定价需满足 $(1-p^G)R^G=R_f$。此外，只要成功发行的非金钱收益 η 与 V^G 之和大于评级费用 τ，发行人预期回报 $V^G-\tau+\eta>0$，说明该类发行人的确有动力发行债券。

对于 $\phi=B$ 类发行人，其 $V^B<0$，故为了发行成功，只能依靠提供足够担保，以增加债项 NPV 并获得 $m=G$ 评级。为此，发行人所提供的担保最小值需满足 $(1-p^B)Y+p^B C=V^G=(1-p^G)Y$，由此可得 $C^*=(1-p^G/p^B)Y>0$。给定 $C^*>0$，投资者可以准确推断出该类发行人其实是 $\phi=B$ 类型，故相应的债券发行利率定价需满足 $(1-p^B)R^{G,C}+p^B\lambda C^*=R_f$。此外，只要非金钱发行收益 $\eta>0$ 足够大，则 $\phi=B$ 类发行人预期回报 $V^B-(1-\lambda)p^B C^*-\tau+\eta\geqslant 0$，保证该类发行人的确有意愿发行债券。

利用命题1给出的担保与无担保债券发行利率表达式，可以进一步定义市场均衡时的债券担保价差 $\Delta R^C=R^{G,C}-R^G$。简单计算可得：

$$\Delta R^C=R^{G,C}-R^G=\frac{p^B-p^G}{1-p^B}\left[\frac{R_f}{1-p^G}-\lambda Y\right] \tag{6.7}$$

基于式（6.7），我们可以立刻得到担保利差为正的条件。

当参数组合满足 $R_f/(1-p^G)>\lambda Y$ 时，担保利差为正。

上述条件的经济含义可以从两个角度进行解读。首先，注意到 $(1-p^G)Y$ 为 $\phi=G$ 类项目期望收益 PV^G，因此命题2的条件可以理解为给定 PV^G，担保折价 λ 要小于一个临界值 $\bar{\lambda}\equiv R_f/PV^G<1$。只有当担保折价足够大时，才需要担保债券发行利率足够高，以补偿投资者从担保折价中受到的损失。其次，若给定 $\lambda<1$，则命题2的条件可理解为 $PV^G<R_f/\lambda$，即 $\phi=G$ 类项目期望收益不能过高。这看似有违直觉，但其实很容易理解。评级包装下，账面抵押价值需满足 $p^B C=PV^G-PV^B$，其中 $PV^B=(1-p^B)Y$ 为 $\phi=B$ 类项目的预期收益。若 PV^G 超过临界值 R_f/λ，意味着给定 PV^B 的条件下，担保账面价值 C 必须足够高。但既然担保足够多，那么即便考虑折价，投资者在项目失败时得到的补偿也足够，因此不会要求一个很高的发行利率 $R^{G,C}$ 进行补偿。换言之，担保利差只会发生在均衡担保选择 C^* 不是很高的条件下。

下述命题 3 给出了一系列担保价差 ΔR^C 的比较静态性质。

基准假设下，均衡担保价差 ΔR^C 满足（1）$\dfrac{\partial \Delta R^C}{\partial \lambda}<0$，（2）$\dfrac{\partial \Delta R^C}{\partial R_f}>0$；此外，若 $\mu>e$，则有（3）$\dfrac{\partial \Delta R^C}{\partial \mu}<0$。

由于 $p^B>p^G$，上述命题中前两个偏导数的符号显然成立。利用式（6.7）给出的 p^G、p^B 表达式，计算化简可知：

$$p^B-p^G=\dfrac{(2e-1)\dfrac{\mu}{1-\mu}}{\left[e+(1-e)\dfrac{\mu}{1-\mu}\right]\left[e\dfrac{\mu}{1-\mu}+(1-e)\right]}p \tag{6.8}$$

上式在默认假设 $e>1/2$ 下是 p 的增函数，而 p^B、p^G 也分别为 p 的增函数，故可知式（6.7）中两个乘积项均为 p 的增函数，故担保利差同为 p 的增函数。为验证最后一个比较静态结论，首先令 $\nu=\mu/(1-\mu)$，则 $p^B=ep/[e+(1-e)\nu]$ 且 $p^G=(1-e)p/[e\nu+(1-e)]$，进而有：

$$p^B-p^G=\dfrac{2e-1}{\left[\dfrac{e}{\sqrt{\nu}}+(1-e)\sqrt{\nu}\right]\left[e\sqrt{\nu}+\dfrac{(1-e)}{\sqrt{\nu}}\right]} \tag{6.9}$$

容易验证，当 $\mu>e$，进而 $\mu>e>1/2>1-e$ 时，$\nu>e/(1-e)$ 且 $\nu>(1-e)/e$，故上式分母两项均为 ν 的增函数，则 p^B-p^G 为 ν 的减函数。与此同时，p^B、p^G 分别为 ν 的减函数，故担保利差 ΔR^C 为 ν 的减函数，进而为 μ 的减函数。

（三）对模型设定的简要讨论

为了精简论证从而突出关键结论，上述理论模型使用了若干简化假设。接下来，我们简要说明这些简化假设不会影响本书理论分析的一般性。

首先，基准假设式（6.6）中，要求 B 类项目的 NPV 为负；换言之，如果不依靠额外的担保，则项目本身的现金流无法让投资者获得必要收益率 R_f。从这一假设出发，可以立即得出高风险发行人必须提供担保这一结论，从而简化了均衡结果（命题 1）的分析。但这一假设事实上可以放宽为仅要求高风险项目 NPV 小于低风险项目 NPV，原因在于本书理论模型的核心机制在于借助担保实现评级包装，即高风险发行人通过额外的担保使得其债券名义期望价值与低风险发行人一致。只要这一均衡要求存在，则高风险发行人就会内生选择提供担保，而担保的折价机制又会导致担保正溢价的可能性。问题的关键在于，若高风险项目本身 NPV 为正，为何还需要进行评级包装？下文第 6 节中，我们讨论了若干信用债发行监管规定，其核心在于要求债项评级达到 AA 级。这说明，即便高风险项目本身现金流有可能支持无担保债券成功发行，发行人可能也会由于监管的原因选择使用担保来提高其债项评级。也就是说，评级过低可能由于监管造成债券无法发行成功，对企业造成高额负成本，因此这一假设也是为了反映这一监管事实。

其次，担保正溢价（命题 2）的理论根源，在于担保折价的存在（$\lambda < 1$）。若担保无折价，则根据低风险项目 NPV 大于 0 这一基本假设（$V^G > 0$），即可推知担保一定会降低发行利率。这与近年来对担保债务定价的实证发现高度一致（Benmelech 和 Bergman，2009；Berger 等，2016；Cerqueiro 等，2016），即无论何种原因导致担保对投资者出现折价，都会立即反映到债务定价上；特别地，若担保折价足够大，则容易引起担保正溢价现象（Berger 等，2016）。此外，该假设也是事前信息不对称担保债务融资理论的标准设定（Bester，1985；Coco，2000），无折价的情形才是理论与现实的特例（Shleifer 和 Vishny，1992）。

最后，与 Bolton 等（2012）不同，本书仅考虑了"精明型"投资者，即投资者能够正确理解评级与担保的信号含义。Bolton 等（2012）对评级膨胀和评级购买行为的理论预测，依赖于"信任型"投资者的存在：该类投资者天然相信评级机构的评级结果，并且不会利用其他市场信号来推断评级真实性。这一极端假设在 Bolton 等所分析的美国资产证券化市场有一定合理性，原因在于资产证券化业务量大、流程信息不透明程度低，且投资者以养老基金和海外机构为主，信息分析能力弱。但中国的信用债市场与此不同，其投资者构成以本土专业机构投资者为主，具有主动的信息挖掘与分析能力，并不会全然接受评级机构给出的风险分析结果。此外，即便中国市场中真存在一定比例的"信任型"投资者，并且部分债券发行人和评级机构会利用这部分投资者获取超额收益，那么更多的"精明型"投资者会理性选择不去与该类投资者竞价竞争同样的债券。因此，只要市场中信用债发行需求大于"信任型"投资者的购买能力，则在"精明型"投资者参与下，本书分析所强调的担保选择与评级包装机制，仍然会起作用。另外，通过假设所有投资者理性，本书的担保正溢价更多来源于担保的信号作用。如果存在很多的"信任型"投资者，他们不能理解担保提高评级的作用（充分"信任"评级本身的质量），那么担保能降低债券发行成本，因此现实观察到的担保正溢价是被进一步低估的结果。

三 实证研究设计

（一）样本与数据来源

为了检验理论模型中的三个命题，本书选择以交易所债券市场发行的公司与企业债券为研究对象。截至目前，中国债券市场可以分为国债市场、银行间债券市场以及交易所债券市场。国债市场的监管主体为财政部，银行间债券市场的监管主体主要为中国人民银行与银监会，而交易所债券市场的监管主体主要为证监会。由于各个监管机构目标的异质性，以及其评价的指标、操作流程的显著差异，致使监管效果存在差异。交易所债券市场对于发债主体以及债券相关信用评级有着严格要求。具体地，2009年，上海证券交易所发布的《关于修订上海证券交易所公司债券上市规则的通知》要求发行人的债项评级不低于AA级。2015年，上海证券交易所关于发布《上海证券交易所公司债券上市规则（2015年修订）》的通知也要求债券的信用评级不得低于AA级。与之类似，2009年《深圳证券交易所公司债券上市规则》的发布明确了企业发债的条件，即债券信用评级需达到AA级及以上水平。2012年，《深圳证券交易所公司债券上市规则》进一步明确债券须经信用评级机构评级，且债券信用评级达到AA级及以上。然而，银行间债券市场对于发债主体以及债券信用评级则没有明确的要求。因此，在交易所债券发行审核制下，主体评级较低的发行主体有动机通过债券担保契约来对评级进行增信，"评级包装"现象将更有可能出现。

另外，上海证券交易所与深圳交易所对于信用评级的要求是从2009年开始，所以本书选择2009—2020年交易所债券发行数据为具体研究样本。具体地，首先本书从Wind数据库中获得2009—2020年债券发行数据以及企业财务特征数据，财务数据、债券发行特征数据（发行规模、契约以及利率等），本书的担保数据来源于Wind数据库—债券板块—债券担保方式模块。其次，本书删除可转债、金融行业公司与企业债券以及财务数据存在缺失的数据，共得到4291个债券发行样本；最后，为了剔除极端值的影响，本书对公司财务数据等连续变量进行1%上下的缩尾处理。

（二）变量定义

1. 债券发行信用利差

为了衡量债券融资成本，本书采用债券发行的票面利率与相同剩余期限国债利率的利差作为债券发行成本，其符号是 CS。CS 越高，意味着债券未来违约风险较高，继而导致企业债券违约成本较高。

2. 债券担保

在债券担保方式中，存在连带责任担保、抵押担保与质押担保三种类型，由于抵质押担保都是企业自身行为，因此本书按照上述三种类型把担保分为第三方担保（关联企业、外部非关联企业与第三方担保机构连带责任担保）与抵质押担保两类。根据上述分类，本书构建债券是否存在担保变量，即担保虚拟变量（Guarantee），当债券存在担保时，Guarantee = 1，反之债券不存在担保时，Guarantee = 0。本书进一步对债券担保的方式进行细分，当债券存在第三方担保时，$Joint\_Liability = 1$，反之 $Joint\_Liability = 0$；而当债券存在质押抵押担保时，$Pledge = 1$，反之 $Pledge = 0$。

3. 信用评级

本书参照 Alp（2013）与 Xia（2014）的做法对发行主体信用评级（Rating_Issuer）以及债券信用评级（Rating_Bond）进行度量。对于债券信用评级，由于交易所对债券发行有 AA 评级的要求，所以本书的债券评级只有三个，AA 级、AA+级与 AAA 级评级；而对于发行主体评级则比较分散，从 A-级到 AAA 级。为了使得信用评级级别度量统一，本书定义当债券与主体评级为 AAA 级时，$Rating\_Issuer = Rating\_Bond = 7$；当债券与主体评级为 AA+级时，$Rating\_Issuer = Rating\_Bond = 6$，依次类推，当主体评级是 A-级时，$Rating\_Issuer = 1$。

4. 控制变量

参照孟庆斌等（2018）与吴育辉等（2020）的做法，本书对债券层面与企业层面相关变量进行控制。首先，债券层面控制变量，本书控制债券发行规模，债券期限以及债券是否存在特殊条款。对于债券发行规模（Issue_amount），定义为债券计划发行规模（亿元）的对数；债券期限

(Maturity)为债券计划发行的年限；债券特殊条款（Special_Terms）①方面，当债券存在特殊条款时取1，反之取0。其次，对于企业层面的变量，选择了企业规模（Size）、企业盈利能力（Roa）、企业杠杆率（Lev）、利息保障倍数（Ebitda）、企业存续年限（Age）、四大会计师事务所（Big4），以及企业是否为国有企业（SoE）。最后，为了控制行业以及评级机构等因素的影响，本书也对行业固定效应（Ind_FE）、年度固定效应（Year_FE）、评级机构固定效应（CRA_FE）、省份固定效应（Province_FE）以及是否城投债（Municipal_FE）进行了控制。具体定义见表6.1。

表 6.1　变量定义

变量符号	变量定义
CS	债券发行信用利差
Guarantee	担保虚拟变量，有担保为1，无担保为0
Rating_Bond	债券信用评级，AAA级评级为7，AA+级评级为6，AA级评级为5
Rating_Issuer	发行主体信用评级，AAA级评级为7，AA+级评级为6，AA级评级为5，AA-级为4，依次赋值
Issue_amount	债券发行规模的对数，单位亿
Maturity	债券发行期限，单位年
Special_Terms	债券是否有特殊条款，有特殊条款为1，无为0，这里没有区分条款的类型，因为有些条款性质是相反的
Size	企业总资产的对数
Roa	净利润与总资产的比值
Lev	总负债与总资产的比值
Age	企业存续年限的对数
Ebitda	利息保障倍数
SoE	企业属性，国有企业为1，民营企业为1
Big4	四大事务所为1，非四大事务所为0
Ind_FE	按照证监会2012年代码构建行业虚拟变量
Year_FE	年度虚拟变量
Municipal_FE	城投债虚拟变量
Province_FE	省份虚拟变量
CRA_FE	评级机构虚拟变量

---

① 这里的特殊条款主要包括回售、赎回、调整票面利率与交叉保护等，不含担保。

（三）模型设计

本书构建模型（6.10）来检验债券担保条款与债券发行成本之间的关系。具体模型（6.10）如下：

$$CS_{itjpa} = \beta_0 + \beta_1 Guarantee_{itjpa} + Control_{itjpa} + \delta_t + \gamma_j + \lambda_p + \sigma_a + \epsilon_{itjpa} \quad (6.10)$$

在模型（6.10）中，因变量 CS 为债券发行信用利差，解释变量 Guarantee 表示债券是否存在担保，Control 为相应的控制变量，下标 i 表示债券。为了减小遗漏变量的影响，本书在模型（6.10）中控制了年度固定效应 δ_t、行业固定效应 γ_j、省份固定效应 λ_p 以及评级机构固定效应 σ_a。如果评级包装现象存在，我们预计 β_1 系数显著为正，即与债券担保条款存在正溢价，即命题 1 与命题 2 得证。

（四）变量描述性统计

表 6.2 中 A 部分给出了本书主要变量的描述性统计分析结果。从结果我们可以得出，债券发行信用利差（CS）的均值为 3%，从 CS 的极大值与极小值来看，债券发行利差的差异较大，说明不同债券之间的风险存在一定的差异，这为后续研究提供了相应的基础。债券担保变量（Guarantee）均值是 0.178，这说明样本中 17.8% 的债券存在担保。从债券与主体信用评级变量的均值来看，债券与主体信用评级的等级都比较高，同时主体评级极大值与极小值差异也较大。对于控制变量，债券发行规模（Issue_amount）的均值为 2.460，即平均发行规模为 12 亿，发行平均期限为 5.430 年，77.3% 的债券存在特殊条款，企业总资产的对数均值为 25.20，杠杆率均值为 62.4%，总资产报酬收益率的均值为 3.6%，企业存续年限的均值为 17 年，利息保障倍数的均值为 16，81.2% 的企业为国有企业，12.4% 的企业聘用四大会计师事务所进行审计。

表 6.2　　变量描述性统计

Panel A：变量描述性统计分析						
变量	N	mean	p50	sd	max	min
CS	4291	3.000	2.700	1.360	6.300	0.880
Guarantee	4291	0.178	0	0.383	1	0
Rating_Bond	4291	6.410	7	0.795	7	1
Rating_Issuer	4291	6.180	7	0.942	7	2

续表

Panel A：变量描述性统计分析

变量	N	mean	p50	sd	max	min
Issue_amount（billion）	4291	2.460	2.400	0.623	5.300	0.405
Maturity（year）	4291	5.430	5	2.330	20	1
Special_Terms	4291	0.773	1	0.419	1	0
Size	4291	25.20	25.10	1.460	29.70	22.20
Roa（%）	4291	3.600	3.190	2.390	13.20	−0.421
Lev（%）	4291	62.40	64.40	13.80	89.80	23.60
Age	4291	2.850	2.940	0.472	4.280	0.693
Ebitda	4291	16	4.760	49.30	411	0.355
SoE	4291	0.812	1	0.391	1	0
Big4	4291	0.124	0	0.330	1	0

Panel B：变量组间差异检验分析

变量	无担保	均值	有担保	均值	均值差异检验
CS	3526	2.874	765	3.577	−0.704***
Rating_Bond	3526	6.402	765	6.431	−0.03
Rating_Issuer	3526	6.386	765	5.222	1.163***
Issue_amount	3526	2.521	765	2.182	0.340***
Maturity	3526	5.297	765	6.065	−0.768***
Special_Terms	3526	0.751	765	0.875	−0.124***
Size	3526	25.423	765	23.954	1.469***
Roa	3526	3.664	765	3.303	0.361***
Lev	3526	63.36	765	58.039	5.321***
Age	3526	2.862	765	2.782	0.081***
Ebitda	3526	15.747	765	17.237	−1.489
SoE	3526	0.819	765	0.778	0.042***
Big4	3526	0.136	765	0.072	0.064***

注：***、**、*分别表示系数在1%、5%与10%的水平上显著。

表6.2中B部分给出了相关变量特征是否受到担保的影响。我们发现存在担保的债券发行信用利差显著高于无担保的债券。另外，我们也发现债券信用评级并没有显著差异，而有担保的主体评级显著小于无担

保的主体评级。上述结果可以初步得出，主体评级低的企业可以通过担保来提高债券评级，同时相应的发行信用利差较高。从其他控制变量的差异性来看，在存在担保的债券中，企业规模与盈利能力较差，且较少雇佣四大事务所进行审计，初步得出存在担保的企业基本面较差。

四 基准回归结果

（一）担保正溢价的存在性

在理论模型命题1与命题2中，存在一种分离均衡，差的发行人有动机通过担保条款发行债券，但同时发债利差反而更高。为了证实这个结论，本书按照模型（6.10）进行分析，相应的回归结果见表6.3。表6.3的第（1）列是没有加入控制变量的回归结果，第（2）列是加入债券层面控制变量的回归结果。在这2列结果中，Guarantee变量系数都显著为正，这个结果说明债券担保提高了债券发行信用利差，提高了债务融资成本，即担保存在正溢价。对于经济意义，以第（2）列 Guarantee 系数为 0.509 为例，当债券存在担保时，债券发行信用利差将提高 50.9bps，相对于均值提高了 17%。因此，上述结论与传统文献认为债券担保条款能够降低债券融资成本的结论不一致，但证实了命题1与命题2所述情况的确会发生。最后，本书在模型（6.10）中加入了发行主体信用评级变量（Rating_Issuer），发现 Guarantee 变量的系数与t值存在显著性降低。这个结果说明在控制了以主体评级度量的企业潜在特征后，担保与发行信用利差之间关系的显著性下降，这说明债券担保由企业特征内生决定。

表 6.3　　　　　　　　担保条款与债券发行信用利差

变量	CS		
	（1）	（2）	（3）
Guarantee	0.260*** (3.59)	0.509*** (8.25)	0.155* (1.70)
Rating_Bond		-0.755*** (-15.71)	-0.431*** (-6.77)
Issue_amount		-0.116*** (-4.15)	-0.080*** (-3.07)
Maturity		0.012 (1.39)	0.021*** (2.95)

续表

变量	CS		
	（1）	（2）	（3）
Special_Terms		0.330***	0.226***
		（7.74）	（6.09）
Rating_Issuer			-0.348***
			（-5.10）
Size			0.052*
			（1.95）
Roa			-0.040***
			（-4.22）
Lev			0.001
			（0.83）
Age			-0.098**
			（-2.42）
Ebitda			-0.001
			（-1.60）
SoE			-0.992***
			（-12.90）
Big4			-0.116
			（-1.58）
Ind_FE	Yes	Yes	Yes
Year_FE	Yes	Yes	Yes
Municipal_FE	Yes	Yes	Yes
Province_FE	Yes	Yes	Yes
CRA_FE	Yes	Yes	Yes
Constant	3.842***	8.101***	8.018***
	（6.05）	（14.99）	（11.35）
Observations	4291	4291	4291
Adj_R^2	0.512	0.652	0.716

注：***、**、*分别表示系数在1%、5%与10%的水平上显著，且标准误（括号中数字）在企业个体层面进行聚类调整。

对于债券特征变量，债券评级与主体评级变量系数都显著为负，即信用评级越高，债券发行信用利差越小，同时发行规模越大、期限越短以及不存在特殊条款的债券,其发行信用利差越小。对于企业特征变量,规模越小、盈利能力越强、企业存续年限越长的国有企业债券,发行信用利差较小。

(二) 比较静态检验1:基于先验企业质量分布

命题3中,μ 为先验企业质量分布,一旦先验企业质量较差,那么市场将会对这些处于事前质量较差分布中的企业要求更多的溢价。为此,本书将从以下四个角度来定义先验企业质量水平。

1. 基于行业债券违约比例的分析

一般情况下,行业债券违约比例越高,这个行业中债券发行主体的质量越低。基于此,本书基于所有债券违约数据,计算行业债券违约比例,并按照该比例的中位数把样本分为高、低违约比例组。按照模型(6.10)进行分组回归,相应的结果见表6.4第(1)列与第(2)列,从表6.4结果我们可知,Guarantee 变量系数分别在1%与10%的水平上显著为正,且第(1)列中的系数是第(2)列中的2倍。进一步的t检验表明,两个回归系数存在显著差异。该结果说明,债券担保与发行信用利差的正向关系在高违约比例行业组中更加显著。

表 6.4　　　　　基于先验企业质量分布的检验

变量	CS							
	行业		省份		评级机构		承销商	
	高违约	低违约	高违约	低违约	本土	外资	低声誉	高声誉
	(1)	(2)	(3)	(4)	(5)	(6)	(7)	(8)
Guarantee	0.493***	0.278*	0.586***	0.234**	0.634***	0.353***	0.465***	0.210*
	(7.10)	(1.96)	(8.43)	(1.97)	(7.75)	(3.79)	(5.96)	(1.79)
控制变量	Yes	Yes	Yes	Yes	Yes	Yes	Yes	Yes
Ind_FE	Yes	Yes	Yes	Yes	Yes	Yes	Yes	Yes
Year_FE	Yes	Yes	Yes	Yes	Yes	Yes	Yes	Yes
Municipal_FE	Yes	Yes	Yes	Yes	Yes	Yes	Yes	Yes
Province_FE	Yes	Yes	Yes	Yes	Yes	Yes	Yes	Yes
CRA_FE	Yes	Yes	Yes	Yes	Yes	Yes	Yes	Yes
Constant	8.087***	8.531***	8.624***	9.186***	7.435***	9.030***	8.541***	7.832***
	(12.56)	(6.98)	(12.18)	(7.74)	(7.34)	(10.74)	(11.32)	(7.59)

续表

变量	CS							
	行业		省份		评级机构		承销商	
	高违约	低违约	高违约	低违约	本土	外资	低声誉	高声誉
	（1）	（2）	（3）	（4）	（5）	（6）	（7）	（8）
Observations	1639	1543	2875	1416	2670	1621	1367	2924
Adj_R^2	0.712	0.750	0.729	0.680	0.721	0.696	0.747	0.684
Diff（Guarantee）	0.215**	0.352**	0.281*	0.255**				

注：***、**、*分别表示系数在1%、5%与10%的水平上显著，且标准误（括号中数字）在企业个体层面进行聚类调整。控制变量为模型（8）的控制变量一致。

2. 基于地区债券违约比例的分析

与行业债券违约比例相似，地区债券违约比例越高，这个地区中债券发行主体的质量越低。基于此，本书按照相似的方法把样本分为地区高违约比例组、地区低违约比例组。按照模型（6.8）进行分组回归，相应的结果见表6.4第（3）列与第（4）列，Guarantee变量系数分别在1%与5%的水平上显著为正，且第（3）列系数大于第（4）列，系数差异也通过了显著性检验，这说明债券担保与发行信用利差的正向关系在高违约比例地区组中更加显著。

3. 基于评级机构异质性的分析

相关研究表明，相比于本土评级机构，外资评级机构的独立性更强（寇宗来等，2020；吴育辉等，2020），因此本土评级机构评级企业资产差的先验概率越大。因此，按照评级机构是否有外资背景，把"中诚信""联合"评级机构作为外资评级机构，其他评级机构为本土评级机构。上述分组回归结果见表4第（5）列与第（6）列，我们发现Guarantee变量系数都在1%的水平上显著为正，且第（5）列系数大于第（6）列，系数差异也通过了显著性检验，这说明债券担保与发行信用利差的正向关系在本土评级机构组中更加显著。

4. 基于承销商声誉的分析

承销商声誉越高的企业承销债券的资质较好（陈运森与宋顺林，2018），因此声誉差的承销商承销的债券资质会更差。因此，本书把承销商承销市场份额的前5%定义为高声誉承销商组，回归结果见第（7）、第（8）列。我们发现Guarantee变量系数分别在1%与10%的水平上显著为正，且第（7）列系数大于第（8）列，系数差异也通过了显著性检验，这说明债券担保与发行信用利差的正向关系在承销商声誉低的组中更加显著。

上述事前企业质量分布度量的四种方式下的结论都证实了命题3的结论（1）。

（三）比较静态检验2：基于企业个体违约风险

命题3中，p为企业个体风险变量，对于个体风险较大的企业，其发行债券的违约风险也较高。因此，一旦这些企业想发行债券，采用担保条款进行评级包装的动机也越大，更可能出现担保正溢价的情况。基于上述分析，本书采用如下三类指标度量企业风险（Risk）。①借鉴杨瑞龙等（2017）的研究，采用研发支出与营业收入的比例（R&D）来度量企业风险。理论上，研发支出越大，企业风险越大。②借鉴张小茜和孙璐佳（2017）的研究，采用预警Z值（Z1、Z2、Z3）对企业风险进行度量[①]。预警Z值越大，企业风险较小。③直接采用债券发行人的主体评级进行度量。

以上述变量与担保变量构建交乘项代入回归模型，相应的结果见表6.5。从表6.5结果我们得到，Guarantee变量系数都在1%的水平上显著为正。然而，我们发现研发支出比例与担保的交乘项变量系数在10%的水平上显著为正，这说明在研发支出比例越高即企业风险越大的企业，担保与债券信用利差之间的正向关系越显著。预警Z值与担保交乘项变量系数也都至少在10%的水平上显著为负，这说明在预警Z值越小（风险越高）的企业中，担保与债券信用利差之间的正向关系越显著。发行人信用评级与担保交乘项系数也在1%的水平上显著为负，这说明在主体评级越低的企业中，担保与债券信用利差之间的正向关系越显著。上述结论说明，风险高的企业更可能使用担保条款作为评级包装的工具，证实命题3的结论（2）。

---

① 本书采用以下三个公式计算 $Z1$，$Z2$，$Z3$：$Z1 = 0.717 \times X1 + 0.847 \times X2 + 3.107 \times X3 + 0.420 \times X4 + 0.998 \times X5$，$Z2 = 1.2 \times X1 + 1.4 \times X2 + 3.3 \times X3 + 0.6 \times X4 + 0.999 \times X5$，$Z3 = -3.337 + 0.736 \times X1 + 6.95 \times X2 + 7.554 \times X3 + 0.064 \times X4 + 1.544 \times X5$；其中，$X1$为营运资金与资产总额之比，$X2$为留存收益与资产总额之比，$X3$为息税前利润与资产总额之比，$X4$为权益面值总额与负债账面价值总额之比，$X5$为销售收入与资产总额之比。

表 6.5　　　　　　　　企业风险、担保与债券发行利差

变量	CS				
	R&D	Z1	Z2	Z3	Rating_Issue
Guarantee	0.352***	0.499***	0.500***	0.493***	1.377***
	(5.23)	(7.28)	(7.34)	(7.18)	(3.16)
Guarantee×Risk	0.030*	-0.184**	-0.191**	-0.161*	-0.214***
	(1.67)	(-2.11)	(-2.19)	(-1.85)	(-2.88)
Risk	-0.021*	-0.066*	-0.063*	-0.076**	-0.254***
	(-1.68)	(-1.86)	(-1.74)	(-2.15)	(-3.52)
Rating_Bond	-0.679***	-0.644***	-0.643***	-0.643***	-0.495***
	(-10.70)	(-13.24)	(-13.22)	(-13.23)	(-6.85)
Issue_amount	-0.075***	-0.090***	-0.091***	-0.090***	-0.074***
	(-2.95)	(-3.51)	(-3.53)	(-3.48)	(-2.86)
Maturity	0.026***	0.021***	0.020***	0.021***	0.023***
	(3.97)	(2.79)	(2.75)	(2.77)	(3.29)
Special_Terms	0.258***	0.234***	0.234***	0.233***	0.224***
	(8.23)	(6.09)	(6.11)	(6.08)	(6.01)
Size	-0.013	-0.009	-0.010	-0.009	0.042
	(-0.54)	(-0.32)	(-0.34)	(-0.32)	(1.59)
Roa	-0.051***	-0.046***	-0.046***	-0.046***	-0.040***
	(-5.81)	(-4.71)	(-4.71)	(-4.68)	(-4.31)
Lev	0.003**	0.002	0.002	0.002	0.002
	(2.06)	(1.42)	(1.40)	(1.46)	(1.15)
Age	-0.103***	-0.086**	-0.087**	-0.085**	-0.091**
	(-2.92)	(-2.09)	(-2.13)	(-2.08)	(-2.25)
Ebitda	-0.000	-0.000	-0.000	-0.000	-0.001*
	(-0.97)	(-1.57)	(-1.57)	(-1.57)	(-1.65)
SoE	-1.055***	-1.051***	-1.051***	-1.049***	-0.994***
	(-18.31)	(-13.41)	(-13.41)	(-13.40)	(-13.07)
Big4	-0.152***	-0.133*	-0.133*	-0.133*	-0.117
	(-3.58)	(-1.80)	(-1.80)	(-1.80)	(-1.64)
Ind_FE	Yes	Yes	Yes	Yes	Yes
Year_FE	Yes	Yes	Yes	Yes	Yes
Municipal_FE	Yes	Yes	Yes	Yes	Yes
Province_FE	Yes	Yes	Yes	Yes	Yes

续表

变量	CS				
	R&D	Z1	Z2	Z3	Rating_Issue
CRA_FE	Yes	Yes	Yes	Yes	Yes
Constant	8.554*** (9.79)	8.617*** (12.04)	8.637*** (12.06)	8.611*** (12.03)	8.090*** (11.53)
Observations	3077	4291	4291	4291	4291
Adj_R^2	0.662	0.707	0.707	0.707	0.718

注：***、**、*分别表示系数在1%、5%与10%的水平上显著，且标准误（括号中数字）在企业个体层面进行聚类调整。

（四）比较静态检验3：基于担保可信度的担保质量

命题3中，λ 为担保质量，如果担保质量较差，那么当债券违约时，会导致担保正溢价。为了检验这一理论预测，本书以担保特征度量担保质量进行相关检验。首先，本书按照担保条款特征把债券担保分为第三方担保（Joint_Liability）与抵押担保（Pledge）两个类型。相比于第三方担保，抵押担保是实实在在资产的担保，而第三方担保可能存在互保以及"担而不保"情况，继而导致担保效力不强。以此两个变量进行回归分析，相应的回归结果见表6.6第（1）列，我们发现Joint_Liability与Pledge两个变量分别在1%与5%的水平上显著为正，同时Joint_Liability变量系数大于Pledge变量系数且差异显著，这说明当企业采取第三方担保时，更容易产生担保利差为正的情况。其次，本书也按照担保人股权性质进行进一步分析。相比于非国有企业担保，国有企业的担保效力更强。因此，当担保人是国有企业时，定义Guarantor_SoE=1，反之Guarantor_SoE=0；以Guarantee×Guarantor_SoE交乘项代入模型进行回归分析，第（2）列结果中Guarantee×Guarantor_SoE变量系数在5%的水平上显著为负，这说明当担保人为国有企业时，会降低担保与信用利差之间的正向关系。最后，本书也按照担保人评级区分担保质量，相比于评级较低的担保人担保，评级较高的担保人担保效力更强。因此，我们按照担保人评级从高往低依次赋值，得到Guarantor_Rating变量，该变量值越大，担保人评级越高，以Guarantee×Guarantor_Rating交乘项代入模型进行回归分析，第（3）列结果中Guarantee×Guarantor_Rating变量系数在5%的水平上显著为负，这说明当担保人评级越高时，会降低担保与信用利差之间的正向关系。上述结论说明，质量较低的担保更容易成为"评级包装"的工具，故担保溢价较高，证实命题3的结论（3）。

表6.6　　　　　　　　　担保类型与债券发行信用利差

变量	CS 担保类型 (1)	CS 担保人属性 (2)	CS 担保人评级 (3)
Joint_Liability	0.438*** (6.08)		
Pledge	0.244** (2.18)		
Guarantee		0.476*** (6.49)	0.499*** (7.69)
Guarantee×Guarantor_SoE		-0.669*** (-3.67)	
Guarantor_SoE		0.480*** (2.89)	
Guarantee_Guarantor_Rating			-0.097** (-2.54)
Rating_Bond	-0.642*** (-13.03)	-0.643*** (-13.20)	-0.646*** (-13.27)
Issue_amount	-0.094*** (-3.64)	-0.093*** (-3.60)	-0.091*** (-3.55)
Maturity	0.020*** (2.63)	0.020*** (2.66)	0.021*** (2.83)
Special_Terms	0.240*** (6.24)	0.238*** (6.21)	0.237*** (6.21)
Size	-0.010 (-0.34)	-0.008 (-0.27)	-0.008 (-0.28)
Roa	-0.048*** (-4.92)	-0.048*** (-4.96)	-0.048*** (-4.90)
Lev	0.002 (1.06)	0.002 (1.30)	0.002 (1.17)
Age	-0.094** (-2.26)	-0.090** (-2.18)	-0.089** (-2.15)
Ebitda	-0.000 (-1.57)	-0.000 (-1.52)	-0.001* (-1.65)

续表

变量	CS 担保类型 (1)	CS 担保人属性 (2)	CS 担保人评级 (3)
SoE	-1.062*** (-13.43)	-1.052*** (-13.33)	-1.044*** (-13.13)
Big4	-0.137* (-1.84)	-0.132* (-1.77)	-0.127* (-1.75)
Ind_FE	Yes	Yes	Yes
Year_FE	Yes	Yes	Yes
Municipal_FE	Yes	Yes	Yes
Province_FE	Yes	Yes	Yes
CRA_FE	Yes	Yes	Yes
Constant	8.761*** (12.01)	8.716*** (12.08)	8.648*** (11.87)
Observations	4291	4291	4291
Adj_R^2	0.705	0.706	0.707

注：***、**、*分别表示系数在1%、5%与10%的水平上显著，且标准误（括号中数字）在企业个体层面进行聚类调整。

五 稳健性检验

（一）基于债券发行次数的分析

之前结论表明，在同一行业内，投资者认为担保条款有一定的负面信号，暗示了企业较大的未来风险。然而，对于同一企业，在相同的评级条件下，担保的使用可以降低信用风险，发挥风险对冲作用。为此，本书对上述可能性进行进一步分析。

本书按照样本中公司发行债券总次数，把样本分为发行一次与发行两次债券以上的两组公司样本，按照相应分组进行回归，相应的结果见表6.7。结果发现在发行一次债券样本中，担保变量系数在1%的水平上显著为正，而在发行两次以上债券样本中，在控制了发行主体固定效应后，担保变量系数在10%的水平上显著为负。这个结论说明担保与债券发行利差的正向关系更多体现在一次发行样本中，而对于多次发债样本，担保体现了一定的风险对冲效应。

表 6.7 　　　　　　　　　　基于债券发行次数的分析

变量	CS 发行一次债券样本 (1)	CS 发行两次以上债券样本 (2)
Guarantee	0.327*** (3.11)	-0.209* (-1.81)
Rating_Issuer	-0.525*** (-8.23)	-0.062 (-1.18)
Rating_Bond	-0.339*** (-4.57)	-0.170*** (-2.70)
Issue_amount	-0.078 (-1.01)	-0.097*** (-4.13)
Maturity	0.015 (0.60)	0.038*** (4.51)
Special_Terms	0.133 (1.12)	0.121*** (2.72)
Size	0.122** (2.25)	0.100 (0.84)
Roa	-0.068*** (-3.85)	-0.028 (-1.48)
Lev	-0.001 (-0.63)	-0.004 (-0.74)
Age	-0.104 (-1.27)	-0.175 (-0.77)
Ebitda	-0.001** (-2.57)	-0.000 (-0.63)
SoE	-1.080*** (-8.89)	-0.088 (-0.40)
Big4	0.159 (1.05)	-0.454** (-2.44)
Firm_FE	No	Yes
Ind_FE	Yes	Yes
Year_FE	Yes	Yes
Municipal_FE	Yes	Yes
Province_FE	Yes	Yes
CRA_FE	Yes	Yes

续表

变量	CS	
	发行一次债券样本	发行两次以上债券样本
	（1）	（2）
Constant	6.892***	2.970
	（5.14）	（1.05）
Observations	718	3573
Adj_R^2	0.697	0.863

注：***、**、*分别表示系数在1%、5%与10%的水平上显著，且标准误（括号中数字）在企业个体层面进行聚类调整。

（二）内生性考虑

基准模型（8）也可能存在一定的遗漏变量的问题，为了证实担保正溢价结论的稳健性，本书对主结论按照如下方法进行相应的稳健性检验。

1. PSM 匹配分析

在模型中，可能存在一定的遗漏变量问题，继而导致相关结论的有偏。因此，本书采用 PSM 匹配分析以减小遗漏变量的影响。具体地，按照同行业、同年度、同发行人主体评级、资产规模、杠杆率与企业业绩对担保债券发行主体进行配对，之后按照配对样本进行回归分析，相应的结果如表 6.8 所示。第（1）、第（2）列与第（3）、第（4）列分别是马氏匹配与近邻匹配的结果。我们发现，Guarantee 变量在上述回归结果中都显著为正，这与主回归结论一致。

2. 工具变量回归

我们也使用工具变量来减小债券信用利差与担保变量之间互为因果的可能。本书将使用企业所在行业且排除自身的担保比例均值作为债券担保的工具变量（谢德仁等，2016；王雄元等，2018；李善民等，2020）。

表 6.8   PSM 配对样本分析

变量	CS			
	马氏匹配		近邻匹配	
	（1）	（2）	（3）	（4）
Guarantee	0.375***	0.300***	0.282***	0.185*
	（5.06）	（3.78）	（3.03）	（1.90）

续表

变量	CS			
	马氏匹配		近邻匹配	
	(1)	(2)	(3)	(4)
Rating_Issuer		−0.253*** (−3.65)		−0.359*** (−3.93)
Rating_Bond	−0.702*** (−14.37)	−0.622*** (−11.37)	−0.655*** (−8.43)	−0.544*** (−6.75)
Issue_amount	−0.135** (−2.52)	−0.119** (−2.22)	−0.132*** (−2.66)	−0.110** (−2.12)
Maturity	0.022 (1.46)	0.023 (1.54)	0.022 (1.62)	0.023* (1.74)
Special_Terms	0.241*** (3.15)	0.205*** (2.68)	0.234*** (3.00)	0.179** (2.36)
Size	0.020 (0.49)	0.101** (2.47)	−0.036 (−0.81)	0.082* (1.91)
Roa	−0.049*** (−2.97)	−0.040** (−2.41)	−0.050*** (−3.12)	−0.038** (−2.44)
Lev	−0.001 (−0.43)	−0.002 (−0.69)	0.002 (0.68)	0.000 (0.00)
Age	−0.067 (−0.99)	−0.081 (−1.22)	0.032 (0.49)	0.002 (0.03)
Ebitda	−0.000 (−0.91)	−0.000 (−0.88)	0.000 (0.07)	0.000 (0.06)
SoE	−1.210*** (−11.21)	−1.135*** (−10.42)	−1.205*** (−11.01)	−1.081*** (−9.97)
Big4	−0.169 (−1.17)	−0.178 (−1.28)	−0.163 (−0.96)	−0.163 (−1.04)
Ind_FE	Yes	Yes	Yes	Yes
Year_FE	Yes	Yes	Yes	Yes
Municipal_FE	Yes	Yes	Yes	Yes
Province_FE	Yes	Yes	Yes	Yes
CRA_FE	Yes	Yes	Yes	Yes
Constant	9.326*** (9.37)	8.234*** (8.42)	9.320*** (9.60)	7.835*** (8.31)
Observations	1266	1266	1378	1378

续表

变量	CS			
	马氏匹配		近邻匹配	
	(1)	(2)	(3)	(4)
Adj_R^2	0.667	0.676	0.689	0.705

注：***、**、*分别表示系数在1%、5%与10%的水平上显著，且标准误（括号中数字）在企业个体层面进行聚类调整。

从理论上来说，一方面，由于企业决策存在行业模仿，所以行业担保比例会影响债券是否被担保；另一方面，行业总的担保比例并不会影响当下这只债券的风险，即影响债券发行信用利差。因此，工具变量在理论上是可行的，相应的工具变量二阶段回归结果见表6.9。与主回归一致，无论是否控制债券评级（Rating_Bond），担保（Guarantee）变量均显著为正。

表6.9 工具变量回归分析

变量	CS	
	(1)	(2)
Guarantee	0.507*** (5.80)	0.224* (1.81)
Rating_Issuer		-0.323*** (-4.46)
Rating_Bond	-0.660*** (-12.77)	-0.458*** (-6.28)
Issue_amount	-0.089*** (-3.45)	-0.078*** (-3.03)
Maturity	0.019*** (2.64)	0.020*** (2.89)
Special_Terms	0.240*** (6.32)	0.227*** (6.18)
Size	0.003 (0.10)	0.055** (2.08)
Roa	-0.048*** (-4.87)	-0.040*** (-4.25)
Lev	0.002 (1.09)	0.001 (0.79)

续表

变量	CS	
	(1)	(2)
Age	-0.093**	-0.098**
	(-2.28)	(-2.45)
Ebitda	-0.000	-0.001
	(-1.55)	(-1.62)
SoE	-1.049***	-0.991***
	(-13.28)	(-12.99)
Big4	-0.130*	-0.116
	(-1.78)	(-1.59)
Ind_FE	Yes	Yes
Year_FE	Yes	Yes
Municipal_FE	Yes	Yes
Province_FE	Yes	Yes
CRA_FE	Yes	Yes
Constant	8.085***	7.552***
	(10.76)	(10.49)
Observations	4291	4291
Adj_R^2	0.706	0.716

注：***、**、*分别表示系数在1%、5%与10%的水平上显著，且标准误（括号中数字）在企业个体层面进行聚类调整。

3. 担保政策变化的冲击

2017年10月，国务院为了规范融资担保公司的行为，防范风险，颁布了《融资担保公司监督管理条例》（以下简称《条例》），这个《条例》对于担保公司的担保行为进行了相应的规定。具体地：（1）在第八条与第十条中，提高了融资担保公司准入门槛，将融资担保公司注册资本最低额由500万元提升至2000万元；规定对于跨省、自治区、直辖市设立分支机构的融资担保公司必须符合注册资本不得低于10亿元的要求。因此，这个要求在一定程度上减少了担保公司的担保行为，尤其是地区担保公司的对外地区担保行为。（2）在第十五条中，严控担保倍数。融资担保公司的担保责任余额不得超过其净资产的10倍。当融资担保公司的担保责任余额超过净资产的10倍时，对外担保将会受到限制，从而影响地区内债券获得担保的可能。基于上述政策规定，我们认为《条例》的颁布将会影响担保公司的对外担保行为，继而影响债券获得担保的可能性。基于上述政策，本书将从以下两个方面构建相应的 DID 模型。

首先，对于准入门槛的规定，我们认为当《条例》颁布后，担保公司的外地担保业务将会受到限制，债券发行人会更多地寻求本地担保，那么这个《条例》将会导致不同省份中企业所能获得担保的概率可能存在一定的差异。因此，本书按照本地担保公司数量与存续债券数量的比例（G_R）来度量这个地区中企业获得担保的可能。G_R 变量数值越大，说明企业所获担保的可能性越大，以 G_R 变量中位数把省份定义为担保可能性高与低两组（实验组与对照组），即当 G_R 大于中位数时，Treat=1，反之 Treat=0。同时，以 2017 年 10 月为时间节点，构建 Post_1710 变量，即当时间大于 2017 年 10 月时，Post_1710=1，反之 Post_1710=0。构建 Treat×Post_1710 进行回归分析，相应的结果见表 6.10 中第（1）列，我们发现 Treat×Post_1710 变量系数在 5%的水平上显著为正，这说明当《条例》颁布后，更可能获得担保的企业，它们发行的债券利差更高。

表 6.10　　　　担保政策与债券发行信用利差：DID 分析

变量	CS 准入门槛 (1) G_R	担保余额与净资产比例 (2) Num_G_10	(3) G_R_10
Treat×Post_1710	0.170** (2.50)	0.161** (2.38)	0.279*** (3.15)
Post_1710	0.291*** (3.67)	0.264*** (3.18)	0.310*** (4.03)
Rating_Bond	-0.376*** (-9.20)	-0.373*** (-9.14)	-0.377*** (-9.24)
Issue_amount	-0.082*** (-3.09)	-0.082*** (-3.11)	-0.083*** (-3.15)
Maturity	0.022*** (3.24)	0.021*** (3.07)	0.023*** (3.27)
Special_Terms	0.224*** (6.05)	0.224*** (6.04)	0.223*** (6.00)

续表

变量	CS		
	准入门槛	担保余额与净资产比例	
	(1)	(2)	(3)
	G_R	Num_G_10	G_R_10
Rating_Issuer	-0.407***	-0.408***	-0.403***
	(-8.12)	(-8.09)	(-8.10)
Size	0.047*	0.047*	0.045*
	(1.72)	(1.73)	(1.65)
Roa	-0.040***	-0.040***	-0.040***
	(-4.23)	(-4.23)	(-4.25)
Lev	0.001	0.001	0.001
	(0.94)	(0.88)	(0.94)
Age	-0.100**	-0.097**	-0.097**
	(-2.48)	(-2.41)	(-2.41)
Ebitda	-0.001	-0.001	-0.001
	(-1.56)	(-1.64)	(-1.58)
SoE	-0.987***	-0.984***	-0.984***
	(-12.90)	(-12.84)	(-12.88)
Big4	-0.113	-0.115	-0.113
	(-1.55)	(-1.56)	(-1.55)
Ind_FE	Yes	Yes	Yes
Year_FE	Yes	Yes	Yes
Municipal_FE	Yes	Yes	Yes
Province_FE	Yes	Yes	Yes
CRA_FE	Yes	Yes	Yes
Constant	7.465***	7.467***	7.509***
	(10.80)	(10.80)	(10.92)
Observations	4291	4291	4291
Adj_R^2	0.717	0.717	0.717

注：***、**、*分别表示系数在1%、5%与10%的水平上显著，且标准误（括号中数字）在企业个体层面进行聚类调整。

其次，对于严控担保倍数的规定。我们认为在担保公司对外担保受限的情况下，如果一个省份担保余额与净资产比例大于10的担保公司数量越多，那么意味着这个省份中债券所获担保的可能性越小。为此，本书按照"担保余额与净资产比例大于 10"这一规定构建两个变量来度量省份间的差异。①省份间担保余额与净资产比例大于 10 的担保公司绝对个数（Num_G_10）；②省份间担保余额与净资产比例大于 10 的担保公司与地区间债券数量的比例（Num_G_10）。按照上述两个变量的省份中位数构建 Treat 变量，当绝对个数与比例小于中位数时，Treat = 1，反之 Treat = 0。同时构建 Treat×Post_1710 进行回归分析，相应的结果见表 6.10 中第（2）、第（3）列，我们发现 Treat×Post_1710 变量系数分别在 5% 与 1% 的水平上显著为正，这说明当《条例》颁布后，更可能获得担保的企业，它们发行的债券利差更高。

上述 DID 结果说明，当《条例》颁布后，省份间发债企业所获担保比例的变化将影响债券发行成本，继而支持了担保影响债券信用利差的因果关系。

六 进一步分析

（一）企业基本面与债券担保使用

关于命题 1 的理论分析指出，资质差的企业会更多地选择担保，从而达到提高评级的目的。虽然在变量描述性统计分析部分，我们已经初步得到相比于无担保的债券，存在担保债券的企业基本面较差。然而，为了进一步对两者的关系进行检验，我们以担保是否使用这一虚拟变量为因变量，且删除信用评级变量进行回归分析，结果见表 6.11。第（1）列与第（2）列检验了企业基本面与债券担保之间的关系，区别在于是否控制了有关固定效应。我们发现在第（1）列与第（2）列中，Roa 变量系数分别在 5% 与 10% 的水平上显著为负，这个结果说明业绩差的企业更多地选择了担保条款。而对于企业基本面的其他变量，规模越小、杠杆率越高的企业使用了更多的担保，也说明资质较差的企业寻求更多的担保。

表 6.11　　　　　　　　　企业基本面与债券担保条款

变量	Guarantee	
	（1）	（2）
Roa	−0.010** (−2.50)	−0.008* (−1.82)
Size	−0.103*** (−13.96)	−0.104*** (−11.62)

续表

变量	Guarantee (1)	Guarantee (2)
Lev	0.002** (2.04)	0.002** (2.43)
Age	0.024 (1.30)	0.021 (1.09)
Ebitda	0.000 (0.12)	−0.000 (−0.59)
SoE	−0.019 (−0.67)	−0.021 (−0.70)
Big4	0.019 (0.67)	−0.015 (−0.56)
Issue_amount	−0.027** (−2.29)	−0.025** (−2.22)
Maturity	0.015*** (3.95)	0.014*** (3.77)
Special_Terms	−0.001 (−0.08)	−0.015 (−1.03)
Ind_FE	No	Yes
Year_FE	No	Yes
Municipal_FE	No	Yes
Province_FE	No	Yes
CRA_FE	No	Yes
Constant	2.633*** (16.09)	3.158*** (8.84)
Observations	4291	4291
Adj_R^2	0.162	0.237

注：***、**、*分别表示系数在1%、5%与10%的水平上显著，且标准误（括号中数字）在企业个体层面进行聚类调整。

（二）担保使用与债券违约

本书从债券违约视角讨论了债券担保的经济后果。具体地，本书对债券违约的样本进行统计，相应的统计结果见表6.12。我们发现无论是债券还是主体评级，违约样本的初始评级都集中在AA级上，违约比例达到了13%。以主体评级为例，在AA等级以下，存在40%的违约债券中使用了担保条款，远远大于AA+等级的7%。因此，我们认为债券AA级的发行人更可能使用担保条款来提高债券评级,继而导致后续债券违约比例的提高。

表 6.12　　　　　　　　　　违约样本评级分析

Panel A：债券评级			
变量	无担保	有担保	总违约数量	有担保违约比例
AA 级违约数量	189	28	217	13%
AA+级违约数量	43	5	48	10%

Panel B：主体评级			
变量	无担保	有担保	总违约数量	有担保违约比例
AA-级违约数量	8	3	11	27%
AA 级违约数量	168	25	193	13%
AA+级违约数量	39	3	42	7%

(三) 企业使用担保条款意愿分析

1. 基于债券发行成功率的影响

尽管在评级包装下,担保条款会导致更多的融资成本,但是发行人成功发债可以弥补这部分成本(林晚发等,2018)。因此,本书将进一步分析担保是否影响债券发行成功率。首先,本书检验了担保条款与评级之间的关系。表 6.13 第(1)、第(2)列分别给出了担保条款与债券评级、发行主体评级之间的回归结果。从结果可见,担保条款能够提高债券评级。然而,评级较高的发行主体较少使用担保条款,这个结果的原因可能是:一方面,担保条款存在一定的成本;另一方面,担保条款可能被市场投资者认为是一种负面的信号。

表 6.13　　　　　　　　基于债券发行成功的分析

变量	Rating_Bond (1)	Rating_Issuer (2)	Success (3)	Success (4)
Guarantee	0.658*** (18.35)	-0.423*** (-10.08)	0.036** (2.24)	0.243** (2.21)
Guarantee×Rating_Issue				-0.036* (-1.92)
Rating_Issue				0.015 (0.93)

续表

变量	Rating_Bond (1)	Rating_Issuer (2)	Success (3)	Success (4)
控制变量	Yes	Yes	Yes	Yes
Observations	4291	4291	5188	5188
Adj_R^2	0.588	0.717	0.578	0.579

注：***、**、*分别表示系数在1%、5%与10%的水平上显著，且标准误（括号中数字）在企业个体层面进行聚类调整。控制变量不含债券信用评级，另外，样本量4291是本书的基准样本（发行成功样本），5188个样本中包含4291个发行成功样本与897个交易所债券市场发行失败样本。

其次，本书构建债券发行成功率变量，当债券发行成功时，Succees=1，反之Succees=0，以此变量为因变量的回归结果见表第（3）、第（4）列。第（3）列中Guarantee变量系数在5%的水平上显著为正，这说明存在担保条款的债券，其发行成功率较高。在第（4）列中加入了Guarantee×Rating_Issue交乘项，我们发现该变量系数在10%的水平上显著为负，这个结果说明随着主体评级的提高，担保条款提高发行成功率的作用在减弱，继而说明担保条款提高债券发行率在低主体评级中更有效果。

基于上述分析，担保条款的确有利于提高评级，继而提高债券发行成功率，因此发行人有动机使用担保条款来提高债券评级与债券发行成功率，即使在面临较高的融资成本约束下。但是上述效应随着主体评级的提高而降低。换言之，担保条款提高债券发行率的作用在评级较低的发行主体中更显著。

2. 基于债券担保成本的分析

事实上，企业可以选择发债场所（银行间或者交易所债券市场）。由于交易所市场存在AA级评级债券发行门槛的要求，使用担保条款能够包装评级，从而通过发行门槛，但是却增加了债券发行成本，那么企业是否选择转向银行间市场进行发债呢？基于此，本书比较了银行间低于AA级评级债券与交易所AA级评级且存在担保条款的债券发行信用利差的差异。相应的比较结果见表6.14，我们看到银行间低于AA级评级的债券发行信用利差均值是5.529%，而交易所AA级评级且存在担保条款的债券发行信用利差均值是4.901%，两者差异在1%的水平上显著。也就是说，相比于在银行间发债，同一发债主体使用担保条款在交易所市场发债，可以使得成本减少 62.8 个 bps。进一步考虑在第三方担保情况下，发行成本减少大约 95.5 个 bps。事实上，第三方担保也存在成本，成本的市场定价一般按照债券发行规模与期限进行收费，收费区间在 65—75 个 bps，因此，即使在考虑担保成本下，发行人也能够赚取大约 30 个 bps。

表 6.14　　　　　　　　债券发行成本的对比分析

变量	基于担保的分析		基于第三方担保的分析
	银行间-低于 AA 级评级	交易所-AA 级评级-担保	银行间-低于 AA 级评级	交易所-AA 级评级-第三方担保
Coupon	5.529	4.901	5.529	4.574
Diff_test	0.628***	0.955***		

注：***、**、*分别表示统计量在1%、5%与10%的水平上显著。

上述结论从成本收益角度论述了企业有动机通过使用担保条款来提高评级，达到交易所市场要求的发行评级门槛，同时也为企业寻求评级包装提供一个来自收益角度的证据。

（四）以评级为基准的政策是否会带来扭曲

2015 年 1 月 16 日，证监会发布《公司债券发行与交易管理办法》，要求公开募集资金的债券需要达到 AAA 级评级，另外，2017 年 4 月 7 日，中证登官网披露了关于发布《质押式回购资格准入标准及标准券折扣系数取值业务指引（2017 年修订版）》有关事项的通知，规定债券评级需要达到 AAA 级评级才能质押。这些以信用评级为基准的监管政策也可能导致企业有动机提高评级。由于上述政策主要针对交易所公司债，为了证实本书结论的普适性，本书以公司债样本继续分析这些事件是否会影响担保条款使用以及担保正溢价。

为了检验事件对担保条款使用的影响，首先，以这些时点构建虚拟变量 Shock_dum，包括 Public2015 与 Pledge2017 两个变量，定义当日期在 2015 年 1 月 16 日（2017 年 4 月 7 日）之后，Public2015 = 1（Pledge2017 = 1），反之在其他情况时，上述变量为 0。其次，由于上述两个政策都是针对 AAA 级评级债券，因此本书构建 AAA 级评级虚拟变量，即当债券为 AAA 级时，AAA_dum = 1，反之 AAA_dum = 0。最后，构建 Shock_dum×

AAA_dum 来检验基于评级监管政策对于担保使用的影响。相应的结果见表6.15。我们发现在第（1）列中，Shock_dum 与 Shock_dum×AAA_dum 系数都在1%的水平上显著为正，这个结果说明在2015年后，相比于非AAA级债券，AAA债券使用了更多的担保。类似地，在第（3）列中，Shock_dum×AAA_dum 系数也在5%的水平上显著。因此，上述结果说明基于评级的监管政策提高了担保条款的使用率。

为了检验事件对担保正溢价的影响，本书采用 AAA 级信用评级样本检验政策冲击对担保正溢价的影响。具体地，在 AAA 级评级样本中，构建 Shock_dum×Guarantee 变量分析担保正溢价是否受到监管政策的影响。在第（2）列 AAA 评级样本回归结果中，Shock_dum×Guarantee 系数在5%的水平上显著为正，这个结果说明在2015年后，投资者认为 AAA 评级中的担保条款更多是包装的结果，继而体现出正溢价。进一步地，第（4）列回归结果中的 Shock_dum×Guarantee 变量系数符号与第（2）列类似。因此，上述结果说明，基于评级的监管政策确实导致了担保正溢价的产生。因此本书的结论有着一般性[①]。

表6.15　　　　监管政策、信用评级、担保与债券信用利差

变量	Shock_dum = Public2015 Guarantee (1)	Shock_dum = Public2015 CS AAA (2)	Shock_dum = Pledge2017 Guarantee (3)	Shock_dum = Pledge2017 CS AAA (4)
Guarantee		−0.325 (−1.60)		−0.150 (−0.83)
Shock_dum	0.767*** (4.95)	−0.429 (−1.14)	−0.022 (−0.63)	0.242*** (2.59)
Shock_dum×AAA_dum	0.113*** (2.75)		0.077** (2.46)	
Shock_dum×Guarantee		0.468** (2.20)		0.329** (2.02)

[①] 笔者使用私募债券样本按照表6.14的回归模型进行分析，发现相关交乘项变量系数为正，但都不显著。这说明上述监管政策的确影响了公募债评级，继而影响担保与定价。

续表

变量	Shock$_{dum}$=Public2015 Guarantee (1)	Shock$_{dum}$=Public2015 CS AAA (2)	Shock$_{dum}$=Pledge2017 Guarantee (3)	Shock$_{dum}$=Pledge2017 CS AAA (4)
Rating_Bond	0.094*** (3.11)		0.123*** (5.00)	
Issue_amount	−0.037*** (−3.28)	−0.053* (−1.75)	−0.037*** (−3.26)	−0.053* (−1.78)
Maturity	0.009* (1.73)	0.019** (2.05)	0.010* (1.84)	0.020** (2.12)
Special_Terms	−0.003 (−0.19)	0.188*** (4.43)	−0.003 (−0.21)	0.190*** (4.49)
Size	−0.134*** (−11.38)	−0.060* (−1.80)	−0.133*** (−11.10)	−0.061* (−1.88)
Roa	−0.010** (−2.18)	−0.04*** (−3.37)	−0.010** (−2.20)	−0.04*** (−3.55)
Lev	0.004*** (3.74)	0.010*** (3.71)	0.004*** (3.67)	0.010*** (3.79)
Age	0.002 (0.09)	−0.077 (−1.45)	0.003 (0.13)	−0.079 (−1.46)
Ebitda	−0.000 (−1.50)	−0.000 (−0.26)	−0.000 (−1.55)	−0.000 (−0.25)
SoE	−0.090*** (−2.87)	−0.76*** (−6.86)	−0.087*** (−2.74)	−0.08*** (−7.01)
Big4	−0.057** (−2.07)	−0.072 (−1.06)	−0.054* (−1.92)	−0.070 (−1.04)
Ind_FE	Yes	Yes	Yes	Yes
Year_FE	Yes	Yes	Yes	Yes
Municipal_FE	Yes	Yes	Yes	Yes
Province_FE	Yes	Yes	Yes	Yes
CRA_FE	Yes	Yes	Yes	Yes
Constant	3.689*** (11.02)	3.858*** (4.66)	3.454*** (11.68)	3.726*** (4.46)
Observations	3067	2102	3067	2102

续表

变量	Shock$_{dum}$=Public2015		Shock$_{dum}$=Pledge2017	
	Guarantee	CS	Guarantee	CS
		AAA		AAA
	(1)	(2)	(3)	(4)
Adj_R^2	0.364	0.619	0.359	0.621

注：***、**、*分别表示系数在1%、5%与10%的水平上显著，且标准误（括号中数字）在企业个体层面进行聚类调整。

七 研究结论与启示

本书针对中国债券市场存在的债券发行"担保正溢价"这一特征事实进行了系统的理论与实证解析。本书建立了一个含有担保品决策的债券评级与定价模型，经过理论推演提出"评级包装"这一理论机制，说明在一定条件下债券发行人可能通过提供债券担保，提高债券账面现值，促使评级机构对所发行债券给予更好的评级，实现成功发行的目标。但由此也引发债券评级虚高的问题。同时，投资者可以通过担保品的信号作用，推断出有担保债券的实际现值低于评级现值，并要求这类债券提供一个发行利率的溢价，从而导致"担保正溢价"现象的出现。理论分析表明，此时若企业先验质量越差，企业个体违约风险越高，以及担保质量越差，则担保正溢价越高。

本书进一步以2009—2020年交易所发行的公司债与企业债为样本对上述"评级包装"理论机制进行系统验证。研究发现：第一，当控制债券评级和一系列债券和企业特征后，拥有债券担保条款的债券其发行信用利差更高，上述结果在考虑企业发行债券数量，以及进行PSM匹配分析、使用工具变量以及担保政策变化后都保持稳健。第二，违约率较高的行业与省份、本土评级机构评级与声誉低的承销商承销的样本债券担保溢价更高，研发支出比例较低、预警Z值较大以及发行主体信用评级越高的企业所发行的债券担保溢价较低，当担保为抵质押而非第三方担保、担保人为国有企业以及担保人评级更高时，投资者对有担保债券要求的溢价下降。第三，资质较差的企业更多地选择了担保条款，在主体评级低于AA级的违约债券中约有40%的债券存在担保，而AA+级仅为7%；企业使用担保能增加债券发行成功率，这一现象在低主体评级债券中更显著；企业使用担保能降低总融资成本。最后，基于以评级为基准的监管政策也都会导致评级包装下的担保正溢价。上述结果说明，低质量发行人有更强的动机通过更多的担保将评级包装到 AA 级。所以，债券担保可能是评级包装的工具，继而导致债券评级虚高，从而提高债券发行成功率。

基于上述结论，本书有着如下政策建议：一是企业可以利用更多的良性债券契约（尤其是债券担保条款）来拉升债券评级，造成评级"虚高"以及担保"失效"。这要求监管部门加强对债券契约条款的识别，需要出台增强担保真实性的相关监管措施。二是本书评估了基于评级的监管政策的影响。这类监管政策由于有利于高评级债券，可能放大企业进行评级包装的动机，并会造成担保"失效"、违约率提高等经济后果，加剧了企业通过债券契约设计进行监管套利的行为。因此，监管部门应该重新审慎以评级为基准的相关监管政策。

第二节　管理层讨论与分析的语调操纵及其债券市场反应

一　引言

近年来股票市场一系列财务造假案例吸引了各方的广泛关注。财务造假实质是上市公司财务信息披露的不真实、不准确与不完整，凸显了企业信用文化的缺失。企业信用文化缺失现象也慢慢传染到债券市场。截至 2020 年底，已有 689 只债券发生违约，涉及金额达到 5570 亿元。然而，比债券违约更为恶劣的是，相当多的企业存在"逃废债"的行为，比如华晨汽车集团在 2020 年 6 月起便逐步转让股权，意欲掏空华晨汽车集团控股有限公司；河南永煤集团则通过"无偿划转重组方式"进行逃废债，将企业优质资产无偿划转他方。这些"逃废债"行为使得债券市场的信用体系受到了严重冲击。针对违约事件及逃废债行为造成的债券市场信用缺失问题，2020 年 11 月 21 日，刘鹤副总理主持召开国务院金融稳定发展委员会第四十三次会议，要求建立良好的地方金融生态和信用环境来维持债券市场稳定与促进债券市场发展。

市场经济体制下，在肯定"诚信"能提高个人修养与人际交往的道德价值时，也不能忽视其社会的、经济的价值和利益（刘星，2024）。如何让企业讲真话、做真账以重塑企业信用文化是监管部门急需解决的问题。近年来,中国证监会出台和调整了一系列信息披露监管措施,持续推进监管转型,如实施信息披露直通车、启动并持续推进分行业监管、开展"刨根问底"式监管、加大并购重组信息披露一线监管力度、强化年度报告事后审核问询机制等。这些监管措施提高了企业操纵报表定量信息的成本,降低了企业盈余管理的动机,在一定程度上提高了企业财务报表的真实性。尽管如此,企业财务报表信息不仅包括定量信息,也包括定性信息。以往文献发现企业的定性信息能够为外部投资者提供一定的增量信息,从而影响投资者决策(Francis 等,2003;Bozzolan 等,2009)。然而,近期的文献却发现,由于定性信息操纵成本较低,管理层有动机操纵定性信息来满足自身利益(Huang 等,2014;王克敏等,2018;曾庆生等,2018;王垒等,2020)。因此,我们自然联想到,由于定量信息操纵成本的上升,管理层是否会寻求通过操纵定性信息来满足自身利益。

基于上述背景,本书重点关注两个问题:

第一,管理层是否通过操纵定性信息来满足自身利益。在众多的定性信息披露中(如年报、业绩说明会与盈余电话会议等),本书特别关注 MD&A 披露的语调。原因如下[①]:MD&A 是上市公司定期财务报告的重要组成部分。管理层对当前财务报告与附注中的重要历史信息进行解释与分析,并对下一年度的经营计划及未来风险进行说明,传递了可以预测企业未来经营发展的有关信息。另外,由于会计准则的限制,定量信息并不能完全反映出关于未来现金流量的所有可用信息,所以当经济基本面好于量化信息所体现的情况时,MD&A 积极语调可以用来暗示更好的未来前景。在这种情况下,积极语调与未来美好前景相一致,从而体现出一定的增量信息。由于 MD&A 披露不需要经过审计师审计,这为管理层选择性披露提供了机会。管理层可以通过美化未来机遇与业绩来满足自身利益,同时也可以为经营业绩低迷提供开脱责任的机会。

第二,这种定性信息操纵行为是否影响了债券市场参与者的决策,

---

① 评级机构给予异常积极语调更好的评价可能存在两个原因:一是评级机构不能识别异常语调;二是评级机构有能力识别但是故意隐瞒。相关实证文献的结论发现评级机构有着一定的专业分析能力(Ashbaugh-Skaife 等,2006;吴育辉等,2020)。然而事实上,评级机构作为一个专业的信息中介,有着一定的分析能力,继而能够识别管理层语调操纵行为。基于此,本书在提出研究假设时,只从评级机构委托代理问题进行论述,而未从评级机构能力问题进行论述。尽管如此,本书也在后续横截面检验中(见表 6.27)对评级机构是否有能力识别进行了实证检验,以此来支持本书研究假设提出的可行性。

从而影响债券市场定价效率。原因如下：现有研究从股票市场分析了MD&A的定性信息的市场反应（Muslu 等，2015；Cole 和 Jones，2015；谢德仁和林乐，2015），以及管理层通过操纵定性信息来获得股票市场收益（Huang 等，2014；曾庆生等，2018）。然而，鲜有文献从债券市场对语调操纵后果进行分析。与股票市场不同的是，债权人与股东之间的代理冲突使得债券市场中的信息不对称更为严重。尤其在债券市场出现严重信用危机的情况下，理解定性信息对于债券市场的影响，对于如何提高债券市场定价效率，稳定债券市场相当重要①。对于评级机构这一信息中介而言，发行人付费制度与市场竞争加剧导致了评级机构有更强的动机迎合企业，进而给出高评级，因此评级机构报告的评级高于企业真实评级，从而使得信用评级的信息含量较低，导致了债券市场错误的定价，提高了债券市场系统性风险（Bolton 等，2012；Xia，2014）。因此，评级机构对于 MD&A 异常积极语调的反应将有利于我们进一步了解债券市场定价效率低下的原因②。股票与债券市场中的投资者在信息关注点与处理信息能力方面还存在一定的差异。一方面，与股票市场投资者相比，债券市场投资者更加关注企业的尾部风险，即关注企业资产偿还债务能力与企业风险水平；而股票市场投资者则主要关注企业的盈利能力。由于MD&A 章节着重于介绍公司未来经营成果与财务状况的重大事项和不确定性因素，即强调未来的经营风险情况，因此这部分内容对于风险感知与风险规避型的投资者更为重要。另一方面，债券市场投资者主要以机构投资者为主，在 2015 年之后，才允许资金达到 300 万元的公众投资者投资 AAA 级评级的债券。因此，相比于股票市场投资者，债券市场投资者的信息收集与处理能力更强，识别管理层操纵语调的可能性更大。

对于第一个问题，本书利用 2008—2019 年中国 A 股市场数据，借鉴

---

① 本书选择股票市场数据对 MD&A 异常积极语调进行度量，一是可以减小只选择债券市场数据所带来的样本自选择问题；二是债券市场投资者也关注股票市场信息，只选择债券市场数据对语调进行度量将会损失股票市场 4/5 样本信息（没发债样本）；三是 MD&A 披露是针对整个股票市场上市公司的要求，采用整个股票市场数据对语调进行度量比较合适。

② 本书选择交易所债券市场公司债为研究样本，其原因如下：一是交易所债券市场中企业债发行主体一般都是非上市公司，因此无法获得语调信息；二是在银行间债券市场中，中期票据并不是专门为上市公司发债所设计的，中期票据发行主体是具备法人资格的所有非金融企业，据作者对存续的中期票据进行统计，大约只有 6% 比例的中期票据的发行主体是上市公司。三是由于银行间市场与交易所市场在监管与投资者等角度上存在差异，同时根据本书后续研究设计，选择交易所债券市场作为研究能够对投资者识别能力问题进行有效分析。

Huang 等（2014）的方法，在以 MD&A 语调为因变量的基准模型中控制公司当前和预期的未来业绩、风险、行业、省份等相关因素，构建 MD&A 异常积极语调与正常语调变量。后续，本书通过多种方法验证了 MD&A 异常积极语调变量构建的合理性，并得出 MD&A 异常积极语调与未来破产风险和债务重组正相关。因此，MD&A 异常积极语调和未来风险的正向关系否定了管理层主动使用异常乐观的语气向投资者暗示未来收益较好前景的增量信息假设，换言之，MD&A 异常积极语调是管理层操纵的结果。对于第二个问题，本书使用 2008—2019 年交易所公司债数据检验了 MD&A 异常积极语调与债券信用评级、债券信用利差之间的关系。研究发现，MD&A 异常积极语调能够显著提高债券信用评级，却对信用利差没有显著影响，上述结论在进行一系列稳健性检验（内生性控制，考虑披露政策影响以及改变语调度量方式）后仍然成立。进一步地，本书也发现利益冲突与较低的声誉成本降低了评级机构的独立性，继而导致评级机构有迎合发行人的动机，从而给予异常积极语调高的企业更高的评级；而随着大众投资者参与到债券市场交易过程中，投资者识别管理层语调操纵行为的能力在下降。另外，较差的企业信息环境会增大管理层语调操纵行为的债券市场收益。最后，扩展性分析结论表明投资者能够直接识别 MD&A 语调操纵，但还是受到被语调操纵的信用评级等级的影响，导致了市场定价效率的低下。

本书的研究贡献为：第一，Huang 等（2014）利用美国股票市场数据实证检验了 MD&A 异常积极语调与企业未来业绩和现金流的关系，较为直接地证实了管理层语调操纵行为的存在性。同美国股票市场相比，中国股票市场基础设施和信息披露监管还比较薄弱，管理层语调操纵行为可能更为常见。为此，本书借鉴 Huang 等（2014）的研究设计，较早利用中国股票市场数据证实了中国上市公司 MD&A 语调操纵的存在性。第二，截至 2020 年底，中国债券市场存量为 114.33 万亿元，位居世界第二，是同期股市市值（79.72 万亿元）的 1.5 倍。另外，相比于股票市场投资者来说，债券市场投资者以机构投资者为主，有着较强的分析能力，且他们更加关注企业的尾部风险；而评级机构作为专业的信息中介，他们可以通过调研获得更多关于企业运营的私有信息。因此，债券市场投资者与评级机构更有可能识别 MD&A 的操纵行为。基于此，本书首次从债券市场角度检验了语调操纵的经济后果，结果发现异常积极语调能够提高债券评级,整体上不能降低债券信用利差,但分析能力较弱的投资者则要求异常积极语调高的债券更低利差,上述结论为语调操纵收益观提供了来自债券市场的证据。第三,现有研究主要分析了企业通过策略性操纵信息披露质量(Biddle 和 Hilary,2006;Bharath 等,2008)、策略性避税(Ayers 等,2010)与分红策略(Khieu 和 Pyles,2016)来提高信用评级,以及采用分层设计来提高资产证券化产品评级(Stanton 和 Wallace,2010)。本书研究结论发现企业可以通过策略性操纵语调来提高信用评级,提出了评级机构与企业合谋的新方式。

二 文献综述与假设推导

(一)MD&A 语调的增量信息观与操纵观

现有研究主要从信息增量与信息操纵两个视角对语调功能进行了阐述。在信息增量观下,由于 MD&A 是财务报告中最重要的组成部分,它提供了管理层对公司当前和未来业绩的看法,所以其对公司财务信息披露起到了补充作用(Francis 等,2003;Bozzolan 等,2009)。MD&A 设计的初衷在于降低企业与投资者之间的信息不对称,提高企业的信息披露质量,使得投资者对企业经营状况有更为深入的了解,继而提高市场定价与资源配置效率。尤其是随着企业经营风险不确定性的增大,仅靠会计数据难以全面反映企业价值时,为了引导外部投资者对于企业价值与风险有着较为深刻的认知,管理层会使用更多的语调修饰对财务信息进行有效的补充(Tetlock,2007)。因此,MD&A 语调存在一定的信息增量,即 MD&A 语调披露与同期股票回报、审计师的持续经营意见以及未来收入增长和资产回报率(ROA)相关(Francis 等,2003;Sun,2010;Li,2010;Feldman 等,2010;Davis 和 Tama‐Sweet.,2012;Mayew 等,2014;谢德仁和林乐,2015)。

信息操纵观认为管理层有较强的自利动机对语调进行操纵(Larcker 和 Zakolyukina,2012;Huang 等,2014;Tan 等,2014)。现阶段,股东与管理层两职分离导致的委托代理问题已经相当普遍与严重,所以管理层经常通过粉饰报表实现自身利益最大化。然而,随着会计数据操纵成本的增大,文本语调操纵已经成为管理层侵害股东利益的一种新方式(Huang 等,2014)。一方面,管理者可以通过操纵 MD&A 语调向市场传递好消息,也可以为公司业绩低迷与经营风险增大提供逃避责任的机会,比如在业绩较差时,管理层使用大量乐观词汇描述当下的经营现状,以及畅想未来的经营业绩，以实现自身声誉与职位的稳定（Loughran 和 Mc-donald，2011；Huang 等，2014）；另一方面，MD&A 积极语调可以导致正向的股票市场反应，继而获得更多的市场资源以提高管理层自身利益。比如，管理层或者内部人通过语调操纵提高股价价格，继而卖出股票实现资本市场收益（Lang 和 Lundholm，2000；Huang 等，2014；曾庆生等，2018）。

通过上述分析，在信息增量与信息操纵两个观点下，MD&A 语调可能存在信息增量，也可能是管理层操纵的结果。在现有会计准则局限性下，定量信息并不能完全反映关于未来现金流量的所有可用信息，当经济基本面好于量化信息所显示的情况时，管理层一旦公正地向外传递公司的真实经营与盈利信息，那么积极语调预示着未来前景会更好。在这种情况下，积极语调对财务信息起到补充作用，有助于投资者更好地对企业未来业绩进行预测，继而存在增量信息。然而，对于中国资本市场，一方面，关于文本信息披露制度的法律法规尚未完善，有关文本信息的监管政策目前还处于空白，尤其缺乏对 MD&A 用词与披露内容的相关规定，且 MD&A 章节不需要审计，上述这些问题导致管理层操纵语调成本较低；另一方面，中国资本市场中管理层与股东之间的代理问题非常严重，管理层出于职业规划、业绩绩效以及股票期权的考虑，有动机采取更多的工具粉饰财务报表。尤其是在盈余管理操纵受限的情况下，MD&A 语调可以作为一种替代工具。换言之，管理层通过语调操纵能够更好掩盖与夸大公司的基本面信息，以此误导投资者。基于上述分析，本书认为由于中国资本市场 MD&A 内容披露的不规范以及无须审计的特点，管理层操纵 MD&A 语调的成本较低，增大了 MD&A 语调被操纵的可能性。因此，本书提出第一个研究假设：

H1：相比于 MD&A 语调的信息增量观，中国资本市场中的 MD&A 语调更多体现出操纵观。

（二）MD&A 语调操纵与债券信用评级

中国债券市场中的信用评级存在严重的虚高。在面对市场风险时，评级机构没有对企业做出及时的信用评级调整，甚至还给予较高的信用评级，继而导致评级结果失真。其中，一个重要原因是评级机构业务模式中固有的利益冲突。目前，评级行业主要是以"发行人付费"模式为主，评级机构的收入来源于债券发行人，也就难免存在虚高评级来迎合发行人的动机。目前已有大量研究表明评级行业的"发行人付费"模式造成了评级机构与发行人之间的利益冲突，导致了评级结果失真（He 等，2011；Xia，2014；吴育辉等，2020；寇宗来等，2020）。同时，在"发行人付费"模式下，过度竞争导致的生存压力可能使得评级机构过度迎合发行人对评级的需求（Becker 和 Milbourn，2011；Bolton 等，2012；Bae 等，2015）。与美国评级市场三分天下不同的是，中国债券市场存在 6 家主要的发行人付费评级机构，市场竞争程度更大，继而导致评级失真的可能性更大（周宏等，2013；徐晓萍等，2018）。

在评级机构与企业之间存在严重的利益冲突下，评级机构仅根据有利于企业评级的方式进行评级，因此企业有动机根据评级机构评级指标采取相关策略来提高评级。首先，评级机构在对企业进行评级时，会关注企业基本面的定量信息，操纵企业的定量信息可以提高企业的评级，比如通过盈余管理来粉饰业绩（Caton 等，2011；Alissa 等，2013）或者通过降低杠杆来达到预期评级（林晚发和刘颖斐，2018；Kisgen，2019）。其次，由于定量的信息更容易验证，企业便寻求策略性操纵定性信息来提高评级。现有研究发现评级机构在对企业进行评级时往往会考虑企业的定性信息，所以企业经常会采用策略性操纵相关定性信息披露来提高主体评级，比如企业避税水平与股利分红等定性信息（Ayers 等，2010；Khieu 和 Pyles，2016）。

对于 MD&A 异常积极语调而言，从真实情况看，这种语调更可能是管理层操纵的结果，暗示了企业未来违约风险增大。从理论上来说，一方面，评级机构应该给予这种语调高的债券更低的评级。然而，在发行人付费模式以及市场过度竞争下，评级机构与企业之间存在严重的利益冲突，评级机构有较强的动机去迎合发行人。另一方面，长期以来，债券市场的刚性兑付以及缺少对评级机构奖励与处罚的相关政策，使得评级机构的声誉机制较难健全，进一步降低了评级机构的独立性，继而提高了评级机构迎合评级的动机。因此，在迎合评级动机下，评级机构给予这种被操纵的异常积极语调较高的评级，继而提高债券信用评级[①]。基于此，本书提出第二个研究假设：

H2：MD&A 异常积极语调越高，债券信用评级越高。

（三）MD&A 语调操纵与债券信用利差

理论上，公司价值应该等于其未来预期现金流的折现，然而未来现金流的准确估计取决于投资者的信息集。对于股票市场而言，Hussainey 和 Walker（2009）的研究表明，与收益相关的前瞻性披露有助于投资者对未来三年的累计收益变化形成更好的预期。因此，MD&A 内容可以为投资者扩大信息集，有助于他们准确估计公司价值。具体到语调的研究，缺乏经验的投资者往往会根据积极语言预测公司未来的盈利业绩会更好，从而要求较低的资本成本（Kothari 等，2009），即使语调是被操纵的情况下，上述关系也仍然存在（Huang 等，2014；曾庆生等，2018），因此，股票市场投资者较难识别 MD&A 语调的操纵行为。然而与股票市场不同，债券市场的投资者大多以机构投资者为主，他们有着专业的信息收集与分析能力，识别语调操纵行为的可能性更大，继而导致他们的决策并不是那么积极（可能出现与语调相反的决策）。换言之，当更老练的投资者发现财报中积极的言辞没有得到业绩相关信息支持时，他们将认为财报的可信度较低，并且预计未来盈利会下降，那么异常积极语调并不会导致投资者进行乐观的投资。基于上述分析，债券市场投资者有着专业分析能力，他们能够识别管理层语调操纵行为，继而导致 MD&A 异常积极语调并不能降低债券信用利差。因此，本书提出第三个研究假设：

H3：MD&A 异常积极语调与债券信用利差不存在显著的相关性。

三　样本、变量与模型

（一）样本与数据来源

基于上市公司年报披露的规范性以及相关财务数据的可获得性，本书以中国 A 股上市公司为研究对象对语调的操纵与识别进行分析。具体地，本书从上交所、深交所以及巨潮资讯网站下载上市公司年报，通过 Python 软件从年报中截取管理层讨论与分析章节作为研究对象。上市公司财务数据与债券市场数据来源于 Wind 数据库，公司治理与分析师预测等相关数据来源于 CSMAR 数据库，高管特征数据则来源于 CNRDS 数据库。为了减小会计准则变更以及金融危机对于结论的影响，本书选择 2008—2019 年为相应的样本期。另外，本书样本也按照如下过程进行筛选：删除金融行业以及 ST 公司，删除财务指标变量数据存在缺失的样本，并对财务数据等连续变量均进行 1% 的缩尾处理，最后我们总计获得

27394个关于公司年度的异常积极语调的观测值[②]。另外，本书研究问题是上市公司语调操纵行为的经济后果，因此本书只选择交易所债券市场公司债为研究对象[③]。在不同的回归检验中样本可能存在一定变化，本书将在表格中进行列示说明。

(二) 关键变量定义

1. MD&A 语调

本书借鉴曾庆生等（2018）的研究，以 LM 词典提供的金融情感英文词为基础，通过谷歌字典、有道词典以及金山词霸对所有英文词进行中文翻译，如果一个词对应多个中文词，那么将对所有词进行保留，以保证所关联的中文情感词都囊括在内。在情感词集创建后，采用 Python 软件中的"Jieba"库包对 MD&A 章节内容进行分词，确定章节词汇总数、正面词汇与负面词汇数量。在获得情感正面与负面词汇数量后，借鉴谢德仁与林乐（2015）方法定义语调（Tone）：（积极词汇数—消极词汇数）/（积极词汇数+消极词汇数）。为了保证结论的稳健性，本书也借鉴 Huang 等（2014）的方法定义语调（Tone1）：（积极词汇数—消极词汇数）/词汇总数。Tone 用于主回归检验，而 Tone1 用于稳健性检验。

2. MD&A 异常积极语调

MD&A 语调可能反映出两个内容：一是对当前和未来较好财务绩效的一种中性表达；二是管理层战略选择的结果，即异常语调。对于异常语调的含义，也存在两种解释：一是由于会计准则的限制，财务量化信息无法充分揭示企业的生产经营现状与未来的业绩表现，管理层需要使用积极的语调向投资者传达有关未来业绩的私有信息，这种情况体现了语调的信息增量观；二是管理层试图掩盖当前糟糕的业绩，或者炒作未来业绩来误导投资者，这种情况体现了语调的操纵观。

为了分离出异常语调，我们借鉴 Li（2010）与 Huang 等（2014）的方法，将 Tone 分解为 NTone+ABTone，其中，NTone 表示有关基本面的中性语调，即正常语调；ABTone 表示异常语调，代表管理层对语调的战略选择，可能是增量信息抑或操纵结果。具体分解模型如下：

$$Tone_{it} = \alpha + \beta_0 Roa_{it} + \beta_1 Ret_{it} + \beta_2 Size_{it} + \beta_3 MV_{it} + \beta_4 Std\_Ret_{it} + \beta_5 Std\_Roa_{it} + \beta_6 Age_{it} + \beta_7 Loss_{it} + \beta_8 \Delta Roa_{it} + \delta_{ht} + \gamma_{pt} + \varepsilon_{it} \quad (6.11)$$

在模型（6.11）中，Tone 为管理层语调，Roa 为净利润与总资产的比例，Ret 为12个月的股票持有到期收益率，Size 为企业总资产的对数，

MV 为年末市值的对数,Std_Ret 为一年中个股每个月收益率的标准差,Std_Roa 为过去五年 Roa 的标准差,Age 为企业存续年限的自然对数,$Loss$ 为哑变量,如果当年净利润小于上一年,则 $Loss=1$,否则 $Loss=0$,ΔRoa 为 t 期 Roa 与 $t-1$ 期 Roa 的差。另外,为了控制行业与省份相关政策等因素的影响,本书在模型中控制了行业—年份(δ_{ht})与省份—年份(γ_{pt})交叉固定效应。

3. 债券信用评级

为了分析 MD&A 异常积极语调与债券信用评级的关系,本书选择每年中离 MD&A 披露时间最为接近的债券评级作为研究对象。同时,借鉴孟庆斌等(2017)的研究,本书对债券信用评级的高低进行连续赋值。当债券评级为 AAA 级时,$Rating=19$,评级为 AA+级时,$Rating=18$,以此类推,当评级为 BBB 级时,$Rating=11$,当评级为 C 级时,$Rating=1$。

4. 债券信用利差

借鉴吴育辉等(2020)与寇宗来等(2020)的研究,本书定义债券信用利差(CS)等于日度债券到期收益率与相同期限国债利率差的均值。债券到期收益率均值的时间计算区间为 MD&A 披露时间到年末。

(三)模型设定

1. 假设 H1 检验模型

本书从 MD&A 语调中分离出正常语调(NTone)与异常积极语调(ABTone)。通过检验 ABTone 与企业破产风险和债务重组的关系,继而得出 ABTone 是否存在增量信息抑或是管理层操纵的结果,相应的模型如下:

$$Z/Restru_{it+n} = \alpha + \phi_0 ABTone_{it} + \phi_1 Ret_{it} + \phi_2 Size_{it} + \phi_3 MV_{it} + \phi_4 Std\_Ret_{it} + \phi_5 Std\_Roa_{it} + \phi_6 Age_{it} + \phi_7 Loss_{it} + \phi_8 \Delta Roa_{it} + \delta_j + \gamma_t + \varepsilon_{it} \quad (6.12)$$

在模型(6.12)中,$ABTone$ 为 MD&A 异常积极语调;Z 表示企业破产风险,借鉴 Altman(1983)公式计算所得,Z 值越大,企业破产风险越小;$Restru$ 表示企业是否债务重组,如果企业存在重组,则 $Restru=1$,反之 $Restru=0$。其他变量定义见模型(6.11)。另外,本书控制了行业固定效应(δ_j)以及年度固定效应(γ_t),以此减小相关层面政策的影响。最后,n 的取值为 1—3,表示各个因变量的未来一期值、未来二期值与未来三期值。

我们关心的是 $ABTone$ 变量,我们预计在模型(6.12)中,当分别以

Z 与 $Restru$ 为因变量时，$ABTone$ 变量系数 ϕ_0 分别显著为负与正，即 MD&A 异常积极语调与未来破产风险、债务重组正相关。如果预期符号满足，则说明 MD&A 异常积极语调并不是未来业绩良好的增量信息，而是管理层操纵的结果。

2. 假设 H2 检验模型

本书借鉴寇宗来等（2020）研究，使用如下模型来检验 $ABTone$ 与债券信用评级的关系：

$$Rating_{it} = \alpha + \phi_0 ABTone_{ijt} + \phi_1 Size_{it} + \phi_2 Lev_{ijt} + \phi_3 Roa_{ijt} + \phi_4 Cur\_as_{it} + \phi_5 PPE_{it} + \phi_6 SoE_{it} + \phi_7 Bond\_Size_{it} + \phi_8 Term_{it} + \phi_9 Guar_{it} + \delta_j + \gamma_t + \eta_p + \lambda_g + \varepsilon_{it} \tag{6.13}$$

在模型（6.13）中，$Rating$ 为债券信用评级；Lev 表示企业杠杆率，采用负债与总资产的比例进行度量；Cur_as 表示流动资产比例，采用流动资产与总资产的比例进行度量；PPE 为企业固定资产比例，采用固定资产净值与总资产的比例度量；$Ebitda$ 为利息保障倍数，采用息税前利润与利息费用的比例进行度量；SoE 为企业所有权性质虚拟变量，当企业是国有企业时，$SoE=1$，反之 $SoE=0$。另外，在模型（6.13）中也对债券特征进行控制，$Bond\_Size$ 为债券发行规模，采用发行规模（亿元）对数度量；$Term$ 为债券是否存在特殊条款，当债券存在特殊条款时，$Term=1$，反之 $Term=0$；$Guar$ 表示债券是否存在担保，当债券存在担保时，$Guar=1$，反之 $Guar=0$，其他变量与模型（6.9）一致。最后，本书控制了行业（δ_j）、年度（γ_t）、省份（η_p）以及评级机构（λ_g）固定效应。如果模型（6.13）中 $ABTone$ 变量系数 ϕ_0 显著为正，说明管理层异常积极语调导致更高的评级。

3. 假设 H3 检验模型

在模型（6.13）基础上，构建模型（6.14）分析 $ABTone$ 与债券信用利差的关系。

$$CS_{it} = \alpha + \pi_0 ABTone_{it} + \pi_1 Size_{it} + \pi_2 Lev_{it} + \pi_3 Roa_{ijt} + \pi_4 Cur\_as_{it} + \pi_5 PPE_{it} + \pi_6 SoE_{it} + \pi_7 Bond\_Size_{it} + \pi_8 Term_{it} + \pi_9 Guar_{ijt} + \pi_{10} Rating_{it} + \delta_j + \gamma_t + \eta_p + \lambda_g + \varepsilon_{it} \tag{6.14}$$

在模型（6.14）中，CS 为债券信用利差，其他变量定义与模型（6.13）一致。如果 $ABTone$ 变量系数显著为负，即管理层异常积极语调降低了债券融资成本，说明债券投资者不能识别管理层语调操纵行为。

相反，当这个变量系数（π_0）不显著或者显著为正时，则说明债券投资者能够识别管理层的语调操纵行为。

四 MD&A 语调操纵行为检验

（一）MD&A 异常积极语调的度量

本书按照模型（6.11）回归来构建 MD&A 正常语调（NTone）与异常积极语调（ABTone）变量，相应的回归结果见表 6.16。我们发现，当公司业绩越好、规模与市值越大、股票回报越高、业绩与回报波动越小、存续年限越小时，MD&A 语调越积极。NTone 与 ABTone 分别是回归模型（6.9）的预测值与残差，其中 ABTone 与 NTone 正交，即 ABTone 与公司基本面（如企业当年财务业绩、增长机会、公司经营风险等）、行业和省份变量不相关。

表 6.16　　　　　　　　　预期语调回归结果

变量	被解释变量：Tone	变量	
Roa	0.003*** (13.59)	Atd_Roa	−0.002*** (−5.03)
Ret	1.018*** (4.54)	Age	−0.041* (−1.72)
Size	0.011*** (3.11)	Loss	−0.034*** (−9.27)
MV	0.016*** (4.30)	ΔRoa	−0.001* (−1.82)
Std_Ret	−0.001*** (−2.98)	Constant	−0.140 (−1.36)

注：***、**、*分别表示系数在1%、5%与10%的水平上显著，括号内为系数的 t 值。回归样本为 27394 个观察值，调整的 R 平方为 0.526。

（二）MD&A 异常积极语调有效性分析

一方面，ABTone 应该与公司基本面的定量指标没有相关性，或者只与少量变量相关。另一方面，ABTone 也可能受到管理层特征影响，换言之，ABTone 与管理层风格有关，并不是本书所描述的异常语调。因此，我们有必要进一步检验 ABTone 时间持续性。

1. MD&A 异常积极语调与企业基本面相关性分析

借鉴 Dechow 等（2010）与 Huang 等（2014）的研究，本书选择 12 个变量对企业价值和投资增长机会进行衡量。表 6.17 第（1）至第（3）列分别展示了这 12 个变量与 ABTone、Tone 和 ΔTone 变量之间的相关系数，结果表明 ABTone 与企业基本面相关性较小。具体地，在第（1）列中，ABTone 与基本面变量不存在相关性，而 Tone、ΔTone 却分别与 10 个和 12 个基本面变量相关。更为重要的是，12 个变量中，包括了并不包含在模型（6.9）中的 R&D、CFO 与 AF 三个变量，因此本书度量的异常积极语调与基本面信息的正交性较好，即不含基本面相关信息。换言之，本书的异常积极语调更可能是管理层战略选择的结果。

表 6.17　　　　　　　　变量之间相关系数分析

变量	（1）ABTone	（2）Tone	（3）ΔTone
Roa	0.001	0.339***	0.113***
Ret	−0.002	0.084***	0.190***
Size	0.002	0.029***	−0.014**
MV	0.001	0.139***	0.059***
Std_Ret	−0.001	−0.016***	0.062***
Std_Roa	−0.002	−0.183***	0.013**
Age	0.001	−0.210***	−0.015**
Loss	−0.001	−0.295***	−0.117***
ΔRoa	0.001	0.008	0.034***
R&D	0.009	0.054***	0.022***
CFO	−0.007	−0.001	−0.026***
AF	−0.002	0.009*	−0.015**

注：***、**、*分别表示系数在 1%、5% 与 10% 的水平上显著。R&D 为公司研发支出与总资产的比例，AF 为分析师预测精确度。

2. MD&A 异常积极语调的时间持续性

MD&A 异常积极语调也可能是管理层乐观特征所导致的，那么这种语调的持续性较强，即前后两期语调有着显著的相关性。因此，本书检验 ABTone、Tone 和 ΔTone 的时间持续性，即一阶自相关性。具体地，我们在公司个体层面对 ABTone、Tone 和 ΔTone 与其各自的滞后一期变量进行回归，回归要求每个公司至少存在连续五年观测，然后对样本中所有公司的滞后一期变量的系数与标准误求均值，相应的结果见表 6.18。从结果我们可知，相比于 Tone 与 ΔTone 的持续性，ABTone 与其滞后一期变量的相关性较小，且系数在统计上不显著，这个结果说明 ABTone 持续性较低。

表 6.18　　　　　　　　　MD&A 语调持续性分析

滞后一期变量	ABTone	Tone	ΔTone
系数	0.369	0.575*	−0.433
标准误	0.340	0.312	−0.336

注：***、**、* 分别表示系数在 1%、5% 与 10% 的水平上显著。

基于上述两个检验，相比于 Tone 与 ΔTone，ABTone 与基本面无关，且是管理层战略选择的结果。

（三）样本描述性统计分析

表 6.19 给出了本书主要变量的描述性统计分析结果。我们发现 Tone 变量的平均值与中位数分别为 0.421 与 0.424，表明 MD&A 披露语调普遍相对乐观。曾庆生等（2018）也采用相同的方法得到年报语调变量的均值与中位数分别为 0.298 与 0.3，说明年报语调也普遍乐观，因此本书的结论与曾庆生等（2018）的结论一致。另外，我们也发现 ABTone 的均值为 0.001，更重要的是，ABTone 在样本中存在较大的波动，从而为本书相关研究提供了一定的基础。对于债券变量，我们发现 Rating 变量均值与中位数分别为 17.01 与 17，说明交易所市场的信用评级大多集中在 AA 级与 AA+级级别上。CS 变量均值与中位数分别为 4.050 与 3.660，说明债券存在一定的信用风险。

表 6.19　　　　　　　　　变量描述性统计结果

变量	均值	中位数	标准差	极小值	P25	P75	极大值
Tone	0.421	0.424	0.145	0.027	0.330	0.518	0.765

续表

变量	均值	中位数	标准差	极小值	P25	P75	极大值
ABTone	0.001	0.003	0.090	-0.253	-0.055	0.058	0.226
Roa（%）	3.770	3.360	5.310	-19.90	1.480	6.120	20
Ret	0.001	-0.001	0.006	-0.007	-0.003	0.004	0.027
Size	23	22.90	1.450	19.60	22	23.90	26.70
Std_Ret	12.50	11.30	5.680	4.220	8.550	15.10	34.60
Std_Roa	3.400	2.130	3.990	0.191	1.140	4.030	26.30
Age	2.860	2.890	0.326	1.790	2.640	3.090	3.530
Loss	0.079	0	0.270	0	0	0	1
ΔRoa	-0.648	-0.301	5.030	-22.80	-1.910	0.762	19.30
CFO	0.043	0.047	0.099	-0.340	0.003	0.093	0.351
MV	22.90	22.80	1.070	20.70	22.10	23.60	25.80
Z	3.939	2.214	27.709	-0.261	1.358	3.841	30.271
AF	1.720	0.441	4.140	0	0.034	1.480	5.70
AEM	0.065	0.042	0.069	0.001	0.018	0.084	0.362
REM	0.151	0.090	0.189	0.001	0.041	0.184	1.200
A_Follow	9.430	6	10.10	1	1	14	44
Ins_Hol（%）	45	46.70	23.40	0.954	26.60	63.30	90.60
Rating	17.01	17	1.980	11	17	18	19
CS（%）	4.050	3.660	3.080	0.348	2.580	4.740	26.80
PPE	0.232	0.186	0.193	0.001	0.066	0.362	0.748
SoE	0.509	1	0.500	0	0	1	1
Bond_Size	20.30	20.40	0.870	17.70	19.80	20.70	22.30
Term	0.707	1	0.455	0	0	1	1
Guar	0.388	0	0.487	0	0	1	1

（四）MD&A 异常积极语调与企业未来风险的关系检验

1. ABTone 与企业未来风险

本书按照模型（6.12）分别检验 ABTone 与企业未来一期到三期的破产风险与债务重组的关系，以此确定 ABTone 是否被操纵，相关的结果见表 6.20。具体地，第（1）至第（3）列是以预警 Z 值为因变量的回归结果，我们发现 ABTone 变量系数在第（1）至第（3）列中显著为负。对于经济意义，由于 ABTone 的系数分别为-8.575、-1.191 与-8.997，所以当 ABTone 每变化一个标准差（0.09）时，未来一期到三期的 Z 值将分别下降 0.77、0.11 与 0.81。相比之下，0.77 大约为各自回归样本的 Z 均值（8.10）的 9.5%。

表 6.20　　　　　MD&A 异常积极语调与企业未来风险

变量	Z_{t+1}	Z_{t+2}	Z_{t+3}	$Restru_{t+1}$	$Restru_{t+2}$	$Restru_{t+3}$
	（1）	（2）	（3）	（4）	（5）	（6）
ABTone	-8.575***	-1.191**	-8.997***	0.052**	0.060**	0.044*
	(-3.20)	(-2.21)	(-6.53)	(2.16)	(2.34)	(1.72)
Ctrls_1	Yes	Yes	Yes	Yes	Yes	Yes
Ind/Year	Yes	Yes	Yes	Yes	Yes	Yes
Observations	17627	15179	12877	17631	15186	12880
Adj_R^2	0.526	0.117	0.041	0.034	0.033	0.030

注：***、**、* 分别表示系数在 1%、5% 与 10% 的水平上显著。括号内为系数的 t 值。Ctrls_1 为模型（6.11）中的控制变量，Ind 与 Year 分别表示行业与年份固定效应。

以未来一期到三期债务重组 Restru 为因变量的回归结果见表 6.20 第（4）至第（6）列，ABTone 变量系数在第（4）至第（6）列中显著为正。对于经济意义，当 ABTone 每变化一个标准差（0.09）时，未来一期到三期的 Restru 将会分别上升 0.005、0.0054 与 0.004。相比之下，0.005 大约为 Restru 均值（0.111）的 5%。

基于上述两个指标的分析，我们发现 ABTone 暗示了较大的破产风险与债务重组概率，因此 MD&A 异常积极语调更可能是管理层操纵的结果，H1 得证。

2. 稳健性检验

（1）异常积极语调度量中的遗漏变量问题。模型（6.9）对企业的基本面、行业、省份等层面的变量进行了控制，遗漏变量可能来自于企业公司治理层面。因此，本书在模型（6.9）中对公司治理变量进行控制。具体地，本书选择董事长与总经理是否两职合一（Dua）、独立董事比例（Ratio_D）与机构持股比例（Ins_Hol）三个变量对公司治理进行度量，将此三个变量加入到模型（6.9）中进行回归，得到残差（ABTone_R），以此度量异常积极语调，并按照模型（6.10）进行回归分析，结果仍然稳健（详细内容参见《管理世界》网络发行版附录 1）。

(2) 异常积极语调与企业未来风险关系检验中的遗漏变量问题。模型 (6.10) 中也可能存在遗漏变量问题。本书认为遗漏变量主要来源于公司治理变量以及行业与省份政策相关变量，为此，本书在模型 (6.12) 中一方面控制了行业—年度与省份—年度交乘固定效应，以此减小相关层面政策的影响；另一方面控制了公司治理层面的三个变量（Dua、Ratio_D、Ins_Hol）。通过上述变量控制，能在一定程度上减小模型 (6.12) 中的遗漏变量问题，结果仍然稳健（详细内容参见《管理世界》网络发行版附录1）。

五 MD&A 异常积极语调与债券市场反应

（一）基本回归结果

表 6.21 第（1）列与第（2）列分别给出了 MD&A 异常积极语调与债券信用评级、债券信用利差的回归分析结果。其中，第（1）列是债券信用评级的结果，ABTone 变量系数在 5% 的水平上显著为正，结果说明 MD&A 异常积极语调越大，债券信用评级越高。这个结论表明评级机构与企业之间存在严重的利益冲突，为了迎合发行人而给予异常积极语调大的企业更高的评级，H2 得证。第（2）列是债券信用利差的回归结果，我们发现 ABTone 变量系数为负，但在统计上不显著，这说明管理层操纵的语调并不能影响债券市场投资者的感知，H3 得证。其原因是债券市场投资者主要以机构投资者为主，他们有很好的信息收集与分析能力。

表 6.21　　　MD&A 异常积极语调与债券市场反应

变量	Rating	CS
	(1)	(2)
ABTone	0.271**	−0.396
	(2.47)	(−0.92)
Rating		−0.657***
		(−5.08)
Ctrls_2	Yes	Yes
Ind/Year/Pro/Agen	Yes	Yes
Observations	3032	1846
Adj_R^2	0.657	0.367

注：***、**、*分别表示系数在 1%、5% 与 10% 的水平上显著。括号内为系数的 t 值。Ctrls_2 为模型 (6.10) 中的控制变量，Pro 和 Agen 分别表示省份与评级机构固定效应。

（二）稳健性检验

1. 控制内生性问题

（1）工具变量回归。本书借鉴 Ertugrul 等（2017）、孟庆斌等（2017）与曾庆生等（2018）的研究以及债券市场这一特殊的研究对象，选择从来都没有发债的上市公司行业年度异常积极语调均值（Ind_Year_ABTone_NB）与省份年度异常积极语调均值（Pro_Year_ABTone_NB）作为企业异常积极语调的工具变量。从理论上来说，在股票市场层面，这两个工具变量与异常积极语调高度相关，满足相关性。同时，从来没有发债公司的异常积极语调均值并不会直接影响发债公司的行为，即影响债券信用评级与信用利差，继而在一定程度上满足了排他性。相应的回归结果见表 6.22，Ind_Year_ABTone_NB 与 Pro_Year_ABTone_NB 变量系数在第（1）列中显著为正与负，这说明行业中无发债上市公司异常语调均值越高，发债企业的异常积极语调越大，而省份中无发债上市公司异常语调均值越高，发债企业的异常积极语调越小。本书也对工具变量的弱变量性进行检验，发现 Cragg-Donald Wald F statistic 等于 20.51，而弱工具变量检验 10% 的临界值是 19.93，该统计量在 10% 的水平上拒绝工具变量是弱工具变量的假设。从第（2）列与第（3）列第二阶段回归结果可知，Sargan statistic 统计量的值都不拒绝工具变量外生性的原假设。同时，ABTone 在第（2）列中仍显著为正，而在第（3）列不显著，这与主回归结果一致。

表 6.22　　工具变量回归结果

变量	ABTone	Rating	CS
	（1）	（2）	（3）
Ind_Year_ABTone_NB	0.154** (2.33)		
Pro_Year_ABTone_NB	-1.739*** (-6.13)		
ABTone		2.028** (2.26)	-0.860 (-0.26)
Rating			-0.785*** (-6.36)

续表

变量	ABTone (1)	Rating (2)	CS (3)
Ctrls_2	Yes	Yes	Yes
Ind/Year/Pro/Agen	Yes	Yes	Yes
Observations	3032	3032	1835
Adj_R^2	0.064	0.624	0.351
Cragg-Donald Wald F statistic	23.03*		
Sargan statistic		2.120	0.745

注：***、**、*分别表示系数在1%、5%与10%的水平上显著。括号内为系数的t值。Stock-Yogo weak ID test critical values：10% maximal IV size 19.93。

（2）其他内生性测试。①MD&A异常积极语调也可能是管理层乐观特征的结果，因此本书将对管理层特征进行控制。②MD&A是年报中的一个章节，所以年报语调可能会影响MD&A语调，同时也会影响债券信用评级与信用利差，因此本书也将对年报语调进行控制。③年报的信息披露质量也会影响MD&A披露的质量。也就是说，如果年报信息质量不高，MD&A披露质量自然也不高，管理层操纵语调的可能性也就更大。因此，本书也对年报信息披露质量进行控制。④为了控制行业与年度等公司外部特征对于MD&A语调的影响，本书采用经行业—年度中位数调整的异常语调进行回归分析。具体地：

首先，本书选择管理层是否为女性（董事长或总经理如果是女性，Female=1，反之Female=0），管理层学历（董事长或总经理如果有博士学位，Edu=1，反之Edu=0），管理层海外经历（董事长或总经理如果有海外留学与工作经历，Ove_Sea=1，反之Ove_Sea=0），管理层学术经历（董事长或总经理如果有高校或科研机构工作经历，Academic=1，反之Academic=0）以及管理层会计财管工作经历（董事长或总经理如果有会计财管工作经历，Accounting=1，反之Accounting=0）这5个变量作为管理层特征变量，并对其进行控制后回归。其次，本书按照MD&A语调计算方法得到年报语调变量（A_Tone），并对其进行控制后回归。再次，本书也对年报的信息披露质量进行控制。具体地，以修正琼斯模型计算得到的应计盈余管理水平（AEM）加入回归模型进行控制。最后，本书对ABTone按照行业—年度中位数进行差分调整，得到ABTone_Adj变量，加入原模型（6.9）进行回归。上述内生性考虑后的结果与主回归结果一致（详细内容参见《管理世界》网络发行版附录2）。

（3）MD&A披露政策的影响。2012年，证监会对MD&A披露政策进行了完善，强调MD&A披露内容的真实性、可靠性与相关性，要求披露语言平实、自然、实事求是，减少夸张语言的使用。在"未来展望"部分，需要简要分析各个风险因素对于公司当期以及未来业绩的影响。因此，这次修订在一定程度上减小了管理层操纵MD&A语调的可能，从而使得MD&A语调更能真实反映企业当前的信息。基于此，借鉴孟庆斌等（2017）的研究，本书以2012年为临界点构建一个年份虚拟变量（Post2012），当年份大于2013年时，Post2012=1，反之Post2012=0。以ABTone×Post2012代替模型（6.11）与模型（6.12）中的ABTone变量进行回归，相应的回归结果见表6.23。

表6.23第（1）列是以Rating为因变量的回归结果，我们发现ABTone系数在5%的水平上显著为正，而ABTone×Post2012系数在10%的水平上显著为负，且ABTone+ABTone×Post2012的和也在10%的水平上显著大于0，这个结果说明随着MD&A披露监管政策的加强，MD&A异常积极语调与债券信用评级的正向关系在减弱，继而说明MD&A异常积极语调的变化是导致信用评级变化的原因。然而，在第（2）列中，ABTone与ABTone×Post2012系数都不显著，与主回归结果一致。

表6.23　　　　　　　　　MD&A披露政策的影响

变量	Rating	CS
	（1）	（2）
ABTone	0.680**	−0.429
	(2.50)	(−0.99)
Post2012	0.517	0.239
	(1.14)	(0.51)
ABTone×Post2012	−0.494*	0.063
	(−1.68)	(0.09)
Ctrls_2	Yes	Yes
Ind/Year/Pro/Agen	Yes	Yes
Observations	3032	1846

续表

变量	Rating (1)	CS (2)
Adj_R^2	0.714	0.367
Test ABTone+ABTone×Post2012=0	2.58*	

注：***、**、*分别表示系数在1%、5%与10%的水平上显著。括号内为系数的t值。

（4）MD&A 异常积极语调替代变量分析。在模型（6.9）中对公司治理变量进行控制，得到异常积极语调变量 ABTone_R。为此，本书将检验 ABTone_R 与债券信用评级和信用利差的关系。另外，本书也借鉴 Huang 等（2014）的方法，定义 Tone1=（积极词汇数－消极词汇数）/词汇总数，以此变量代替模型（6.9）中的因变量得到相应的残差度量 MD&A 异常积极语调（ABTone1），并将其代入模型（6.11）与模型（6.12）中进行回归分析。上述两种替代变量的回归结果仍然稳健（详细内容参见《管理世界》网络发行版附录3）。

六 债券市场反应的横截面分析

理论分析中，利益冲突是评级机构不能识别管理层语调操纵行为的主要原因；而对于债券市场的机构投资者，他们有着专业的信息与收集能力，继而能够识别管理层语调操纵行为。另外，企业的信息环境的好坏也可能会影响评级机构与债券投资者的行为。因此，本书将从评级机构、债券市场投资者与企业信息环境三个视角对影响机制进行分析。

（一）评级机构视角

1. 利益冲突大小的横截面分析

为了检验利益冲突是评级机构给予高异常积极语调高评级的原因，本书采用四种指标来度量利益冲突（Con_Int）。一是采用企业累计发债只数（Bond_Num）进行衡量，这是因为发债只数越多的时候，潜在的评级费用也会越高（Xia 和 Strobl，2012）；二是借鉴 He 等（2011）的研究，以企业累计发债规模（Bond_SS）进行衡量。其原因是发债规模越大，可能的评级费用也越高，从而导致发行人与评级机构之间潜在的利益冲突也越大；三是按照评级机构所处的行业，计算评级机构的市场集中度（HHI_Ind）；四是按照评级机构所处的地区，计算评级机构的市场集中度（HHI_Pro）。

构建 ABTone×Con_Int 交乘项替代模型（6.11）中的 ABTone 进行回归，相应的结果见表 6.24。从第（1）列与第（2）列结果可知，ABTone×Bond_Num 与 ABTone×Bond_SS 系数都在 5% 的水平上显著为正，这个结论说明企业发行债券数量或者规模越多，评级机构与企业之间的利益冲突越严重时，评级机构独立性更差，从而给予 MD&A 异常积极语调更高的评级。从第（3）列与第（4）列可知，ABTone 变量系数显著为正，而 ABTone×HHI_Ind 与 ABTone×HHI_Pro 系数都在 10% 的水平上显著为负，这个结果说明评级机构越不竞争，评级机构的独立性越高，从而给予 MD&A 异常积极语调相对较低的评级。

表 6.24　　　　　　利益冲突对评级机构识别的影响

变量	被解释变量：Rating			
	Bond_Num	Bond_SS	HHI_Ind	HHI_Pro
	（1）	（2）	（3）	（4）
ABTone	−0.369 (−1.35)	−0.525* (−1.70)	0.494** (2.49)	0.415** (2.23)
Con_Int	0.001*** (2.69)	0.001 (1.41)	−0.015 (−0.37)	0.020 (0.86)
ABTone×Con_Int	0.007** (2.27)	0.005** (2.32)	−0.076* (−1.77)	−0.075* (−1.92)
Ctrls_2	Yes	Yes	Yes	Yes
Ind/Year/Pro/Agen	Yes	Yes	Yes	Yes
Observations	3032	3032	3032	3032
Adj_R²	0.658	0.681	0.680	0.680

注：***、**、*分别表示系数在 1%、5% 与 10% 的水平上显著。括号内为系数的 t 值。Con_Int 变量表示利益冲突四个指标。

2. 声誉成本大小的横截面分析

评级机构声誉成本较低也是评级机构与企业合谋的一个重要原因，所以，一旦提高了评级机构声誉处罚成本，那么评级机构的独立性也将提高。由于声誉成本无法直接观测，本书将从评级机构被处罚与投资者付费评级机构（中债资信）是否跟踪来度量评级机构声誉成本。

首先，本书以 2018 年大公国际被处罚这一事件来替代评级机构声誉成本增大这一事实。相关研究设计如下：定义被大公国际评级的公司，

Treat = 1，反之 Treat = 0；年份大于 2018 年 8 月，Post2018 = 1，反之 Post2018 = 0；构建 ABTone×Post2018×Treat 变量替代模型（6.11）中的 ABTone 进行回归分析，相应的结果见表 6.25 第（1）列。我们发现 ABTone 系数显著为正，而 ABTone×Post2018×Treat 系数在 10%的水平上显著为负，这个结果说明当大公国际被处罚后，相比于其他评级机构，大公国际评级机构给予 ABTone 高的公司更低的评级。因此，提高声誉处罚成本将会提高评级机构独立性，从而给予 MD&A 异常积极语调较低的评级。

表 6.25　　　　　　　声誉成本对评级机构识别的影响

变量	Rating (1)	Rating (2)
ABTone	0.319*** (2.96)	0.833*** (3.14)
Treat	−0.331*** (−5.44)	
ABTone×Treat	−1.271*** (−2.92)	
Post2018	0.112** (2.35)	
ABTone×Post2018	0.485 (1.36)	
Treat×Post2018	−0.156 (−1.01)	
ABTone×Post2018×Treat	−2.389* (−1.82)	
Follow_ZZZX		−0.320*** (−7.33)
ABTone×Follow_ZZZX		−0.631** (−2.17)
Ctrls_2	Yes	Yes
Ind/Year/Pro/Agen	Yes	Yes
Observations	3032	3032
Adj_R^2	0.659	0.663

注：***、**、*分别表示系数在 1%、5%与 10%的水平上显著。括号内为系数的 t 值。

其次，投资者付费评级机构跟踪会提高发行人付费评级机构的声誉成本，继而提高其独立性（吴育辉等，2020）。因此，本书构建投资者付费评级机构（中债资信）是否跟踪这一虚拟变量，当发行债券公司被中债资信跟踪时，Follow_ZZZX=1，反之 Follow_ZZZX=0，以 ABTone×Follow_ZZZX 变量进行回归，结果见表6.25第（2）列。我们发现 ABTone×Follow_ZZZX 系数显著为负，这说明中债资信评级机构提高了发行人付费评级机构的声誉成本与独立性，从而给予 MD&A 异常积极语调较低的评级。

3. 评级机构能力的横截面分析

评级机构不能识别 MD&A 语调操纵行为，可能存在两种可能：一是不能识别 MD&A 操纵行为，体现出评级机构能力问题；二是有能力识别但故意隐瞒，体现出评级机构与企业之间的委托代理问题。在前面的检验中，我们已经验证了评级机构与企业之间的利益冲突是评级机构给予异常积极语调高的企业高评级的一个原因。然而，对于评级机构识别能力问题，本书通过构建评级分析师能力变量来度量评级机构识别能力。首先，笔者从评级报告中手工收集评级分析师数据，并通过中国证券业协会网站搜索每个评级机构的分析师名单，按照评级机构—评级分析师名字进行匹配，获得评级分析师个人特征。其次，通过评级分析师是否有证书或从业年限来定义评级分析师能力，当评级分析师存在注册会计师或者证券从业资格等证书时，Certificate=1，反之为0；根据分析师从业时间计算，得到分析师从业年限 WAge 变量。最后，在债券层面按照分析师人数对上述两个变量取平均，得到 Certificate_Mean 与 WAge_Mean 变量，这两个变量值越大，说明评级分析师能力越强，继而反映出评级机构能力越强。构建异常积极语调与上述两个变量的交乘项进行回归分析，相应的结果见表6.26，我们发现 ABtone×Certificate_Mean 与 ABtone×WAge_Mean 两个变量系数分别在10%与5%的水平上显著为负，这说明评级机构有能力识别出异常积极语调。

表6.26　　　　　　　　评级机构能力横截面检验

变量	被解释变量：Rating	
	（1）	（2）
ABtone×Certificate_Mean	-2.814* (-1.86)	

续表

变量	被解释变量：Rating	
	（1）	（2）
ABtone×WAge_Mean		-0.340**
		(-2.12)
ABtone	0.443**	0.453**
	(2.63)	(2.69)
Certificate_Mean	-0.570***	
	(-3.19)	
WAge_Mean		0.022
		(1.20)
Ctrls_2	Yes	Yes
Ind/Year/Pro/Agen	Yes	Yes
Observations	3014	3014
Adj_R²	0.476	0.476

注：***、**、*分别表示系数在1%、5%与10%的水平上显著。括号内为系数的t值。

通过上述理论与实证检验，我们发现评级机构有能力识别异常积极语调，但是由于评级机构与企业之间的利益冲突，评级机构会顺势而为地给异常积极语调更高的企业债券更高的评级。因此，本书的结论表明评级机构有能力识别异常积极语调，所以他们存在故意隐瞒的动机。

（二）债券市场投资者视角

2015年，交易所在《深圳证券交易所公司债券上市规则（2015年修订）》建立了公司债券的分类及投资者适当性管理制度，将投资者分为公众投资者（个人投资者）与合格投资者，允许公众投资者投资AAA级大公募债券。因此在2015年之后，AAA级债券持有者中出现了个人投资者，继而会降低债券投资者的识别能力。基于此，本书以2015年为事件点构建年份虚拟变量，当年份大于2015年，Post2015=1，反之Post2015=0；以AAA级评级为实验组，即债券评级为AAA级时，Treat_AAA=1，为了减小评级等级的影响，本书只选择AA级与AA+级评级作为对照组，即债券评级为AA级与AA+级等级时，Treat_AAA=0；之后构建ABTone×Treat_AAA×Post2015变量进行回归，相应的回归结果见表6.27。

表 6.27　　　　　　　　公众投资者参与对识别的影响

变量	CS (1)	CS (2)
ABTone	−1.445* (−2.19)	−0.756 (−1.02)
Treat_AAA	0.337 (1.70)	0.240 (1.17)
ABTone×Treat_AAA	1.083 (1.45)	0.797 (1.09)
Post2015	−0.260 (−0.99)	0.291 (1.49)
ABTone×Post2015	2.101** (3.07)	1.525** (2.32)
Treat_AAA×Post2015	−0.045 (−0.25)	−0.218 (−0.77)
ABTone×Treat_AAA×Post2015	−3.096** (−2.75)	−1.945** (−2.44)
Ctrls_2	No	Yes
Ind/Year/Pro/Agen	No	Yes
Observations	1516	1516
Adj_R²	0.101	0.395

注：***、**、*分别表示系数在1%、5%与10%的水平上显著。括号内为系数的t值。

表6.27第（1）列与第（2）列区别在于是否加入了控制变量，我们发现 ABTone×Treat_AAA×Post2015 系数在第（1）、第（2）列中都在5%的水平上显著为负，这个结果说明当公众与合格投资者参与债券交易时，由于公众投资者的信息收集与处理较弱，他们不能有效识别管理层语调操纵的行为，从而导致较高的 MD&A 异常积极语调随着较低的债券信用利差。

（三）企业信息环境视角

如果一个企业的信息环境较好，评级机构与企业合谋风险将会增大，声誉损失也将扩大，继而影响评级机构对异常积极语调的反应，同时投资者也能够充分利用公共信息对管理层异常积极语调进行有效识别。为此，本书采用三类指标来度量企业的信息环境（Infor_Asy）：一是企业是否被四大事务所审计（Big4）。一般情况下，四大事务所审计质量较高，继而导致企业信息环境较好（曾亚敏和张俊生，2014）。二是分析师跟踪人数（A_Follow）。分析师跟踪人数越多的企业，其盈余管理越小，信息质量越好（李春涛等，2014）。三是年报可阅读性（R_Read）。年报可阅读性影响了市场参与者及其投资者对企业的信息了解程度（王克敏等，2018）。本书借鉴 Luo 等（2018）的方法，首先计算出年报字词数（Num_W），然后使用（1/Ln（1+Num_W））度量年报可阅读性，该值越大，年报可阅读性越好。

构建 ABTone×Infor_Asy 进行回归，相应的结果见表 6.28。从第（1）列与第（2）列结果，我们可得 ABTone×Big4 变量系数在第（1）列与第（2）列中分别显著为负与正，这个结果说明在被四大事务所审计的企业中，即在信息环境好的企业中，评级机构声誉成本更高，继而独立性更高。相似地，在第（3）至第（6）列中，ABTone×Infor_Asy 在第（3）列与第（5）列显著为负，而在第（4）列与第（6）列中显著为正。上述结果说明随着企业信息环境的改善，评级机构给予 MD&A 异常积极语调较低的评级，同时债券投资者也要求更高的利差。

表 6.28　　　　　　　　企业信息环境的横截面分析

变量	是否四大事务所		分析师跟踪人数对数		年报可阅读性	
	Rating	CS	Rating	CS	Rating	CS
	（1）	（2）	（3）	（4）	（5）	（6）
ABTone	0.380*** (2.87)	-0.998** (-2.25)	0.416*** (2.74)	-1.081 (-1.43)	12.224*** (2.61)	-55.457** (-2.35)
Infor_Asy	0.042 (1.27)	-0.063 (-0.53)	0.005*** (3.47)	-0.017** (-2.61)	0.175** (2.41)	0.282 (1.07)
ABTone×Infor_Asy	-0.465** (-2.03)	1.221** (2.31)	-0.019** (-2.23)	0.053* (1.88)	-1.000** (-2.57)	4.562** (2.34)
Ctrls_2	Yes	Yes	Yes	Yes	Yes	Yes
Ind/Year/Pro/Agen	Yes	Yes	Yes	Yes	Yes	Yes
Observations	3032	1835	3032	1835	2994	1817
Adj_R²	0.658	0.405	0.729	0.413	0.659	0.364

注：***、**、*分别表示系数在1%、5%与10%的水平上显著。括号内为系数的 t 值。Infor_Asy 变量分别表示企业信息环境三个变量。

七 扩展性分析

(一) 加入正常积极语调的回归分析

本书在模型（6.11）与模型（6.12）中加入了正常积极语调 NTone，以检验正常语调和异常积极语调对于信用评级与信用利差的影响，表 6.29 给出了相应的回归结果。ABTone 变量系数在第（1）列与第（2）列中分别显著为正与不显著，这与主结果是一致的，这是因为 NTone 和 ABTone 是正交的，所以 NTone 的加入并不影响 ABTone 的回归系数。另外，我们也发现 NTone 变量系数在第（1）列与第（2）列中分别显著为正与负，这是因为 NTone 变量是公司定量信息的组合，也真实地反映了企业当下的经营现状与未来收益情况。

表 6.29 加入正常积极语调回归分析

变量	基本回归		利益冲突大小	
	Rating	CS	Rating	
			Bond_Num	Bond_SS
	(1)	(2)	(3)	(4)
ABTone	0.267**	−0.392		
	(2.44)	(−0.92)		
NTone	1.472**	−8.303***	3.177***	3.367***
	(2.43)	(−3.72)	(3.15)	(2.94)
Con_Int			−0.001	0.000
			(−0.36)	(0.08)
NTone×Con_Int			0.007	0.002
			(0.89)	(0.47)
Ctrls_2	Yes	Yes	Yes	Yes
Ind/Year/Pro/Agen	Yes	Yes	Yes	Yes
Observations	3032	1846	3032	3032
Adj_R²	0.658	0.373	0.653	0.653

注：***、**、*分别表示系数在1%、5%与10%的水平上显著。括号内为系数的t值。

另外，本书也检验了 MD&A 正常积极语调与债券信用评级之间的正向关系是否受到评级机构与企业之间利益冲突大小的影响。第（3）列与第（4）列是相应的回归结果，从结果中我们发现 NTone×Con_Int 变量系数为正，但不显著，这个结果说明正常积极语调与债券信用评级之间的关系不受到评级机构与企业之间利益冲突大小的影响。因此，我们认为评级机构在对企业进行评级时，语调信息是评级信息的一个重要来源，可以提高评级对未来违约风险的预测力。

（二）基于信用评级质量的进一步分析

债券投资者能够识别 MD&A 异常操纵语调，那么是否能够识别 MD&A 异常积极语调导致的信用评级膨胀现象呢？为此，本书以 ABTone×Rating 替代模型（6.12）中的 ABTone 进行回归，结果见表 6.30。从结果可知，Rating 变量系数都在 1% 的水平上显著，而 ABTone×Rating 变量系数为负，但不显著。这个结果说明，高评级降低债券信用利差的作用并不受到异常积极语调的影响，换言之，投资者并不能识别 MD&A 异常积极语调导致的高评级现象。因此，管理层操纵语调能够提高信用评级，间接降低债券融资成本，从而影响整个债券市场的信息效率。

表 6.30　　　　　异常操纵语调、信用评级与信用利差

变量	CS (1)	CS (2)
Rating	-0.870*** (-13.01)	-0.679*** (-5.77)
ABTone	8.082 (0.80)	12.824 (1.40)
ABTone×Rating	-0.507 (-0.88)	-0.773 (-1.48)
Ctrls_2	Yes	Yes
Ind/Year/Pro/Agen	Yes	Yes
Observations	1846	1846
Adj_R^2	0.222	0.370

注：***、**、*分别表示系数在 1%、5% 与 10% 的水平上显著。括号内为系数的 t 值。

八　研究结论与政策启示

本书基于 2008—2019 年中国 A 股上市公司财务数据、年报文本信息与公司债券市场数据，研究了 MD&A 异常积极语调与公司破产风险、债务重组概率、债券信用评级和债券信用利差的关系。研究发现，MD&A 异常积极语调与企业未来破产风险、债务重组概率、债券信用评级正相

关，但并不影响债券信用利差。进一步研究发现，MD&A 异常积极语调与债券信用评级存在正向关系，在与评级机构利益冲突大、信息透明度低的公司子样本中更显著；而随着债券市场公众投资者的参与，MD&A 异常积极语调与债券信用利差之间呈现出负向关系，且这种负向关系在信息透明度低的企业中更加显著。此外，MD&A 异常积极语调并没有影响信用评级与债券信用利差之间的负向关系，即不会降低信用评级质量。

上述结果说明，MD&A 异常积极语调暗示了企业未来风险的提高，即未来业绩的糟糕，这与信息增量解释相悖，因此更多地体现出操纵的成分。从平均意义上说，一方面，信用评级机构与企业之间的利益冲突降低了评级机构的独立性，从而存在迎合发行人而给予异常积极语调高评级的动机，但这种关系随着评级机构独立性提高与企业信息环境改善而减弱；另一方面，债券市场投资者由于信息收集与处理能力的专业性，能够识别此操纵语调，然而这种识别效应会随着天真投资者的加入以及企业信息环境恶化而减小。总之，本书的结论表明操纵的语调会影响债券市场信息效率与定价效率，从而影响债券市场发展。

基于上述结论，本书也存在以下政策启示：一是在企业信用文化缺失，重塑信用文化这一大的背景下，相关部门不能仅着眼于财务数据操纵方式。本书的结论表明企业与管理层语调也存在操纵行为，通过误导投资者获得债券市场收益。一方面，监管部门应该完善 MD&A 信息披露规则，强调 MD&A 披露的真实性与客观性，从而减小管理层操纵 MD&A 文本信息的动机；另一方面，监管部门应该加强对 MD&A 异常积极语调的关注，通过问询与处罚等多种方式提高企业信息披露的强度，进一步减小相应的操纵动机。二是在债券市场违约以及低信息效率的事实下，如何提高债券市场信息与定价效率一直是监管部门所关注的问题。本书的一系列结论表明，对评级机构处罚来提高声誉成本，以及引入"投资者付费"评级机构跟踪等措施能够提高评级机构的独立性，继而改善市场信息质量。三是作为债券市场监管层，在对市场投资者进行扩容的同时，应该看到投资者之间信息处理能力的差异。所以，监管部门在强化企业信息披露质量的同时，也应该引导投资者提高自身信息处理能力，提示投资者加强对公司基本面等信息的关注，尤其对于存在信息披露操纵的公司。

参考文献

敖小波、林晚发、李晓慧：《内部控制质量与债券信用评级》，《审计研究》2017 年第 2 期。

白云霞、李璇：《预期业绩与 IPO 公司风险对策披露》，《财贸经济》2020 年第 7 期。

蔡春、谢柳芳、马可哪呐：《高管审计背景、盈余管理与异常审计收费》，《会计研究》2015 年第 3 期。

蔡竞、董艳：《银行业竞争与企业创新——来自中国工业企业的经验证据》，《金融研究》2016 年第 11 期。

蔡志岳、吴世农：《基于公司治理的信息披露舞弊预警研究》，《管理科学》2006 年第 4 期。

陈超、郭志明：《我国企业债券融资、财务风险和债券评级》，《当代财经》2008 年第 2 期。

陈超、李镕伊：《审计能否提高公司债券的信用评级》，《审计研究》2013 年第 3 期。

陈东、刘金东：《农村信贷对农村居民消费的影响——基于状态空间模型和中介效应检验的长期动态分析》，《金融研究》2013 年第 6 期。

陈关亭、连立帅、朱松：《多重信用评级与债券融资成本——来自中国债券市场的经验证据》，《金融研究》2021 年第 2 期。

陈海强、韩乾、吴锴：《融资约束抑制技术效率提升吗？——基于制造业微观数据的实证研究》，《金融研究》2015 年第 10 期。

陈钦源、马黎珺、伊志宏：《分析师跟踪与企业创新绩效——中国的逻辑》，《南开管理评论》2017 年第 3 期。

陈益云、林晚发：《承担社会责任越多，企业发债时信用评级就越高吗？——中国上市公司数据的检验》，《现代财经（天津财经大学学报）》2017 年第 6 期。

陈运森、宋顺林:《美名胜过大财:承销商声誉受损冲击的经济后果》,《经济学(季刊)》2018年第1期。

陈运森、郑登津、李路:《民营企业发审委社会关系、IPO资格与上市后表现》,《会计研究》2014年第2期。

储溢泉、倪建文:《控股股东股权质押提高了上市公司信用风险吗?》,《证券市场导报》2020年第11期。

段特奇、陆静、石恒贵:《异常审计费用与审计质量的关系研究》,《财经问题研究》2013年第7期。

高瑜彬、廖芬、刘志洋:《异常审计费用与证券分析师盈余预测有效性——基于我国A股上市公司的证据》,《审计研究》2017年第4期。

龚玉婷、陈强、郑旭:《谁真正影响了股票和债券市场的相关性?——基于混频Copula模型的视角》,《经济学(季刊)》2016年第3期。

巩亚林、廖成赟、陈实:《企业上市、专利突击与经营绩效——基于创业板上市公司的经验证据》,《当代财经》2021年第4期。

韩鹏飞、胡奕明:《政府隐性担保一定能降低债券的融资成本吗?——关于国有企业和地方融资平台债券的实证研究》,《金融研究》2015年第3期。

何平、金梦:《信用评级在中国债券市场的影响力》,《金融研究》2010年第4期。

胡志强、王雅格:《审核问询、信息披露更新与IPO市场表现——科创板企业招股说明书的文本分析》,《经济管理》2021年第4期。

黄俊、郭照蕊:《新闻媒体报道与资本市场定价效率——基于股价同步性的分析》,《管理世界》2014年第5期。

黄小琳、朱松、陈关亭:《债券违约对涉事信用评级机构的影响——基于中国信用债市场违约事件的分析》,《金融研究》2017年第3期。

黄小琳、朱松、陈关亭:《持股金融机构对企业负债融资与债务结构的影响——基于上市公司的实证研究》,《金融研究》2015年第12期。

纪志宏:《债券市场的机制建设》,《中国金融》2017年第1期。

孔东民、刘莎莎、应千伟:《公司行为中的媒体角色:激浊扬清还是推波助澜?》,《管理世界》2013年第7期。

寇宗来、盘宇章、刘学悦:《中国的信用评级真的影响发债成本吗?》，《金融研究》2015 年第 10 期。

寇宗来、千茜倩：《私有信息、评级偏差和中国评级机构的市场声誉》，《金融研究》2021 年第 6 期。

寇宗来、千茜倩、陈关亭：《跟随还是对冲：发行人付费评级机构如何应对中债资信的低评级?》，《管理世界》2020 年第 9 期。

雷英、吴建友：《内部控制审计风险模型研究》，《审计研究》2011 年第 1 期。

李春涛、宋敏、张璇：《分析师跟踪与企业盈余管理——来自中国上市公司的证据》，《金融研究》2014 年第 7 期。

李健、陈传明：《企业家政治关联、所有制与企业债务期限结构——基于转型经济制度背景的实证研究》，《金融研究》2013 年第 3 期。

李善民、黄志宏、郭菁晶：《资本市场定价对企业并购行为的影响研究——来自中国上市公司的证据》，《经济研究》2020 年第 7 期。

李世刚、蒋尧明：《上市公司年报文本信息语调影响审计意见吗?》，《会计研究》2020 年第 5 期。

李姝、杜亚光、张晓哲：《同行 MD&A 语调对企业创新投资的溢出效应》，《中国工业经济》2021 年第 3 期。

李维安、徐业坤：《政治关联形式、制度环境与民营企业生产率》，《管理科学》2012 年第 2 期。

梁上坤：《EVA 考核实施与中央企业上市公司的成本粘性》，《经济学报》2016 年第 1 期。

梁上坤：《管理者过度自信、债务约束与成本粘性》，《南开管理评论》2015 年第 3 期。

廖义刚、杨雨馨：《审计师能识别分析师预测传递的风险信号吗——基于关键审计事项语调的文本分析》，《当代财经》2021 年第 1 期。

林晚发、敖小波：《企业信用评级与审计收费》，《审计研究》2018 年第 3 期。

林晚发、陈晓雨：《信用评级调整有信息含量吗? ——基于中国资本市场的证据》，《证券市场导报》2018 年第 7 期。

林晚发、何剑波、周畅等：《"投资者付费"模式对"发行人付费"模式评级的影响：基于中债资信评级的实验证据》，《会计研究》2017 年第 9 期。

林晚发、李国平、王海妹等：《分析师预测与企业债券信用利差？——基于 2008—2012 年中国企业债券数据》，《会计研究》2013 年第 8 期。

林晚发、李殊琦：《成本粘性、信用评级与债券信用利差》，《北京工商大学学报（社会科学版）》2018 年第 3 期。

林晚发、刘颖斐：《信用评级调整与企业战略选择——基于盈余管理与企业社会责任视角的分析》，《现代财经（天津财经大学学报）》2018 年第 6 期。

林晚发、刘颖斐、赵仲匡：《承销商评级与债券信用利差——来自〈证券公司分类监管规定〉的经验证据》，《中国工业经济》2019 年第 1 期。

林晚发、赵仲匡、刘颖斐等：《债券市场的评级信息能改善股票市场信息环境吗？——来自分析师预测的证据》，《金融研究》2020 年第 4 期。

林晚发、钟辉勇、李青原：《高管任职经历的得与失？——来自债券市场的经验证据》，《金融研究》2018 年第 6 期。

林毅夫、李志赟：《政策性负担、道德风险与预算软约束》，《经济研究》2004 年第 2 期。

林煜恩、李欣哲、卢扬等：《管理层语调的信号和迎合：基于中国上市企业创新的研究》，《管理科学》2020 年第 4 期。

刘娥平、施燕平：《盈余管理、公司债券融资成本与首次信用评级》，《管理科学》2014 年第 5 期。

刘鹏飞、晏艳阳：《投资者会关注债券信用评级吗？——基于公司债券信用评级变化的公告效应研究》，《金融理论与实践》2016 年第 7 期。

刘星：《中华优秀传统文化传承发展研究》，中国社会科学出版社 2024 年版。

陆岷峰、葛和平：《中国企业高杠杆成因及去杠杆方式研究》，《金融监管研究》2016 年第 12 期。

陆正飞、何捷、窦欢：《谁更过度负债：国有还是非国有企业？》，《经济研究》2015 年第 12 期。

逯东、万丽梅、杨丹：《创业板公司上市后为何业绩变脸?》，《经济研究》2015 年第 2 期。

吕怀立、杨聪慧：《承销商与审计师合谋对债券发行定价的影响——基于个人层面的经验数据》，《审计研究》2019年第3期。

罗党论、唐清泉：《中国民营上市公司制度环境与绩效问题研究》，《经济研究》2009年第2期。

罗党论、甄丽明：《民营控制、政治关系与企业融资约束——基于中国民营上市公司的经验证据》，《金融研究》2008年第12期。

毛新述、周小伟：《政治关联与公开债务融资》，《会计研究》2015年第6期。

孟庆斌、杨俊华、鲁冰：《管理层讨论与分析披露的信息含量与股价崩盘风险——基于文本向量化方法的研究》，《中国工业经济》2017年第12期。

孟庆斌、张强、吴卫星等：《中立评级机构对发行人付费评级体系的影响》，《财贸经济》2018年第5期。

倪娟、彭凯、胡熠：《连锁董事的"社会人"角色与企业债务成本》，《中国软科学》2019年第2期。

潘红波、夏新平、余明桂：《政府干预、政治关联与地方国有企业并购》，《经济研究》2008年第4期。

潘越、戴亦一、李财喜：《政治关联与财务困境公司的政府补助——来自中国ST公司的经验证据》，《南开管理评论》2009年第5期。

彭叠峰、程晓园：《刚性兑付被打破是否影响公司债的发行定价？——基于"11超日债"违约事件的实证研究》，《管理评论》2018年第12期。

齐天翔、葛鹤军、蒙震：《基于信用利差的中国城投债券信用风险分析》，《投资研究》2012年第1期。

饶品贵、姜国华：《货币政策对银行信贷与商业信用互动关系影响研究》，《经济研究》2013年第1期。

沈红波、廖冠民：《信用评级机构可以提供增量信息吗——基于短期融资券的实证检验》，《财贸经济》2014年第8期。

史永东、丁伟、袁绍锋：《市场互联、风险溢出与金融稳定——基于股票市场与债券市场溢出效应分析的视角》，《金融研究》2013年第3期。

史永东、郑世杰、袁绍锋：《中债估值识别了债券信用风险吗？——

基于跳跃视角的实证分析》,《金融研究》2021 年第 7 期。

宋敏、甘煦、林晚发:《债券信用评级膨胀:原因、影响及对策》,《经济学动态》2019 年第 3 期。

苏冬蔚、曾海舰:《宏观经济因素、企业家信心与公司融资选择》,《金融研究》2011 年第 4 期。

谭青、鲍树琛:《会计—税收差异能够影响审计收费吗?——基于盈余管理与税收规避的视角》,《审计研究》2015 年第 2 期。

唐少清、詹细明、李俊林等:《管理层语调与创业板上市公司业绩关系研究》,《中国软科学》2020 年第 S1 期。

唐松、孙铮:《政治关联、高管薪酬与企业未来经营绩效》,《管理世界》2014 年第 5 期。

王爱群、唐文萍:《环境不确定性对财务柔性与企业成长性关系的影响研究》,《中国软科学》2017 年第 3 期。

王博、李力、郝大鹏:《货币政策不确定性、违约风险与宏观经济波动》,《经济研究》2019 年第 3 期。

王福胜、吉姗姗、程富:《盈余管理对上市公司未来经营业绩的影响研究——基于应计盈余管理与真实盈余管理比较视角》,《南开管理评论》2014 年第 2 期。

王茵田、文志瑛:《股票市场和债券市场的流动性溢出效应研究》,《金融研究》2010 年第 3 期。

王克敏、王华杰、李栋栋等:《年报文本信息复杂性与管理者自利——来自中国上市公司的证据》,《管理世界》2018 年第 12 期。

王雷、聂常虹:《中国债券利差对宏观经济指标的预测能力研究》,《管理评论》2019 年第 5 期。

王垒、曲晶、赵忠超等:《组织绩效期望差距与异质机构投资者行为选择:双重委托代理视角》,《管理世界》2020 年第 7 期。

[中] 王小鲁、樊纲、余静文:《中国分省份市场化指数报告(2016)》,社会科学文献出版社 2017 年版。

王雄元、高开娟:《客户关系与企业成本粘性:敲竹杠还是合作》,《南开管理评论》2017 年第 1 期。

王雄元、高曦:《年报风险披露与权益资本成本》,《金融研究》2018 年第 1 期。

王雄元、欧阳才越、史震阳：《股权质押、控制权转移风险与税收规避》，《经济研究》2018年第1期。

王雄元、张春强：《声誉机制、信用评级与中期票据融资成本》，《金融研究》2013年第8期。

王玉涛、王彦超：《业绩预告信息对分析师预测行为有影响吗》，《金融研究》2012年第6期。

王跃堂、王国俊、彭洋：《控制权性质影响税收敏感性吗？——基于企业劳动力需求的检验》，《经济研究》2012年第4期。

文雯、乔菲、陈胤默：《控股股东股权质押与管理层业绩预告披露》，《管理科学》2020年第6期。

吴健、朱松：《流动性预期、融资能力与信用评级》，《财政研究》2012年第7期。

吴武清、甄伟浩、杨洁等：《企业风险信息披露与债券风险溢价——基于债券募集说明书的文本分析》，《系统工程理论与实践》2021年第7期。

吴晓求、陶晓红、张焞：《发展中国债券市场需要重点思考的几个问题》，《财贸经济》2018年第3期。

吴育辉、吴世农、魏志华：《管理层能力、信息披露质量与企业信用评级》，《经济管理》2017年第1期。

吴育辉、翟玲玲、张润楠等：《"投资人付费"vs."发行人付费"：谁的信用评级质量更高？》，《金融研究》2020年第1期。

谢德仁、林乐：《管理层语调能预示公司未来业绩吗？——基于我国上市公司年度业绩说明会的文本分析》，《会计研究》2015年第2期。

谢德仁、郑登津、崔宸瑜：《控股股东股权质押是潜在的"地雷"吗？——基于股价崩盘风险视角的研究》，《管理世界》2016年第5期。

谢获宝、惠丽丽：《成本粘性、公司治理与高管薪酬业绩敏感性——基于企业风险视角的经验证据》，《管理评论》2017年第3期。

辛明磊、高勇强：《政治关系、市场化程度与公司债融资——来自我国上市公司的经验证据》，《经济管理》2014年第7期。

徐晓萍、阮永锋、刘音露：《市场竞争降低评级质量了吗——基于新进入评级机构的实证研究》，《财贸经济》2018年第11期。

徐忠：《中国债券市场发展中热点问题及其认识》，《金融研究》2015

年第 2 期。

杨国超、盘宇章：《信任被定价了吗？——来自债券市场的证据》，《金融研究》2019 年第 1 期。

杨瑞龙、章逸然、杨继东：《制度能缓解社会冲突对企业风险承担的冲击吗?》，《经济研究》2017 年第 8 期。

杨亭亭、罗连化、许伯桐：《政府补贴的技术创新效应："量变"还是"质变"?》，《中国软科学》2018 年第 10 期。

杨小静、张英杰：《去杠杆、市场环境与国企债务化解》，《改革》2017 年第 4 期。

杨志强、袁梦、石水平：《产能利用率与债券信用利差——基于随机前沿函数的分析》，《财贸研究》2019 年第 7 期。

姚立杰、付方佳、程小可：《企业避税、债务融资能力和债务成本》，《中国软科学》2018 年第 10 期。

余明桂、潘红波：《政治关系、制度环境与民营企业银行贷款》，《管理世界》2008 年第 8 期。

曾庆生、周波、张程等：《年报语调与内部人交易："表里如一"还是"口是心非"?》，《管理世界》2018 年第 9 期。

曾亚敏、张俊生：《国际会计公司成员所的审计质量——基于中国审计市场的初步研究》，《审计研究》2014 年第 1 期。

张大永、张志伟：《竞争与效率——基于我国区域性商业银行的实证研究》，《金融研究》2019 年第 4 期。

张继勋、蔡闫东、倪古强：《社会责任披露语调、财务信息诚信与投资者感知——一项实验研究》，《南开管理评论》2019 年第 1 期。

张继勋、陈颖、吴璇：《风险因素对我国上市公司审计收费影响的分析——沪市 2003 年报的数据》，《审计研究》2005 年第 4 期。

张敏、张胜、王成方等：《政治关联与信贷资源配置效率——来自我国民营上市公司的经验证据》，《管理世界》2010 年第 11 期。

张强、张宝：《次贷危机视角下对信用评级机构监管的重新思考》，《中央财经大学学报》2009 年第 5 期。

张天舒、黄俊：《金融危机下审计收费风险溢价的研究》，《会计研究》2013 年第 5 期。

张小茜、孙璐佳：《抵押品清单扩大、过度杠杆化与企业破产风险——动产抵押法律改革的"双刃剑"效应》,《中国工业经济》2017 年第 7 期。

张学勇、陈然、魏旭:《承销商与重返 IPO 表现:基于信息不对称的视角》,《经济研究》2020 年第 1 期。

张雪莹、王玉琳:《地方政府债务治理与政府隐性担保效果——基于债券市场数据的分析》,《证券市场导报》2019 年第 1 期。

钟辉勇、张一凡、林晚发:《中国债券评级行业的现状与问题:次贷危机十年后的反思》,《财经智库》2017 年第 6 期。

钟辉勇、钟宁桦、朱小能:《城投债的担保可信吗?——来自债券评级和发行定价的证据》,《金融研究》2016 年第 4 期。

周波、张程、曾庆生:《年报语调与股价崩盘风险——来自中国 A 股上市公司的经验证据》,《会计研究》2019 年第 11 期。

周宏、林晚发、李国平:《信息不确定、信息不对称与债券信用利差》,《统计研究》2014 年第 5 期。

周宏、林晚发、李国平等:《信息不对称与企业债券信用风险估价——基于 2008—2011 年中国企业债券数据》,《会计研究》2012 年第 12 期。

周宏、温笑天、夏剑超等:《评级机构数量选择对企业债券信用风险监管的影响——基于评级机构与发债企业串谋行为的博弈分析》,《会计研究》2013 年第 8 期。

周宏、徐兆铭、彭丽华等:《宏观经济不确定性对中国企业债券信用风险的影响——基于 2007—2009 年月度面板数据》,《会计研究》2011 年第 12 期。

周宏、周畅、林晚发等:《公司治理与企业债券信用利差——基于中国公司债券 2008—2016 年的经验证据》,《会计研究》2018 年第 5 期。

周开国、应千伟、钟畅:《媒体监督能够起到外部治理的作用吗?——来自中国上市公司违规的证据》,《金融研究》2016 年第 6 期。

周楷唐、麻志明、吴联生:《高管学术经历与公司债务融资成本》,《经济研究》2017 年第 7 期。

周黎安:《晋升博弈中政府官员的激励与合作——兼论我国地方保护主义和重复建设问题长期存在的原因》,《经济研究》2004 年第 6 期。

邹萍:《"言行一致"还是"投桃报李"?——企业社会责任信息披

露与实际税负》,《经济管理》2018 年第 3 期。

Al‐Najjar, B., Elgammal, M. M., "Innovation and Credit Ratings, Does It Matter? UK Evidence", *Applied Economics and Letters*, Vol. 5, No. 1, 2012.

Abad, P., Díaz, A., Robles Fernández, M. D., "Credit Rating Announcements, Trading Activity and Yield Spreads: the Spanish Evidence", *International Journal of Monetary Economics and Finance*, Vol. 5, No. 1, 2011, pp. 38-63.

Acharya, V., Davydenko, S. A., Strebulaev, I. A. "Cash Holdings and Credit Risk", *The Review of Financial Studies*, Vol. 25, No. 12, 2012, pp. 3572-3609.

Adams, M., Burton, B., Hardwick, P., "The Determinants of Credit Ratings in the United Kingdom Insurance Industry", *Journal of Business Finance & Accounting*, Vol. 30, No. 3-4, 2003, pp. 539-572.

Agha, M., Faff, R., "An Investigation of the Asymmetric Link between Credit Re‐ratings and Corporate Financial Decisions: 'Flicking the Switch' with Financial Flexibility", *Journal of Corporate Finance*, Vol. 29, 2014, pp. 37-57.

Agha, M., "The Effect of Financial Flexibility and Credit Rating Transitions on Corporate Investment and Financing Decisions", Working Paper, 2011.

Alissa, W., Bonsall Iv, S. B., Koharki, K., Penn Jr, M. W., "Firms' Use of Accounting Discretion to Influence Their Credit Ratings", *Journal of Accounting and Economics*, Vol. 55, No. 2-3, 2013, pp. 129-147.

Alp, A., "Structural Shifts in Credit Rating Standards", *The Journal of Finance*, Vol. 68, No. 6, 2013, pp. 2435-2470.

Altman, E. I., "Financial Ratios, Discriminant Analysis and the Prediction of Corporate Bankruptcy", *The Journal of Finance*, Vol. 23, 1968, pp. 189-209.

Amin, A. S., Jain, P., Malik, M., "Stock Market Reaction to Credit Rating Changes: New Evidence", *Asia-Pacific Journal of Accounting & Economics*, Vol. 27, No. 6, 2020, pp. 667-684.

Anderson, M., Banker, R., Huang, R., Janakiraman, S., "Cost Behavior and Fundamental Analysis of SG&A Costs", *Journal of Accounting, Auditing and Finance*, Vol. 22, No. 1, 2007, pp. 1–28.

Anderson, M. C., Banker, R. D., Janakiraman, S. N., "Are Selling, General, and Administrative Costs 'Sticky'?", *Journal of Accounting Research*, Vol. 41, No. 1, 2003, pp. 47–63.

Armstrong, C. S., Core, J. E., Taylor, D. J., et al., "When Does Information Asymmetry Affect the Cost of Capital?" *Journal of Accounting Research*, Vol. 49, No. 1, 2011, pp. 1–40.

Arnold, T., Fishe, R. P., North, D., "The effects of ambiguous information on initial and subsequent IPO returns", *Financial Management*, Vol. 39, No. 4, 2010, pp. 1497–1519.

Ashbaugh-Skaife, H., Collins, D. W., LaFond, R., "The Effects of Corporate Governance on Firms' Credit Ratings", *Journal of Accounting and Economics*, Vol. 42, No. 1–2, 2006, pp. 203–243.

Aslan, H., Kumar, P., "Strategic Ownership Structure and the Cost of Debt", *The Review of Financial Studies*, Vol. 25, No. 7, 2012, pp. 2257–2299.

Ayers, B. C., Laplanteand, S. K., McGuire, S. T., "Credit Ratings and Taxes: The Effect of Book-tax Differences on Ratings Changes", *Contemporary Accounting Research*, Vol. 27, No. 2, 2010, pp. 359–402.

Bar-Isaac, H., Shapiro, J., "Ratings Quality Over the Business Cycle", *Journal of Financial Economics*, Vol. 108, No. 1, 2013, pp. 62–78.

Batta, G., Muslu, V., "Credit Rating Agency and Equity Analysts' Adjustments to GAAP Earnings", *Contemporary Accounting Research*, 2017, Vol. 34, No. 2, pp. 783–817.

Bae, K. H., Kang, J. K., Wang, J., "Does Increased Competition Affect Credit Ratings? A Reexamination of the Effect of Fitch's Market Share on Credit Ratings in the Corporate Bond Market", *Journal of Financial and Quantitative Analysis*, Vol. 50, No. 5, 2015, pp. 1011–1035.

Baghai, R. P., Servaes, H., Tamayo, A., "Have Rating Agencies Become More Conservative? Implications for Capital Structure and Debt Pricing", *The Journal of Finance*, Vol. 69, No. 5, 2014, pp. 1961-2005.

Bancel, F., Mittoo, U. R., "Cross-country Determinants of Capital Structure Choice: A Survey of European Firms", *Financial Management*, Vol. 33, No. 4, 2004, pp. 103-132.

Bandyopadhyay, A., "Predicting Probability of Default of Indian Corporate Bonds: Logistic and Z-score Model Approaches", *The Journal of Risk Finance*, Vol. 7, No. 3, 2006, pp. 255-272.

Banker, R. D., Byzalov, D., Plehn-Dujowich, J. M., "Demand Uncertainty and Cost Behavior", *The Accounting Review*, Vol. 89, No. 3, 2014, pp. 839-865.

Banker, R. D., & Chen, L., "Predicting Earnings Using a Model Based on Cost Variability and Cost Stickiness", *The Accounting Review*, Vol. 81, No. 2, pp. 285-307.

Barron, M. J., Clare, A. D., Thomas, S. H., "The Effect of Bond Rating Changes and New Ratings on UK Stock Returns", *Journal of Business Finance and Accounting*, Vol. 24, No. 3, 1997, pp. 497-509.

Barron, O. E., Kim, O., Lim, S. C., Stevens, D. E., "Using Analysts' Forecasts to Measure Properties of Analysts' Information Environment", *The Accounting Review*, Vol. 73, No. 4, 1998, pp. 4-21.

Beaver, W. H., Shakespeare, C., Soliman, M. T., "Differential Properties in the Ratings of Certified versus Non-certified Bond-rating Agencies", *Journal of Accounting and Economics*, Vol. 42, No. 3, 2006, pp. 303-334.

Becker, B., Milbourn, T., "How Did Increased Competition Affect Credit Ratings?", *Journal of Financial Economics*, Vol. 101, No. 3, 2011, pp. 493-514.

Benmelech, E., Bergman, N. K., "Collateral Pricing", *Journal of Financial Economics*, Vol. 91, No. 3, 2009, pp. 339-360.

Benmelech, E., "Credit Ratings: Qualitative versus Quantitative Information", Working Paper, 2017.

Berger, A. N., Hannan, T. H., "The Efficiency Cost of Market Power in the Banking Industry: A Test of the 'Quiet Life' and Related Hypotheses", *The Review of Economics and Statistics*, Vol. 80, No. 3, 1998, pp. 454-465.

Berger, A. N., Frame, W. S., Ioannidou, V., "Reexamining the Empirical Relation between Loan Risk and Collateral: The Roles of Collateral Liquidity and Types", *Journal of Financial Intermediation*, Vol. 26, 2016, pp. 28-46.

Berger, A. N., Frame, W. S., Ioannidou, V., "Tests of Ex Ante versus Ex Post Theories of Collateral Using Private and Public Information", *Journal of Financial Economics*, Vol. 100, No. 1, 2011, pp. 85-97.

Berwart, E., Guidolin, M., Milidonis, A., "An Empirical Analysis of Changes in the Relative Timeliness of Issuer-paid vs. Investor-paid Ratings", *Journal of Corporate Finance*, Vol. 59, 2019, pp. 88-118.

Besanko, D., Thakor, A. V., "Collateral and Rationing: Sorting Equilibria in Monopolistic and Competitive Credit Markets", *International Economic Review*, Vol. 28, No. 3, 1987, pp. 671-689.

Bester, H., "Screening vs. Rationing in Credit Markets with Imperfect Information", *American Economic Review*, Vol. 75, No. 4, 1985, pp. 850-855.

Beyer, A., Cohen, D. A., Lys, T. Z., Walther, B. R., "The Financial Reporting Environment: Review of the Recent Literature", *Journal of Accounting and Economics*, Vol. 50, No. 2-3, 2010, pp. 296-343.

Bharath, S. T., Sunder, J., Sunder, S. V., "The Accounting Quality and Debt Contracting", *The Accounting Review*, Vol. 83, No. 1, 2008, pp. 1-28.

Biddle, G. C., Hilar, G., "Accounting Quality and Firm Level Capital Investment", *The Accounting Review*, Vol. 81, No. 5, 2006, pp. 963-982.

Blankley, A. I., Hurtt, D. N., Macgregor, J. E., "Abnormal Audit Fees and Restatements", *Auditing: A Journal of Practice & Theory*, Vol. 31, No. 1, 2012, pp. 79-96.

Blume, M. E., Lim, F., Mackinlay, A. C., "The Declining Credit Quality of US Corporate Debt: Myth or Reality?", *The Journal of Finance*, Vol. 53, No. 4, 1998, pp. 1389-1413.

Bolton, P., Freixas, X., Shapiro J., "The Credit Ratings Game", *The Journal of Finance*, Vol. 67, No. 1, 2012, pp. 85–111.

Bongaerts, D., Cremers, K. M., Goetzmann, W. N., "Tiebreaker: Certification and Multiple Credit Ratings", *The Journal of Finance*, Vol. 67, No. 1, 2012, pp. 113–152.

Bonsall, IV, S. B., "The Impact of Issuer-pay on Corporate Bond Rating Properties: Evidence from Moody's and S&P's Initial Adoptions", *Journal of Accounting and Economics*, Vol. 57, No. 2–3, 2014, pp. 89–109.

Boot, A. W., Thakor, A. V., "Moral Hazard and Secured Lending in an Infinitely Repeated Credit Market Game", *International Economic Review*, Vol. 35, No. 4, 1994, pp. 899–920.

Boot, A. W., Thakor, A. V., Udell, G. F., "Secured Lending and Default Risk: Equilibrium Analysis, Policy Implications and Empirical Results", *Economic Journal*, Vol. 101, No. 406, 1991, pp. 458–472.

Boot, A. W., Milbourn, T. T., Schmeits, A., "Credit Ratings as Coordination Mechanisms", *The Review of Financial Studies*, Vol. 19, No. 1, 2006, pp. 81–118.

Bosch, O, Steffen, S., "On Syndicate Composition, Corporate Structure and the Certification Effect of Credit Ratings", *Journal of Banking and Finance*, Vol. 35, No. 2, 2011, pp. 290–299.

Bottazzi, G., Secchi, A., "Explaining the Distribution of Firm Growth Rates", *The RAND Journal of Economics*, Vol. 37, No. 2, 2006, pp. 235–256.

Bottelier, P., "China's Emerging Domestic Debt Markets: Facts and Issues", *The China Business Review*, Vol. 10, 2003, pp. 36–40.

Bozanic, Z., Kraft, P., "Qualitative Corporate Disclosure and Credit Analysts' Soft Rating Adjustments," Working Paper, 2015.

Bozzolan, S., Trombetta, M., Beretta, S., "Forward-looking Disclosures, Financial Verifiability and Analysts' Forecasts: A Study of Cross-listed European Firms", *European Accounting Review*, Vol. 18, No. 3, 2009, pp. 435–473.

Bradley, M., Roberts, M. R., "The Structure and Pricing of Corporate

Debt Covenants", *The Quarterly Journal of Finance*, Vol. 5, No. 2, 2015, pp. 33-51.

Brandt, L., Li, H., "Bank Discrimination in Transition Economics: Ideology, Information or Incentives", *Journal of Comparative Economics*, Vol. 31, No. 3, 2003, pp. 387-413.

Brounen, D., De Jong, A., Koedijk, K., "Capital Structure Policies in Europe: Survey Evidence", *Journal of Banking and Finance*, Vol. 30, No. 5, 2006, pp. 1409-1442.

Bruno, V., Cornaggia, K., Krishnan, G. V., "The Relation between Excess Audit Fees and Credit Rating", Working Paper, 2016.

Bryan, D. M., Tiras, S. L., "The Influence of Forecast Dispersion on the Incremental Explanatory Power of Earnings, Book Value, and Analyst Forecasts on Market Prices", *The Accounting Review*, Vol. 82, No. 3, 2007, pp. 651-677.

Bu, D., Wen, C., Banker, R. D., "Implications of Asymmetric Cost Behavior for Analyzing Financial Reports of Companies in China", *China Journal of Accounting Studies*, Vol. 3, No. 3, 2015, pp. 181-208.

Byoun, S., "How and When Do Firms Adjust Their Capital Structures Toward Targets", *The Journal of Finance*, Vol. 63, No. 6, 2008, pp. 3069-3096.

Caton, G. L., Chiyachantana, C. N., Chua, C. T., Goh, J., "Earnings Management Surrounding Seasoned Bond Offerings: Do Managers Mislead Ratings Agencies and the Bond Market?", *Journal of Financial and Quantitative Analysis*, Vol. 46, No. 3, 2011, pp. 687-708.

Cerqueiro, G., Ongena, S., Roszbach, K., "Collateralization, Bank Loan Rates, and Monitoring. *The Journal of Finance*", Vol. 71, No. 3, 2016, pp. 1295-1322.

Chemmanur, T. J., Fulghieri, P., "Reputation, Renegotiation, and the Choice between Bank Loans and Publicly Traded Debt", *The Review of Financial Studies*, Vol. 7, No. 3, 1994, pp. 475-506.

Chen, C. X., Lu, H., Sougiannis, T., "The Agency Problem, Corporate Governance, And the Asymmetrical Behavior of Selling, General and Administrative Costs", *Contemporary Accounting Research*, Vol. 29, No. 1,

2012, pp. 252-282.

Chen, L., "Essays in CEO Compensation and Auditing", Dissertations and Theses Gradworks, 2008.

Chen, T. K., Liao, H. H., "Suppliers' Customers' Production Efficiency Uncertainty and Firm Credit Risk", *Review of Quantitative Finance and Accounting*, Vol. 50, 2018, pp. 519-560.

Chen, C. J., Li, Z., Su, X., Sun, Z., "Rent-seeking Incentives, Corporate Political Connections, and the Control Structure of Private Firms: Chinese Evidence", *Journal of Corporate Finance*, Vol. 17, No. 2, 2011, pp. 229-243.

Cheng, M., Subramanyam, K. R., "Analyst Following and Credit Ratings", *Contemporary Accounting Research*, Vol. 25, No. 4, 2008, pp. 1007-1044.

Chen, M., Neamtiu, M., "An Empirical Analysis of Changes in Credit Rating Properties: Timeliness, Accuracy and Volatility", *Journal of Accounting and Economics*, Vol. 47, No. 1-2, 2009, pp. 108-130.

Chen, T., Harford, J., Lin., C., "Do Analysts Matter for Governance? Evidence from Natural Experiments", *Journal of Financial Economics*, Vol. 115, No. 2, 2015, pp. 383-410.

Chen, T. K., Tseng, Y., Hsieh, Y. T., "Real Earnings Management Uncertainty and Corporate Credit Risk", *European Accounting Review*, Vol. 24, No. 3, 2015, pp. 413-440.

Chin, M. V., "Accounting Quality and Credit Ratings' Ability to Measure Default Risk", Working Paper, 2016.

Chong, T. T. L., Lu, L., Ongena, S, "Does Banking Competition Alleviate or Worsen Credit Constraints Faced by Small-and Medium-sized Enterprises? Evidence from China", *Journal of Banking and Finance*, Vol. 37, No. 9, 2013, pp. 3412-3424.

Ciftci, M., Mashruwala, R., Weiss, D., "Implications of Cost Behavior for Analysts' Earnings Forecasts", *Journal of Management Accounting Research*, Vol. 28, No. 1, 2016, pp. 57-80.

Clinton, S. B., White, J. T., Woidtke, T., "Differences in the Information Environment Prior to Seasoned Equity Offerings under Relaxed Disclosure Regulation", *Journal of Accounting and Economics*, Vol. 58, No. 1, 2014, pp. 59-78.

Coco, G., "On the Use of Collateral", *Journal of Economic Surveys*, Vol. 14, No. 2, 2000, pp. 191-214.

［美］Coffee, J. C., "*Gatekeepers: The Professions and Corporate Governance*", Oxford University Press, 2006.

Cole, C. J., Jones, C. L., "The Quality of Management Forecasts of Capital Expenditures and Store Openings in MD&A", *Journal of Accounting, Auditing, and Finance*, Vol. 30, No. 2, 2015, pp. 127-149.

Copeland, R. M., Ingram, R. W., "The Association Between Municipal Accounting Information and Bond Rating Changes", *Journal of Accounting Research*, Vol. 20, No. 2, 1982, pp. 275-289.

Cormier, D., Ledoux, M. J., Magnan, M., Aerts, W., "Corporate Governance and Information Asymmetry between Managers and Investors", *Corporate Governance: The International Journal of Business in Society*, Vol. 10, No. 5, 2010, pp. 574-589.

Cornaggia, J., Mao, Y., Tian, X., Wolfe, B., "Does Banking Competition Affect Innovation?", *Journal of Financial Economics*, Vol. 115, No. 1, 2015, pp. 189-209.

Cornaggia, J., Cornaggia, K. J., "Estimating the Costs of Issuer-paid Credit Ratings", *The Review of Financial Studies*, Vol. 26, No. 9, 2013, pp. 2229-2269.

Cornaggia, J., Cornaggia, K. J., Xia, H., "Revolving Doors on Wall Street", *Journal of Financial Economics*, Vol. 120, No. 2, 2016, pp. 400-419.

Cornell, B., Landsman, W., Shapiro, A. C., "Cross-sectional Regularities in the Response of Stock Prices to Bond Rating Changes", *Journal of Accounting, Auditing, and Finance*, Vol. 4, No. 4, 1989, pp. 460-479.

Correia, M., Kang, J., Richardson, S., "Does Fundamental Volatility Help Explain Credit Risk", Working Paper, 2015.

［美］Crouchy, M., Galai, D., Mark, R., "Risk Management",

McGraw-Hill, New York, 2001.

Czarnitzki, D., Kraft, K., "Innovation Indicators and Corporate Credit Ratings: Evidence from German Firms", *Economic Letters*, Vol. 82, No. 3, pp. 377-384.

Damodaran, A., "*The Dark Side of Valuation: Valuing Old Tech, New Tech, and New Economy Companies*", FT Press, 2001.

Danos, P., Holt, D. L., Imhoff Jr, E. A. "Bond Raters' Use of Management Financial Forecasts: An Experiment in Expert Judgment", *The Accounting Review*, Vol. 59, No. 4, 1984, pp. 547-573.

Das, S. R., Hanouna, P., Sarin, A., "Accounting - based versus Market-based Cross-sectional Models of CDS spreads", *Journal of Banking and Finance*, Vol. 33, No. 4, 2009, pp. 719-730.

Davis, A. K., Tama-Sweet, I., "Managers' Use of Language across Alternative Disclosure Outlets: Earnings Press Releases versus MD&A", *Contemporary Accounting Research*, Vol. 29, No. 3, 2012, pp. 804-837.

Dechow, P., Ge, W., Schrand, C., "Understanding Earnings Quality: A Review of the Proxies, Their Determinants and Their Consequences", *Journal of Accounting and Economics*, Vol. 50, No. 2-3, 2010, pp. 344-401.

Dehejia R, Lleras-Muney, A., "Financial Development and Pathways of Growth: State Branching and Deposit Insurance Laws in the United States, 1900-1940", *The Journal of Law and Economics*, Vol. 50, No. 2, 2007, pp. 239-272.

Demirtas, K. O., Cornaggia, K. R., "Initial Credit Ratings and Earnings Management", *Review of Financial Economics*, Vol. 22, No. 4, 2013, pp. 135-145.

Deng, X., Xu, Y., "Consumers' Responses to Corporate Social Responsibility Initiatives: The Mediating Role of Consumer - company Identifications", *Journal of Business Ethic*, Vol. 142, 2017, pp. 515-526.

Dhaliwal, D. S., Li, O. Z., Tsang, A., Yang, Y. G., "Voluntary Nonfinancial Disclosure and the Cost of Equity Capital: The Initiation of Corporate Social Responsibility Reporting", *The Accounting Review*, Vol. 86, No. 1,

2011, pp. 59-100.

Dichev, I. D., Tang, V. W., "Earnings Volatility and Earnings Predictability", *Journal of Accounting and Economics*, Vol. 47, No. 1-2, 2009, pp. 160-181.

Dichev, I. D., Piotroski, J. D, "The Long-run Stock Returns Following Bond Ratings Changes", *The Journal of Finance*, Vol. 56, No. 1, 2001, pp. 173-203.

Ding, Y., Xiong, W., Zhang, J., "Overpricing in China's Corporate Bond Market", Working Papers, 2020.

Doogar, R., Sivadasan, P., Solomon, I., "Audit Fee Residuals: Costs Orrents?", *Review of Accounting Studies*, Vol. 20, 2015, pp. 1247-1286.

Duffie, D., Lando, D., "Term Structures of Credit Spreads with Incomplete Accounting Information", *Econometrica*, Vol. 69, No. 3, 2001, pp. 633-664.

Durnev, A., Morck, R., Yeung, B., Zarowin, P., "Does Greater Firm-specific Return Variation Mean More or Less Informed Stock Pricing", *Journal of Accounting Research*, Vol. 41, No. 5, 2003, pp. 797-836.

Elayan, F. A., Maris, B. A., Maris, J. M. B., "Common Stock Response to False Signal from Credit Watch Placement", *Quarterly Journal of Business and Economics*, Vol. 29, No. 3, 1990, pp. 16-35.

Ellul, A., Jotikasthira, C., Lundblad, C. T., "Regulatory Pressure and Fire Sales in the Corporate Bond Market", *Journal of Financial Economics*, Vol. 101, No. 3, 2011, pp. 596-620.

Ertugrul, M., Lei, J., Qiu, J., Wan, C., "Annual Report Readability, Tone Ambiguity, and the Cost of Borrowing", *Journal of Financial and Quantitative Analysis*, Vol. 52, No. 2, 2017, pp. 811-836.

Estrella, A., "Credit Ratings and Complimentary Sources of Credit Quality Information", Unpublished, Archived at Basel Committee on Banking Supervision Working Papers, 2000.

Fama, E. F., "Efficient Capital Markets: A Review of Theory and Empirical Work", *The Journal of Finance*, Vol. 25, No. 2, 1970, pp. 421-

423.

Fama, E. F. , "American Finance Association Efficient Capital Markets: A Review of Theory and Empirical Work", *The Journal of Finance*, Vol. 25, No. 2, 2009, pp. 28-30.

Fan, J. P. , Wong, T. J. , Zhang, T. , "Politically Connected CEOs, Corporate Governance, and Post-IPO Performance of China's Newly Partially Privatized Firms", *Journal of Financial Economics*, Vol. 84, No. 2, 2007, pp. 330-357.

Faulkender, M. , & Petersen, M. A. , "Does the Source of Capital Affect Capital Structure?", *The Reviews of Finance of Studies*, Vol. 19, No. 1, 2006, pp. 45-79.

Faure-Grimaud, A. , Peyrache, E. , Quesada, L. , "The Ownership of Ratings", *The RAND Journal of Economics*, Vol. 40, No. 2, 2009, pp. 234-257.

Feldman, R. , Govindaraj, S. , Livnat, J. , Segal, B. , "Management's Tone Change, Post Earnings Announcement Drift and Accruals", *Review of Accounting Studies*, Vol. 15, 2010, pp. 915-953.

Ferris, S. P. , Hao, Q. , Liao, M. Y. , "The Effect of Issuer Conservatism on IPO Pricing and Performance", *Review of Finance*, Vol. 17, No. 3, 2013, pp. 993-1027.

Finnerty, J. D. , Miller, C. D. , Chen, R. R. , "The Impact of Credit Rating Announcements on Credit Default Swap Spreads", *Journal of Banking and Finance*, Vol. 37, No. 6, 2013, pp. 2011-2030.

Flannery, M. J. , Rangan, K. P. , "Partial Adjustment Toward Target Capital Structures", *Journal of Financial Economics*, Vol. 79, No. 3, 2006, pp. 469-506.

Francis, J. R. , Wang, D. , "Impact of the SEC's Public Fee Disclosure Requirement on Subsequent Period Fees and Implications for Market Efficiency", *Audit: A Journal of Practice & Theory*, Vol. 24, No. s-1, 2005, pp. 145-160.

Francis, J. , LaFond, R. , Olsson, P. , Schipper, K. , "The Market Pricing of Accruals Quality", *Journal of Accounting and Economics*, Vol. 39,

No. 2, 2005, pp. 295-327.

Francis, J., Schipper, K., Vincent, L., "The Relative and Incremental Explanatory Power of Earnings and Alternative (to Earnings) Performance Measures for Returns", *Contemporary Accounting Research*, Vol. 20, No. 1, 2003, pp. 121-164.

Friewald, N., Nagler, F., "Over-the-counter Market Frictions and Yield Spread Changes", *The Journal of Finance*, Vol. 74, No. 6, 2019, pp. 3217-3257.

Gebhardt, W. R., Hvidkjaer, S., Swaminathan, B., "Stock and Bond Market Interaction: Does Momentum Spill over?", *Journal of Financial Economics*, 2005, Vol. 75, No. 3, pp. 651-690.

Goh, J. C., Ederington, L. H., "Is a Bond Rating Downgrade Bad News, Good News, or No News for Stockholders?", *The Journal of Finance*, Vol. 48, No. 5, 1993, pp. 2001-2008.

Graham, J. R., Harvey, C. R., "The Theory and Practice of Corporate Finance: Evidence from the Field", *Journal of Financial Economics*, Vol. 60, No. 2-3, 2001, pp. 187-243.

Gray, S., Mirkovic, A., Ragunathan, V., "The Determinants of Credit Ratings: Australian Evidence", *Australian Journal of Management*, Vol. 31, No. 2, 2006, pp. 333-354.

Griffin, J. M., Nickerson, J., Tang, D. Y., "Rating Shopping or Catering? An Examination of the Response to Competitive Pressure for CDO Credit Ratings", *The Review of Financial Studies*, Vol. 26, No. 9, 2013, pp. 2270-2310.

Griffin, P. A., Sanvicente, A. Z., "Common Stock Returns and Rating Changes: A Methodological Comparison," *The Journal of Finance*, Vol. 37, No. 1, 1982, pp. 103-119.

Gul, F. A., Zhao, X., Zhou, G., "Credit Rating Transitions, Investor Sentiment and Corporate Investment Decisions", 19th Annual Conference on Pacific Basin Finance, Economics, Accounting, and Management, Taiwan, 2011.

Gul, F. A., Goodwin, J., "Short-term Debt Maturity Structures,

Credit Ratings, and the Pricing of Audit Services", *The Accounting Review*, Vol. 85, No. 3, 2010, pp. 877-909.

Hanley, K. W., Hoberg, G., "The Information Content of IPO Prospectuses", *The Review of Financial Studies*, Vol. 23, No. 7, 2010, pp. 2821-2864.

Hann, R. N., Heflin, F., Subramanayam, K. R., "Fair-value Pension Accounting.", *Journal of Accounting and Economics*, Vol. 44, No. 3, 2007, pp. 328-358.

Hansen, R. S., "What is the Value of Sell-side Analysts? Evidence from Coverage Changes—A Discussion", *Journal of Accounting and Economics*, Vol. 60, No. 2-3, 2015, pp. 58-64.

He, J., Qian, J., Strahan, P. E., "Credit Ratings and the Evolution of the Mortgage-backed Securities Market", *American Economic Review*, Vol. 101, No. 3, 2011, pp. 131-135.

Hickman, W. B., "*Corporate Bond Quality and Investor Experience*", NBER, 1958.

Houston, J. F., Jiang, L., Lin, C., Ma, Y., "Political Connections and the Cost of Bank Loans", *Journal of Accounting Research*, Vol. 52, No. 1, 2014, pp. 193-243.

Hovakimian, A., Kayhan, A., Titman, S., "Credit Rating Targets", Baruch College, Working Paper, 2009.

Hribar, P., Kravet, T., Wilson, R., "A New Measure of Accounting Quality", *Review of Accounting Studies*, Vol. 19, 2014, pp. 506-538.

Hsueh, L. P., Kidwell, D. S., "Bond Ratings: Are Two Better than One?", *Financial Management*, Vol. 17, No. 1, 1988, pp. 46-53.

Huang, A. H., Zang, A. Y., Zheng, R., "Evidence on the Information Content of Text in Analyst Reports", *The Accounting Review*, Vol. 89, No. 6, 2014, pp. 2151-2180.

Huang, X., Teoh, S. H., Zhang, Y., "Tone Management", *The Accounting Review*, Vol. 89, No. 3, 2014, pp. 1083-1113.

Hussainey, K, Walker, M., "The Effects of Voluntary Disclosure Policy and Dividend Propensity on Prices Leading Earnings", *Accounting and Busi-*

ness Research, Vol. 39, No. 1, 2009, pp. 37-55.

Jayaratne, J., Strahan, P. E., "The Finance-growth Nexus: Evidence from Bank Branch Deregulation", The Quarterly Journal of Economics, Vol. 111, No. 3, 1996, pp. 639-670.

Jiang, J. X., Stanford, M. H., Xie, Y., "Does It Matter Who Pays for Bond Ratings? Historical Evidence", Journal of Financial Economics, Vol. 105, No. 3, 2012, pp. 607-621.

Jian, M., Wong, T. J., "Propping Through Related Party Transactions", Review of Accounting Studies, Vol. 15, 2010, pp. 70-105.

John, K., Lynch, A. W., Puri, M., "Credit Ratings, Collateral, and Loan Characteristics: Implications for Yield", The Journal of Business, Vol. 76, No. 3, 2003, pp. 371-409.

Jorion, P., Shi, C., Zhang, S., "Tightening Credit Standards: The Role of Accounting Quality", Review of Accounting Studies, Vol. 14, 2009, pp. 123-160.

Kaplan, S. N., Zingales, L., "Do Investment-cash Flow Sensitivities Provide Useful Measures of Financing Constraints?", The Quarterly Journal of Economics, Vol. 112, No. 1, 1997, pp. 169-215.

Kapland, R. S., Urwitz, G., "Statistical Models of Bond Ratings: A Methodological Inquiry", The Journal of Business, Vol. 52, No. 2, 1979, pp. 231-261.

Kemper, K. J., Rao, R. P., "Do Credit Ratings Really Affect Capital Structure?", Financial Review, Vol. 48, No. 4, 2013, pp. 573-595.

Khieu, H. D., Pyles, M. K., "The Influence of a Credit Rating Change on Dividend and Investment Policy Interactions", Financial Review, Vol. 51, No. 4, 2016, pp. 579-611.

Kim, S. J., Moshirian, F., Wu, E., "Evolution of International Stock and Bond Market Integration: Influence of the European Monetary Union", Journal of Banking and Finance, Vol. 30, No. 5, 2006, pp. 1507-1534.

Kim, O., Verrecchia, R. E., "Market Reaction to Anticipated Announcements", Journal of Financial Economics, Vol. 30, No. 2, 1991, pp. 273-309.

Kinney, W. R., Libby, R., "The Relation Between Auditors' Fees for Non-audit Services and Earnings Management: Discussion", *The Accounting Review*, Vol. 77, No. s-1, 2002, pp. 107-114.

Kinney Jr, W. R., Palmrose, Z. V., Scholz, S., "Auditor Independence, Non-audit Services, and Restatements: Was the U. S. Government Right?", *Journal of Accounting Research*, Vol. 42, No. 3, 2004, pp. 561-588.

Kisgen, D. J., "Credit Ratings and Capital Structure", *The Journal of Finance*, Vol. 61, No. 3, 2006, pp. 1035-1072.

Kisgen, D. J., "Do Firms Target Credit Ratings or Leverage Levels?", *Journal of Financial and Quantitative Analysis*, Vol. 44, No. 6, 2009, pp. 1323-1344.

Kisgen, D. J., "The Impact of Credit Ratings on Corporate Behavior: Evidence from Moody's Adjustments", *Journal of Corporate Finance*, Vol. 58, 2019, pp. 567-582.

Kisgen, D. J., "The Influence of Credit Ratings on Corporate Capital Structure Decision", *Journal of Applied Corporate Finance*, Vol. 19, No. 3, 2007, pp. 65-73.

Klein, B., Leffler, K. B., "The Role of Market Forces in Assuring Contractual Performance", *Journal of Political Economy*, Vol. 89, No. 4, 1981, pp. 615-641.

Korkeamäki, T., Pöyry, S., Suo, M., "Credit Ratings and Information Asymmetry on the Chinese Syndicated Loan Market", *China Economic Review*, Vol. 31, 2014, pp. 1-16.

Kothari, S. P., Li, X., Short, J. E., "The Effect of Disclosures by Management, Analysts, and Business Press on Cost of Capital, Return Volatility, and Analyst Forecasts: A Study Using Content Analysis", *The Accounting Review*, Vol. 84, No. 5, 2009, pp. 1639-1670.

Kothari, S. P., Shu, S., Wysocki, P. D., "Do Managers Withhold Bad News", *Journal of Accounting Research*, Vol. 47, No. 1, 2009, pp. 241-276.

Kraft, P., "Rating Agency Adjustments to GAAP Financial Statements and Their Effect on Ratings and Credit Spreads", *The Accounting Review*, Vol. 90, No. 2, 2012, pp. 641-674.

Krishnan, G. V., Wang, C., "The Relation between Managerial Ability and Audit Fees and Going Concern Opinions", *Auditing: A Journal of Practice & Theory*, Vol. 34, No. 3, 2015, pp. 139-160.

Lang, M. H., Lundholm, R. J., "Voluntary Disclosure and Equity Offerings: Reducing Information Asymmetry or Hyping the Stock?", *Contemporary Accounting Research*, Vol. 17, No. 4, 2000, pp. 623-662.

Larcker, D. F., Zakolyukina, A. A., "Detecting Deceptive Discussion in Conference Calls", *Journal of Accounting Research*, Vol. 50, No. 2, 2012, pp. 495-540.

Lee, Y. J., "The Effect of Quarterly Report Readability on Information Efficiency of Stock Prices", *Contemporary Accounting Research*, Vol. 29, No. 4, 2012, pp. 1137-1170.

Lehavy, R., Li, F., Merkley, K., "The Effect of Annual Report Readability on Analyst Following and the Properties of Their Earnings Forecasts", *The Accounting Review*, Vol. 86, No. 3, 2011, pp. 1087-1115.

［美］Lewis, M., "The Big Short: Inside the Doomsday Machine", New York: W. W. Norton and Company, 2010.

Lewis, V., Kay, K. D., Kelso, C., Larson, J., "Was the 2008 Financial Crisis Caused by a Lack of Corporate Ethics?", *Global Journal of Business Research*, Vol. 4, No. 2, 2010, pp. 77-84.

Li, F., "The Information Content of Forward-looking Statements in Corporate Filings—A Naïve Bayesian Machine Learning Approach", *Journal of Accounting Research*, Vol. 48, No. 5, 2010, pp. 1049-1102.

Li, J., Shin, Y. S., Moore, W. T., "Reactions of Japanese Markets to Changes in Credit Ratings by Global and Local Agencies", *Journal of Banking and Finance*, Vol. 30, No. 3, 2006, pp. 1007-1021.

Longstaff, F. A., Mithal, S., Neis, E., "Corporate Yield Spreads: Default Risk or Liquidity? New Evidence from the Credit Default Swap Market", *The Journal of Finance*, Vol. 60, No. 5, 2005, pp. 2213-

2253.

Loughran, T., Mcdonald, B., "IPO First-day Returns, Offer Price Revisions, Volatility, and Form S-1 Language", *Journal of Financial Economics*, Vol. 109, No. 2, 2013, pp. 307-326.

Loughran, T., McDonald, B., "When is a Liability Not a Liability? Textual Analysis, Dictionaries, and 10-Ks", *The Journal of Finance*, Vol. 66, No. 1, 2011, pp. 35-65.

Love, I., Martínez Pería, M. S., "How Bank Competition Affects Firms' Access to Finance", *The World Bank Economic Review*, Vol. 29, No. 3, 2015, pp. 413-448.

Luo, J. H., Li, X., Chen, H., "Annual Report Readability and Corporate Agency Costs", *China Journal of Accounting Research*, Vol. 11, No. 3, 2018, pp. 187-212.

Lynch, T. E., "Deeply and Persistently Conflicted: Credit Rating Agencies in the Current Regulatory Environment", *Case Western Reserve Law Review*, Vol. 59, No. 2, 2008, pp. 227-304.

Mathis, J., Andrews, J., Rochet, J. C., "Rating the Raters: Are Reputation Concerns Powerful Enough to Discipline Rating Agencies?", *Journal of Monetary Economics*, Vol. 56, No. 5, 2009, pp. 657-674.

Mayew, W. J., Sethuraman, M., Venkatachalam, M., "MD&A Disclosure and the Firm's Ability to Continue as a Going Concern", *The Accounting Review*, Vol. 90, No. 4, 2015, pp. 1621-1651.

［美］McDaniel, R., "Statement Before the United States Securities and Exchange Commission", Roundtable on Credit Rating Agencies, 2009.

Megginson, W. L., Weiss, K. A., "Venture Capitalist Certification in Initial Public Offerings", *The Journal of Finance*, Vol. 46, No. 3, 1991, pp. 879-903.

Merton, R. C., "On the Pricing of Corporate Debt: The Risk Structure of Interest Rates", *The Journal of Finance*, Vol. 29, No. 2, 1974, pp. 449-470.

Michelsen, M., Klein, C., "The Relevance of External Credit Ratings in the Capital Structure Decision-making Process", Working Paper, 2011.

Milidonis, A., "Compensation Incentives of Credit Rating Agencies and Predictability of Changes in Bond Ratings and Financial Strength Ratings", *Journal of Banking and Finance*, Vol. 37, No. 9, 2013, pp. 3716-3732.

Millon, M. H., Thakor, A. V., "Moral Hazard and Information Sharing: A Model of Financial Information Gathering Ggencies", *The Journal of Finance*, Vol. 40, No. 5, 1985, pp. 1403-1422.

Muslu, V., Radhakrishnan, S., Subramanyam, R., Lim, D., "Forward - looking MD&A Disclosures and the Information Environment", *Management Science*, Vol. 61, No. 5, 2015, pp. 931-948.

Nayar, N., Rozeff M. S., "Ratings, Commercial Paper, and Equity Returns", *The Journal of Finance*, Vol. 49, No. 4, 1994, pp. 1431-1449.

Norden, L., Weber, M., "Informational Efficiency of Credit Default Swap and Stock Market: The Impact of Credit Rating Announcements", *Journal of Banking and Finance*, Vol. 28, No. 11, 2004, pp. 2813-2843.

Palmrose, Z. V., "Litigation and Independent Auditors: The Role of Business Failures and Management Fraud", *Auditing: A Journal of Practice & Theory*, Vol. 6, No. 2, 1987, pp. 90-103.

Polk, C., Sapienza, P., "The Stock Market and Corporate Investment: A Test of Catering Theory", *The Review of Financial Studies*, Vol. 22, No. 1, 2008, pp. 187-217.

Ponce, J., "The Quality of Credit Ratings: A Two-sided Market Perspective", *Economic Systems*, Vol. 36, No. 2, 2012, pp. 294-306.

Poon, W. P., Chan, K. C., Firth, M. A., "Does Having a Credit Rating Leave Less Money on the Table When Raising Capital? A Study of Credit Ratings and Seasoned Equity Offerings in China", *Pacific - Basin Finance Journal*, Vol. 22, 2013, pp. 88-106.

Poon, W. P., Chan, K. C., "An Empirical Examination of the Informational Content of Credit Ratings in China", *Journal of Business Research*, Vol. 61, No. 7, 2008, pp. 790-797.

Rhee, R. J., "Why Credit Rating Agencies Exist", *Economic Notes*, Vo. 44, No. 2, 2015, pp. 161-176.

Roberts, M. R., Sufi, A., "Financial Contracting: A Survey of Empirical Research and Future Directions", *Annual Review of Financial Economics*, Vol. 1, No. 1, 2009, pp. 207-226.

Rousseau, S., "Enhancing the Accountability of Credit Rating Agencies: The Case for a Disclosure-based Approach", *McGill Law Journal*, Vol. 51, No. 4, 2005, pp. 617-664.

Rouxelin, F., Wongsunwai, W., Yehuda, N., "Aggregate Cost Stickiness in GAAP Financial Statements and Future Unemployment Rate", *The Accounting Review*, Vol. 93, No. 3, 2018, pp. 299-325.

Sangiorgi, F., Spatt, C., "Opacity, Credit Rating Shopping, and Bias", *Management Science*, Vol. 63, No. 12, 2017, pp. 4016-4036.

Shailer, G., Wang, K., "Government Ownership and the Cost of Debt for Chinese Listed Corporations", *Emerging Markets Review*, Vol. 22, 2015, pp. 1-17.

Shin, Y., Moore, W., "Effects of National Recognition on the Influence of Credit Rating Agencies: The Case of Dominion Bond Rating Service", *Financial Decisions*, Vol. 20, 2008, pp. 1-28.

Shleifer, A., "State versus Private Ownership", *Journal of Economic Perspectives*, Vol. 12, No. 4, 1998, pp. 133-150.

Shleifer, A., Vishny, R. W., "Liquidation Values and Debt Capacity: A Market Equilibrium Approach", *The Journal of Finance*, Vol. 47, No. 4, 1992, pp. 1343-1366.

Simunic, D. A., "The Pricing of Audit Services: Theory and Evidence", *Journal of Accounting Research*, Vol. 18, No. 1, 1980, pp. 161-190.

Skreta, V., Veldkamp, L., "Ratings Shopping and Asset Complexity: A Theory of Ratings Inflation", *Journal of Monetary Economics*, Vol. 56, No. 5, 2009, pp. 678-695.

Smith, Jr. C. W., Warner, J. B., "On Financial Contracting: An Analysis of Bond Covenants", *Journal of Financial Economics*, Vol. 7, No. 2, 1979, pp. 117-161.

Smith, R. C., Walter, I., "Rating Agencies: Is There an Agency Issue?", In Ratings, Rating Agencies, and the Global Financial System, Kluwer

Academic Publishers, Boston, 2002.

Stanton, R., Wallace, N. C., "CMBS Subordination, Ratings Inflation, and the Crisis of 2007-2009", *Working Paper*, 2010.

Sufi, A., "Information Asymmetry and Financing Arrangements: Evidence from Syndicated Loans," *The Journal of Finance*, Vol. 62, No. 2, 2007, pp. 629-668.

Sun, Y., "Do MD&A Disclosures Help Users Interpret Disproportionate Inventory Increases", *The Accounting Review*, Vol. 85, No. 4, 2010, pp. 1411-1440.

Tan, H. T., Wang, E. Y., Zhou, B. O., "When the Use of Positive Language Backfires: The Joint Effect of Tone, Readability, and Investor Sophistication on Earnings Judgments", *Journal of Accounting Research*, Vol. 52, No. 1, 2014, pp. 273-302.

Tetlock, P. C., "Giving Content to Investor Sentiment: The Role of Media in the Stock Market", *The Journal of Finance*, Vol. 62, No. 3, 2007, pp. 1139-1168.

Tsoukas, S., Spaliar, M. E., "Market Implied Ratings and Financing Constraints: Evidence from US Firms", *Journal of Business Finance & Accounting*, Vol. 41, No. 1-2, 2014, pp. 242-269.

Wakeman, L. M., "The Real Function of Bond Rating Agencies", *Chase Financial Quarterly*, Vol. 3, 1984, pp. 18-26.

Walker, JR., "Role of Credit Rating Agencies as Risk Information Brokers", Study Prepared for the Anthony T. Cluff Fund, 2010.

Wang, A., Zhou, J., Chen, T., "Which Institutions Matter to Short-term Market Efficiency in Japan?", *Research in Economics*, Vol. 65, No. 3, 2011, pp. 164-179.

Weiss, D., "Cost Behavior and Analysts' Earnings Forecasts", *The Accounting Review*, Vol. 85, No. 4, 2010, pp. 1441-1471.

Wilson, E., "*X-rated: The Dirty World of Chinese Debt*", Asiamoney, Vol. 17, No. 3, 2006, pp. 20-22.

Whited, T. M, "Debt, Liquidity Constraints, and Corporate Investment: Evidence from Panel Data", *The Journal of Finance*, Vol. 47, No. 4,

1992, pp. 1425-1460.

Wojtowicz, M., "CDOs and the Financial Crisis: Credit Ratings and Fair Premia", *Journal of Banking and Finance*, Vol. 39, 2014, pp. 1-13.

Xia, H., Strobl, G., "The Issuer-pays Rating Model and Ratings Inflation: Evidence from Corporate Credit Ratings", Working Paper, 2012.

Xia, H., "Can Investor-paid Credit Rating Agencies Improve the Information Quality of Issuer-paid Rating Agencies?", *Journal of Financial Economics*, Vol. 111, No. 2, 2014, pp. 450-468.

Yi, H. C., Mullineaux, D. J., "The Informational Role of Bank Loan Ratings", *Journal of Financial Research*, Vol. 29, No. 4, 2006, pp. 481-501.

Yu, F., "Accounting Transparency and the Term Structure of Credit Spreads", *Journal of Financial Economics*, Vol. 75, No. 1, 2005, pp. 53-84.

Zhou, H., Li, G. P., Lin, W. F., "Corporate Social Responsibility and Credit Spreads—An Empirical Study in Chinese Context", *Annals of Economics and Finance*, Vol. 17, No. 1, 2016, pp. 79-103.